Ein Bild und
tausend Worte

Klaus Modick

Ein Bild und tausend Worte

Die Entstehungsgeschichte von
»Konzert ohne Dichter«
und andere Essays

Kiepenheuer & Witsch

MIX
Papier aus verantwor-
tungsvollen Quellen
FSC® C083411

Verlag Kiepenheuer & Witsch, FSC®-N001512

1. Auflage 2016

© 2016, Verlag Kiepenheuer & Witsch, Köln
Umschlaggestaltung: Barbara Thoben, Köln
Umschlagmotiv: © Fancy Designs 1920, The Pepin Press
Autorenfoto: © Isolde Ohlbaum
Gesetzt aus der Aldus
Satz: Felder KölnBerlin
Druck und Bindung: CPI books GmbH, Leck
ISBN 978-3-462-04926-8

Inhalt

* * *

Lesefieber

Unter der holzgetäfelten Dachschräge wirkte das Kinderzimmer wie ein Beduinenzelt, in dem jeder Tag mit einer Geschichte endete. Lagen die Mädchen im Bett, wurde vorgelesen. Meine amerikanische Frau und ich wechselten uns dabei ab – heute Englisch, morgen Deutsch. Es gab lustige und traurige Geschichten, kurze und lange, ganze Romane gar, die sich über Wochen hinzogen. In diesen Stunden herrschte ein heller Zauber, der die Buchstaben in gesprochene Worte verwandelte und zwischen dem Mund des Vorlesenden und den lauschenden Ohren eine unsichtbare Brücke bildete, während das Schnurren des Katers, der eingerollt einem der Mädchen zu Füßen lag, wie ein einverständiger Kommentar klang. Manchmal, wenn die Mädchen schon eingeschlafen waren, las ich noch ein wenig weiter – vielleicht, um ihren Träumen ein paar Worte einzugeben, vielleicht aber auch, weil ich vom Vorlesen nicht lassen wollte, wenn daraus etwas aufstieg, was stummer, erwachsener Leseroutine abgeht: Klang.

Als sie dann selbst lesen konnten, lasen meine Töchter manisch bis zügellos – von den Büchern zu Fernsehserien wie »Gute Zeiten, schlechte Zeiten« und »Wendy«-Heften über »Gone With The Wind« bis zu den »Buddenbrooks«, gelegentlich sogar, wenn auch stirnrunzelnd und kopfschüttelnd, Bücher, die ihr Vater geschrieben hatte. Aber die Bücher, die in meiner Kindheit beliebt waren, ließen die Mädchen kalt. Vielleicht lag es auch daran, dass die Karl-May-Lektüre eine Sache für Jungen war und erst die Sechzigerjahre-Verfilmungen mit Pierre Brice als Winnetou den Hormonhaushalt weiblicher Teenager seinerzeit in Wallung versetzen konnten.

Wäre zu Pubertätszeiten meiner Töchter Leonardo DiCaprio als Apachenschönling angetreten, hätten vermutlich auch sie sich mit solcher Inbrunst in die dunkelgrünen Schwarten versenkt wie der etwa zwölfjährige Junge, der in Hannover mit seiner Mutter zugestiegen war und mir nun im ICE-Abteil gegenübersaß. Er hatte einen »Harry-Potter«-Band aus seinem schreiend roten Plastikrucksack gezogen, mit fieberhafter Unersättlichkeit zu lesen begonnen und sich von nichts und niemandem ablenken lassen – nicht von der draußen wintertrüb vorbeiziehenden Welt, nicht vom Angebot der durch die Zuggänge scheppernden Minibar, schon gar nicht vom Schaffner, der die Fahrkarten kontrollierte. Und selbst als seine Mutter ihm einen Apfel hinhielt, blickte er kaum auf, sondern griff traumwandlerisch abwesend danach, biss hinein und verschlang, nun kauend, weiter sein Buch. Er fuhr nicht von Hannover nach Bremen oder Oldenburg oder Norddeich Mole, sondern von einem Kapitel zum nächsten. Dazwischen lag der öde Gleichtakt der Schwellen und Schienen, den die Hochspannungsleitungen aufteilten, die Leere einer Welt, die ihn am Zielbahnhof wieder in Empfang nehmen würde. Inzwischen führte er ein Leben auf Fortsetzung, indem er den Abenteuern seiner Helden sein eigenes Dasein beimischte, ohne es zu bemerken.

Damals, in meiner Kindheit in den Fünfzigerjahren, die

Stadtbibliothek in der Oldenburger Gartenstraße! Die Bücherei hieß schlicht und einfach *Brücke*. Ich nahm an, dass damit die brückenartige Treppe gemeint war, die zum Eingang hinaufführte, diese Brücke, auf der wir in schnell fallenden Dämmerungen, an Spätnachmittagen im Herbst oder Winter, fröstelnd im Nebelstaub warten mussten, bis geöffnet wurde. Und als ich später dahinterkam, dass *Brücke* nur ein Kürzel für das städtische Kulturzentrum *Brücke der Nationen* war, blieb ich dennoch dabei: Die *Brücke* war diese Treppe zum Wunderreich der Bücher, die ich wie Piratenschätze nach Hause trug, um sie dort, vom Lesefieber in bunte Fantasielandschaften gebannt, gierig und nimmersatt wegzuschlürfen, wie einem wirklich Fiebernden ja auch kein Getränk den unstillbaren Durst zu löschen vermag. Die Bücher freilich, die man am dringlichsten gebraucht hätte, um das Lesefieber zu stillen, waren fast immer ausgeliehen, besonders natürlich die Werke Karl Mays.

Und das, was auf dem Index stand, der Schmutz und Schund, also Tarzan, Akim, Sigurd und wie die Helden der schmalformatigen Comicserien alle heißen mochten, war in der *Brücke* nicht zu haben. Es gab jedoch einen Ort, an dem solche Schätze im Überfluss vorhanden waren; diese Leseschatzinsel lag in einer Wohnung in der Westerstraße. Ein Schulkamerad hatte das sagenhafte Glück eines Vaters, der sowohl Comichefte sammelte als auch alle, aber auch wirklich alle Bände Karl Mays besaß. Unsere Lektüre gab sich dort der grellen Kolportage so hemmungslos hin wie der Junge vor mir im Zug. Als ob man sich im Buch verbrannte. Die Seiten als Scheite, entflammt durch Lesende. Gibt es womöglich einen Zusammenhang zwischen Schmökern und Schmöken, Rauchen also? Nun ja, das führt ins Nebelreich der Spekulation, die allerdings der Erinnerung verwandt ist. Die Karl-May-Bände mit den bunten Umschlagbildern und grün-schwarzen Jugendstil-Ornamenten auf den Rücken standen in einer Vitrine hinter Glasschiebetüren. Der stolze Besitzer war zu sehr Sammler, als dass er die Bücher aus dem Haus gegeben und uns ausgeliehen hätte. Vielleicht fürchtete er, seine Kostbarkeiten könnten unter unseren entzündenden Blicken in Feuer und Rauch aufgehen. Und so hockten wir also sehr artig im Schneidersitz vor dieser Schleiflackvitrine auf dem Sofa oder auf dem Fußboden und schmökerten uns mit heißen Ohren »Durchs wilde Kurdistan«, durch »Winnetou I« bis »III« und durch Tarzans und Prinz Eisenherz' Abenteuer.

Mein Vater rauchte – das heißt also: schmökte – zu dieser Zeit Senoussi-Zigaretten, auf deren orange grundierten Packungen Araber in wildromantischen, bunt gestreiften Burnussen abgebildet waren, sodass ich ein klares Bild davon gewann, wie ich mir Hadschi Halef und die anderen Orientalen vorzustellen hatte. Illustrationen zu den Wildwestgeschichten gab es als Sammelbilder in den Wilken-Tee-Packungen, die meine Mutter kaufte. Unten, im Parterre des Schmökerhauses in der Westerstraße, befand sich ein Wäscherei- und Heißmangelbetrieb, aus dessen Räumen Dampfschwaden nach oben in unsere Leseräusche drangen. Deshalb werden die Abenteuer Kara Ben Nemsis und Old Shatterhands in meiner Erinnerung stets von einem Aroma durchtränkt bleiben, das sich aus Waschlauge und *Hoffmanns Universal Stärke*, Teeblättern und dem scharfen Rauch von Senoussi-Zigaretten zusammensetzt.

Und was meine Töchter betrifft: Die sind längst zu erwachsenen, passionierten Leserinnen geworden, doch zwischen den Zeilen mögen sie manchmal noch jene Stimmen hören, die ihnen vorgelesen haben. Heute Englisch. Morgen Deutsch.

Dichter wollte ich nicht werden

Eine bio-bibliografische Langnotiz

1.

Manchmal werde ich gefragt, welches der Bücher, die ich geschrieben habe, mir selbst am besten gefalle, mir am liebsten sei. Ich weiß darauf eigentlich keine Antwort; wahrscheinlich geht es mir da wie einem Vater mehrerer Kinder, der die Frage, welcher seiner Sprösslinge ihm denn der oder die liebste sei, nicht beantworten kann, ohne den anderen Unrecht zu tun – selbst wenn bei genauem Nachdenken und retrospektiv bedacht eins der Kinder, eins der Bücher vielleicht besser als ein anderes geraten sein mag.

Besonders am Herzen liegt einem Schriftsteller jedoch immer das zuletzt erschienene, das neueste Buch, zu dem er noch wenig Distanz hat, und dann natürlich immer auch das Erstgeborene, mit dem alles anfing. In meinem Fall war das die Novelle »Moos«, mit der ich als Schriftsteller debütierte, genauer gesagt: als Verfasser von Romanen und Erzählungen, als Belletrist also. Ich hatte zuvor nämlich durchaus schon geschrieben und publiziert, aber dabei handelte es sich um literaturwissenschaftliche, essayistische und journalistische Arbeiten, die zu einer Zeit entstanden, als ich noch gar nicht wusste, vielleicht noch nicht einmal hoffte, dass ich einmal Schriftsteller werden würde.

2.

Wohl ist es mir in der Schule leichtgefallen, lesen und
schreiben zu lernen, aber werden wollte ich natürlich etwas ganz anderes. Berufswünsche und -vorstellungen, die
man in der Kindheit hegt, wechseln bekanntlich schnell,
und ich glaube mich zu erinnern, zu einer gewissen Zeit
Polizist werden zu wollen, wahrscheinlich deshalb, weil im
Umgang mit meinen Wiking-Autos der Polizeiwagen sich
nicht an die Teppichstraßenverkehrsordnung zu halten hatte, die mein Bruder und ich uns ausgedacht hatten. Eine
Zeit lang kam mir auch der Pilotenberuf verlockend vor.
Und als ich im Heimatkundeunterricht der zweiten oder
dritten Klasse vom heroischen Einsatz der DGZRS erfuhr,
stand für mich fest, dass ich später zu einem ebenso vollbär-
tigen wie vollwertigen Mitglied der Deutschen Gesellschaft
zur Rettung Schiffbrüchiger werden würde; diese Karriere
erledigte sich aber von selbst, als ich während meiner ersten Schiffspassage von Harlesiel nach Wangerooge furchtbar seekrank wurde.

Am entschiedensten erinnere ich mich an den Wunsch,
ja geradezu Entschluss, eines Tages Maurer zu werden. Als
in meinem Elternhaus zu Umbau- oder Renovierungs-
arbeiten einmal ein Trupp Maurer zur Sache ging, war ich
derart begeistert, dass ich tagelang nicht von ihrer Seite
wich und meine Mutter mir das Essen im Henkelmann auf-
wärmen musste. Was mich an dieser Arbeit so sehr faszinierte, weiß ich heute nicht mehr, aber, wer weiß, vielleicht
ähnelt das geduldige Stein-auf-Stein-Setzen in gewisser
Hinsicht meiner heutigen Tätigkeit, in der ich Wort an

Wort und Satz an Satz reihe, bis die Mauer einer Geschichte oder das Haus eines Romans steht.

Dichter, Schriftsteller, Autor – oder wie immer man so einen merkwürdigen Beruf auch nennen mag – wollte ich jedenfalls durchaus nicht werden. Und dennoch verfasste ich als Elf- oder Zwölfjähriger meine ersten Gedichte. Und das kam so: Im Lateinunterricht hatten wir Fabeln des Äsop zu übersetzen, und mein Lateinlehrer, der ein leicht schrulliger, aber pädagogisch begabter Mann war, gab uns als Hausaufgabe auf, die entsprechende Fabel in Reime zu fassen. Ich hatte keine Ahnung, wie man Reime findet oder macht, aber mein Vater, ansonsten ein eher sachlich-unpoetischer Charakter, half mir dabei. Diese Vater-Sohn-Koproduktion begann mit den unsterblichen Zeilen:

Äsop, der konnte prima dichten,
erzählt uns meistens Tiergeschichten,
aus denen wir, sind sie gelesen,
stets ein Stück schlauer sind gewesen.

Das Versepos fand den Beifall meines Lateinlehrers, und ich musste von nun an immer wieder Übersetzungen aus dem Lateinischen in Versen liefern, was zwar meine mangelhaften Grammatikkenntnisse nicht verbesserte, aber ganz zweifellos eine mir bis dahin unbewusste poetische Ader schwellen ließ. Ab sofort dichtete ich ohne Hilfe meines Vaters weiter und rettete mich dank dieser Verse bis zur zehnten Klasse auf eine Vier in Latein – bis sich nichts mehr recht zusammenreimen wollte und ich mit zwei Fünfen, in Mathematik und, man kann es sich denken, in Latein sitzen blieb.

Dichter wollte ich aber immer noch nicht werden, auch wenn ich einige Jahre später in der Pubertät und gar noch in der Postpubertät unerreichbaren wie erreichbaren Geliebten schmachtende oder, je nachdem, verachtende Gedichte schrieb. Auch wenn ich die Schülerzeitung unseres Gymnasiums mit mehr oder minder albernen Talentlosigkeiten belieferte. Auch wenn ich in den dialektischen Besinnungsaufsätzen des Deutschunterrichts mit Themen wie »Inwiefern werden Rosenkranz und Güldenstern in Stoppards Schauspiel schuldig?« insofern leidlich reüssierte, als die Kommentare des Deutschlehrers sich stets ähnelten: »Inhaltlich ansprechend, sprachlich gewandt«, hieß es dann in roter Tinte, manchmal mit dem mahnenden Zusatz: »Gliederung unklar bis zügellos.«

Dichter werden wollte ich immer noch nicht, sondern, wir schreiben die späten Sechzigerjahre, eher Rockstar, da mir das seinerzeit als die Erfolg versprechendste Methode vorkam, mit meiner Liebeslyrik, die ich inzwischen auch zu selbst vertonten Weisen auf der Gitarre von mir gab, bei den Mädchen offene Ohren und Einlass zu finden. Auf dem Weg zum Rockstar verfasste ich reichlich radikalexistenzielle Songs in der hoffnungsfrohen Nachfolge meines Idols Leonard Cohen, von denen einer a-mollig, schwermütig so anhub:

Wenn die Sonne versinkt
und der Mond einst ertrinkt,
und die Schatten in dir werden Stein ...

Tja, was dann? »Und die Schatten in dir werden Stein?« Wird man dann nicht doch lieber Maurer?

17

Oder notfalls Theaterregisseur! Denn Dichter wollte ich ja nicht werden, und ein Studium für angehende Rockstars gab es noch nicht, aber das Theater interessierte mich brennend, seitdem ich mich als Siebzehnjähriger unsterblich in eine etwa fünfunddreißigjährige, vollbusige Schauspielerin des Oldenburgischen Staatstheaters verliebt hatte, die von ihrem Glück natürlich nie etwas erfuhr. Und so ließ ich dann dem Abitur zwei Semester Theaterwissenschaft an der Universität Hamburg folgen, bis die nachdrücklichen Mahnungen aus dem Elternhaus, irgendwann bitte auch »etwas Vernünftiges« zu studieren, verfingen; als »vernünftig« galt vor allem der Lehrerberuf, der in unserer Familie seit Generationen durchgereicht wurde. Da ich meine Schulzeit in nicht ganz unangenehmer Erinnerung hatte und immer noch nicht Dichter werden wollte, absolvierte ich zügig ein entsprechendes Studium, machte jedoch während eines Schulpraktikums nachdrücklich die Erfahrung, dass ich die Erfahrungen einer Lehrerexistenz lebenslang und unwiderruflich lieber nicht würde machen wollen. Um elterliche Beunruhigungen zu besänftigen, legte ich dennoch ein passables Staatsexamen für das Lehramt an Gymnasien ab: Deutsch und Geschichte.

3.

Inzwischen war mir klar geworden, dass meine Zukunft der Germanistik gehörte, genauer: der Neueren Deutschen Literaturwissenschaft, in welcher Disziplin ich mit der Niederschrift einer Doktorarbeit begann. Als Thema hätte ich gern das Verhältnis von Rauscherfahrungen und literarischer Produktion gewählt, vielleicht, weil dort noch einige späte Reflexe zur nicht realisierten Rockstarkarriere hätten eingearbeitet werden können. Aber mein Doktorvater, der gern Genever trank, winkte ab: Davon verstehe er rein gar nichts. Weiterhin kam das Frühwerk Hugo von Hofmannsthals in Betracht, worüber ich eine Hauptseminararbeit verfasst hatte, aber ein Blick auf die nur in Metern messbaren Mengen an Sekundärliteratur ließen mich selbst abwinken. Schließlich entschied ich mich zu einer Arbeit über Lion Feuchtwanger, der Ende der Siebzigerjahre in der westdeutschen Literaturwissenschaft ein weißer Fleck war, über den es also kaum aufzuarbeitende Sekundärliteratur gab und der mithin ein dankbares Thema mit besten, für die Karriere als Germanist überaus wichtigen Publikationschancen darstellte.

Ich begann also – aber ich kam nicht weit: Was immer ich zu Papier brachte, erschien mir leblos, langweilig, ohne jede Aussagekraft. Konnte man überhaupt Literatur, selbst so eindeutig populäre Literatur wie die Feuchtwangers, in wissenschaftliche Begrifflichkeit fassen? Mauerte man nicht das, was »das Literarische« war, in diesen Termini eher ein? Konnte man überhaupt »schön« und »richtig« voneinander trennen? Literatur war doch potenziertes Leben, Wissenschaft aber radiziertes. Wissenschaft lebte aus der Abstraktion, aus der Überwindung lebendiger Erfahrungsfülle durch Begrifflichkeit, während Literatur genau diese Erfahrungsfülle sprachlich darstellte. War Literaturwissenschaft am Ende nur die systematische Vertreibung des Literarischen aus der Literatur? Und wo blieb bei dieser Arbeit das Ich desjenigen, der sie schrieb, wo seine Lebendigkeit, seine Zweifel?

Ich löste das Problem, indem ich es dort stehen ließ, wo es herkam und hingehörte: im luftleeren Raum. Das heißt, ich löste damit das Problem gar nicht – hätte ich es gelöst, wäre aus mir vielleicht ein berühmter Hermeneutiker geworden. Ich wich dem Problem lediglich aus, indem ich einfach drauflosschrieb – allerdings keine Dissertation über Lion Feuchtwanger, sondern eine Ausbruchs- und Reisefantasie, eine mit eigenen Erlebnissen angereicherte und ziemlich hanebüchene Geschichte, die mir unter der Hand lang und länger und immer zweifelhafter wurde. Einige Jahre und etliche Umarbeitungen später sollte sie sich als brauchbare Keimzelle meines Romans »Ins Blaue« entpuppen.

Die Dissertation war damit immer noch ungeschrieben, aber die hemmungslose Fabuliererei hatte mich offenbar so gelockert, dass ich die Arbeit nun angehen konnte. In forscher Missachtung sämtlicher Methodendiskussionen und anderer Literaturverderber, die ich mir im Laufe des Studiums hatte aneignen müssen, machte ich mich ans Werk. Und siehe da: Es ging. Es ging sogar gut, das Schreiben machte mir Spaß. Auch dieses Manuskript wurde lang und länger – und mir wurde bang und bänger, dachte ich daran, dass es bald Wissenschaftlern, denen Selbstzweifel fremd waren oder die sich ihre Selbstzweifel jedenfalls nicht anmerken ließen, zur Begutachtung unter die Augen kommen würde.

Ich hatte Glück. Mein Doktorvater, sein Name sei an dieser Stelle achtungsvoll genannt, Karl-Robert Mandelkow, ein bedeutender Goethe-Forscher, war ein liberaler Mann, der wohl Wert auf Genauigkeit legte, der aber auch wusste, dass ein gut und temperamentvoll formuliertes Fehlurteil der ominösen »Wahrheit«, dem Phantom der Objektivität, oft näher ist als die staubige Korrektheit literaturwissenschaftlicher Planerfüllung. Auch der Zweitgutachter war dieser Ansicht, und fast wäre ich schon beleidigt gewesen, dass niemand meine Unverschämtheiten und methodischen Ermächtigungsfantasien monierte, als schließlich im Rigorosum, der mündlichen Disputation der Arbeit, ein Germanistikprofessor vom Schlage »Sachbearbeiter Literatur« es empört ablehnte, über meinen Text überhaupt auch nur zu diskutieren: Es handele sich nämlich, so die Argumentation dieses Mannes namens Müller, in weiten Teilen um einen essayistisch gefärbten Bekenntnistext, der keinen Anspruch auf strenge Wissenschaftlichkeit erheben könne und mithin keine Wissenschaftler als Diskursteilnehmer beanspruchen dürfe.

Ganz unrecht hatte der Mann damit nicht. Zwar handelte es sich um eine wissenschaftliche Arbeit, doch war sie von einem angehenden Schriftsteller verfasst worden, der hier, ohne recht zu wissen, was er da tat und ließ, eigene ästhetische Haltungen und Verfahren erprobte und antizipierte. Da Professor Müller mit seiner Einrede nicht durchdrang, war ich nun promovierter Literaturwissenschaftler. Wegen des notorischen Stellenmangels an den Hochschulen war aber ein entsprechender Job nirgends in Sicht.

4.

Zu dieser Zeit war es, dass ich zum ersten Mal ernsthaft daran dachte, Autor zu werden, Publizist, Schriftsteller, Dichter gar. Denn das Schreiben der Dissertation hatte mir

Spaß gemacht, wie zuvor schon das Schreiben des Textes, mit dem ich mich vor der Dissertation gedrückt hatte. Ich konnte schreiben, ich wollte schreiben. Aber zur Dichterexistenz fehlten mir zwei wesentliche Voraussetzungen: Erstens hatte ich kein Geld, zweitens hatte ich keinen publizierbaren Text.

Ich hielt mich einige Jahre als Texter in einer Werbeagentur über Wasser und versuchte nebenbei, mit dem Ernst zu machen, was ich während der Arbeit an der Dissertation als Mangel erfahren und zugleich gelernt hatte: Ich schrieb, ich erzählte, allerdings Langweiliges, denn was da zu Papier drängte, war nichts anderes als ein recht unmittelbarer Reflex auf mein Problem. Ich schrieb nämlich einen Roman über einen Literaturwissenschaftler, der zwischen Literatur und Wissenschaft aufgerieben wird, weil er der Wissenschaft misstraut und der Literatur noch nicht gewachsen ist. Die Sache war, bei genauem Hinsehen, peinlichste Betroffenheitsliteratur und zugleich hüftsteife Germanistenprosa. Immerhin und glücklicherweise war meine Fähigkeit zur Selbstkritik so weit entwickelt, dass ich die Sache entschlossen in den Papierkorb wandern ließ. Tagsüber erarbeitete ich unterdessen in der mich recht großzügig nährenden Werbeagentur sprachspielerische Preziosen wie diese: »Mach doch keinen Heckmeck, sonst schleck ich dich vom Fleck weg«, und abends und an den Wochenenden schrieb ich Essays, deren Form als Changieren zwischen Akten jäher Imagination und rationaler Durchdringung meiner Situation entsprach. Ja, kein Zweifel, ich wollte jetzt, wenn schon nicht Dichter, so doch Schriftsteller werden, und irgendwie war ich auch auf dem Weg dazu.

Im Sommer 1982 saß ich eines sonnigen Spätsommer-

nachmittags auf einem hölzernen Bootssteg an einem Bag-
gersee, dessen sandige Ufer zum Teil mit Moos überwach-
sen waren. Dies Vordringen des Mooses auf unfruchtbarem
Untergrund erschien mir, ich wusste nicht wie, als ein
Symbol oder Bild für mein eigenes Problem, für mein
Schwanken zwischen Diskurs und Erzählung, zwischen
Abstraktion und literarischer Sprache. In meinem halb-
schlafartigen Dösen überfiel mich da plötzlich mit sanfter
Gewalt eine Idee oder Vorstellung oder Vision, wie die an-
gefangene und verworfene Erzählung zu machen sei: Um
von dir selbst zu sprechen, wusste ich plötzlich, erzähle von
etwas anderem.

So begann ich noch am gleichen Abend mit einem Text,
von dem ich vorerst nur wusste, dass er von Moosen handeln würde und wohl auch »Moos« heißen musste – nur
dass ich von der Botanik des Mooses überhaupt keine Ahnung hatte. Ich recherchierte entsprechende Fachliteratur
in Bibliotheken, und die Reibung zwischen der Trockenheit
dieser Fachterminologie und der milden Vision, die mich an
dem besonnten, moosigen Strand überkommen hatte, wurde zum Kraftfeld und zugleich Thema des Textes. Die Novelle »Moos« erzählt von einem alten Botaniker, dem gegen Ende seines Lebens die wissenschaftliche Terminologie
und Nomenklatur fragwürdig und unbrauchbar wird, weil
sie alles erklärt, aber nichts versteht. Und so kommt der
Alte zum Schluss, ohne es recht zu wissen, ohne es recht zu
wollen, zu einer neuen, fremden und doch vertrauten Sprache – zur Sprache der Literatur. Das Ende dieses fiktiven
Alten war mein literarischer Anfang.

Der Text ist nicht sehr lang, aber ich brauchte ein Jahr,
um ihn fertigzustellen. Anders als meine Dissertation, an-

ders als meine unkontrollierten Schreibexzesse davor, machte er mir Schwierigkeiten. Denn jetzt, mit diesem Text, wollte ich wirklich Schriftsteller werden, und ich entdeckte bei der Arbeit an diesem Text erstmals so etwas wie literarische Disziplin. Und das heißt: ich entwickelte den Ehrgeiz, möglichst keinen überflüssigen Satz zu schreiben und mit jedem Wort gleich nah am gedanklichen Mittelpunkt des Ganzen zu bleiben. Das musste mir sogar halbwegs gelungen sein, denn als ich das fertige Manuskript schließlich an Verlage sandte, geschah zu meiner freudigen Überraschung recht bald das, was mit unaufgefordert eingesandten Manuskripten unbekannter Autoren angeblich nie geschieht: Es wurde von Haffmans in Zürich, einem mittleren, damals recht renommierten Verlag, angenommen und erschien im Frühjahr 1984.

Das Buch wurde ein sogenannter Kritikererfolg – das heißt, es bekam durchweg positive Rezensionen, verkaufte sich aber nur sehr mäßig. Der komplette Titel der Erstausgabe lautete übrigens: »Moos. Die nachgelassenen Blätter des Botanikers Lukas Ohlburg. Herausgegeben von Klaus Modick.« Dieser Titelzusatz war seinerzeit eine Idee des Verlegers gewesen, gegen die ich mich vergeblich wehrte. Mir kam das zu indirekt vor, vielleicht auch zu pompös. Es stimmt zwar, dass der Text mit einer Herausgeberfiktion arbeitet, aber ich kann glaubhaft versichern, dass ich mir das ganze Buch selbst ausgedacht und es auch selbst geschrieben habe, nicht nur das Vorwort des angeblichen Herausgebers. Dieser Zusatz hat zu dem kuriosen Missverständnis geführt, dass ausgerechnet mein Debüt in manchen Bibliotheken nicht unter meinem Namen katalogisiert wurde, sondern unter »Ohlburg, Lukas; Nachlassedition, herausgegeben von Klaus Modick«. Kaum war ich endlich und wirklich Dichter geworden, wurde ich prompt zum Editor eines fiktiven Botanikers degradiert.

5.

Wichtiger als der Umgang mit derlei berufsnotorischer Autoreneitelkeit war die Frage, ob und wie ich als Schriftsteller überleben konnte, ohne zum armen Poeten zu werden – ob ich nicht nur vom Leben schreiben, sondern auch vom Schreiben würde leben können. In der Werbeagentur, der ich mit bedenkenlosem Größenwahn den Rücken kehrte, hatte ich relativ viel Geld verdient. Und da ich einen bescheiden-studentischen Lebensstil pflegte, hatte ich mir dank Ed von Schleck und Unox-Suppen nach Gutshausart ein finanzielles Polster zugelegt, mit dem ich etwa zwei Jahre ohne Einkommen auskommen konnte. Wenn es mir in diesen zwei Jahren, so mein Vorsatz, nicht gelingen sollte, mich auf dem literarischen Markt zu etablieren, würde ich zu den Unoxtöpfen der Werbung zurückkehren oder womöglich noch mein Zweites Staatsexamen absolvieren, um als Studienrat zu kärrnern und meine Eltern zu erfreuen, denen meine Existenz als Werbetexter nur windig vorgekommen war, meine Zukunft als Dichter aber unsolide, spinnert und aussichtslos erschien.

Nach einem Debüt muss das ominöse, angeblich besonders wichtige und angeblich besonders schwer gelingende, zweite Werk her. Ich begann mit Recherchen für einen umfangreichen Roman, dessen Arbeitstitel »Samoa Grau« hieß und aus dem später »Das Grau der Karolinen« wurde.

Das war eine ziemlich ambitionierte Sache, von jugendlicher Bedenkenlosigkeit und Selbstbegeisterung angestiftet sogar eine bedenklich überambitionierte Sache, die mich vor lauter Recherchen, Gliederungen, Skizzen, Handlungs- und Personengerüsten immer energischer auf der Stelle treten ließ, bis die Stelle zu einer Art schwarzem Loch wurde, in dem die Ambitionen rettungslos versanken. Anders gesagt: Ich kam nicht weiter. Und obwohl mir stets Ludwig Marcuses kluger Satz eingeleuchtet hat, dass unter seinem Können bleibt, wer nicht mehr will, als er kann, überforderte mich das Projekt.

Da sich das zweite Buch jedoch nicht von selbst schreiben würde, griff ich auf jenes Manuskript zurück, das ich zu der Zeit verfasst hatte, während der ich eigentlich meine Dissertation hätte verfassen sollen. Ich arbeitete den Text um, indem ich aus der im Kern naiv-autobiografischen Reise- und Liebesgeschichte die ironische Geschichte einer Kopfreise machte, einer Fiktion in der Fiktion. Und das machte mir nicht nur Spaß, sondern erwies sich als Volltreffer. Unter dem Titel »Ins Blaue« wurde der Roman nicht nur freundlich rezensiert, sondern verkaufte sich auch überraschend gut, wurde später als Taschenbuch zu einem sogenannten Longseller, wurde auch vom ZDF zu einem so grottenschlechten Fernsehfilm verwurstet, dass ich die bei jeder Wiederholung eingehenden Filmtantiemen als Schmerzensgeld empfand. Das Buch machte sogar die Karriere, der sein Autor ausgewichen war, gelangte es doch auf die Lehrpläne einiger Gymnasien.

6.

Erfolg, wer wollte das leugnen, macht selbstbewusst, und Selbstbewusstsein macht produktiv. Und Produktivität macht noch produktiver oder, um mit Baudelaire zu sprechen: Je mehr man schreibt, desto fruchtbarer wird man. Mit der Flut und dem Rückenwind von »Ins Blaue« wurde jedenfalls auch mein auf Grund gelaufener Roman wieder flott, segelte ein Jahr später als »Das Grau der Karolinen« im Ozean der Neuerscheinungen und wurde dort von der Kritik durchweg freundlich gesichtet, gelegentlich aber auch unfreundlich gerichtet.

Das wäre der Rede nicht weiter wert und könnte unter der Rubrik »Umstritten« abgeheftet werden, hätten die kritischen Reaktionen seinerzeit nicht eine Besonderheit gehabt, in der sich Fürsprecher und Verreißer bemerkenswert einig waren. Diese Besonderheit hieß: Postmoderne. Lobten die einen das Buch gerade wegen seiner angeblich postmodernen Qualitäten, lamentierten die anderen über den angeblich spielerischen Unernst der Postmoderne. Einig wussten sich fast alle Kritiker lediglich darin, dass »Das Grau der Karolinen« eben ein Werk der Postmoderne sei. Nur der Autor wusste mal wieder von nichts. Bis mir die einschlägigen Rezensionen unter die Augen kamen, hatte ich von Postmoderne nur ganz vage etwas gehört oder gelesen, hielt das für einen Stil- oder Epochenbegriff der Architektur und hatte nicht die leiseste Ahnung, dass es auch postmoderne Literatur geben sollte, ganz zu schweigen davon, dass ich selbst derartige Literatur produzierte.

Im Gegensatz zu so manchem Literaturkritiker, der sich wenig Mühe macht, das von ihm kritisierte Werk überhaupt zu verstehen, hatte ich immerhin den Ehrgeiz, meine Kritiker zu verstehen. Wenn ich ein Postmoderner war, dann konnte es ja nicht schaden, sich darüber zu informieren, was das überhaupt sein sollte. Ich las mich also durch einschlägige Werke; angesichts der hochgestylten, nicht selten verblasenen Theorien hielt sich der Erkenntnisgewinn allerdings in engen Grenzen. Mit mir oder mit dem, was mich zum Schreiben antrieb, hatte das wenig bis nichts zu tun. Schließlich schrieb ich, und schreibe immer noch, Bücher – und nicht das, was sie bedeuten sollen; zum Beispiel solche Bücher, die ich selbst gern lesen würde. Was mich interessierte und immer noch interessiert, sind gut erzählte Geschichten, und mit »gut erzählt« meine ich eine unprätentiöse Schreibweise, die auf stilistische Effekthascherei verzichtet und zugleich Abstand zum Trivialen hält. Und das ist eigentlich alles.

Wenn ich es recht verstand, war die Postmoderne aber etwas unendlich viel Komplizierteres, so kompliziert, dass ich es eigentlich gar nicht begriff, obwohl ich ein intellektuell durchaus belastbarer Mensch bin. Doch brachte mich die Beschäftigung mit diesen theoretischen Schaumschlägereien auf die Idee für ein neues Buch, das 1988 unter dem Titel »Weg war weg« erschien und die Gattungsbezeichnung »Romanverschnitt« trägt. Es handelt davon, wie einem ehrgeizigen Schriftsteller das Manuskript seines überaus ambitionierten, entschieden bis peinlich postmodernen Romans abhanden kommt. Während der Suche nach dem verschollenen Opus Magnum macht der Schriftsteller nun aber desillusionierende Erfahrungen mit dem wirklichen

Leben, das sich als viel interessanter, spannender, komischer, absurder, anrührender erweist als die Literatur. Das Leben überholt das Werk, die Realität triumphiert über die Fiktion.

Wichtiger als das Werk, weil das Werk bedingend, ist das Leben ohnehin. Meine ersten Bücher erwiesen sich zwar nicht als Ladenhüter, aber es waren auch keine Bestseller. Da ich inzwischen verheiratet war, zwei Kinder hatte und eine vierköpfige Familie durchbringen musste, reichten die Honorare aus den Buchverkäufen zum Überleben nicht aus. Da traf es sich gut, dass dem damaligen Literaturredakteur der »Zeit« mein Roman »Ins Blaue« so gut gefallen hatte, dass er mich zur Mitarbeit an seinem Blatt einlud. Ich schrieb nun regelmäßig Rezensionen und Kritiken und bekam auch eine eigene Kolumne. Damit wurde ich zu einem Schriftsteller, der sich nebenbei als Literaturkritiker betätigte, und da »Die Zeit« recht angemessene Honorare zahlte, kam ich halbwegs über die Runden.

Mit dieser Doppelrolle war ich eine Weile sehr einverstanden und zufrieden, bis ich eines Tages bei einer Lesung aus »Weg war weg« mit den Worten vorgestellt wurde, ich sei ein Literaturkritiker, der nebenbei Romane schreibe. In der Wahrnehmung der literarischen Öffentlichkeit hatte sich das Verhältnis umgekehrt, was mein Selbstverständnis nachhaltig erschütterte. Wie es zu dieser Verkehrung kommen konnte, verstand ich sehr wohl: Als Kritiker der »Zeit« hatte ich ein größeres Publikum, als ich es als Autor meiner eigenen Werke hatte. Dichter hatte ich zwar nicht werden wollen – und war es dennoch geworden. So weit, so gut. Aber dass sich der Dichter nun zum Kritiker verpuppen sollte, erschien mir als schnöder Triumph des Sekundären.

Der Mister Hyde, den ich als Kritiker spielte, war drauf und dran, den Dr. Jekyll zu vertilgen, der ich als Schriftsteller war. Nun könnte man auf die Idee kommen, dass die von mir verfassten Kritiken besser waren als meine Bücher und der Wandel meines Status in der literarischen Öffentlichkeit mir sagen wollte: Schreib lieber weiter Kritiken und lass die Finger von eigenen Sachen. Ein besonders sensibler Verleger hat mir das sogar einmal ausdrücklich empfohlen, als er ein Manuskript von mir ablehnte, das dann in einem anderen Verlag erschien – und übrigens mit viel Kritikerlob bedacht wurde.

Wer Autor ist und sich auch als Kritiker auf den Markt wagt, dem wird über kurz oder lang von den Berufskritikern das um die Ohren gehauen, was er selbst irgendwo als Kritiker geäußert hat – als ob die von einem Schriftsteller verfasste Literaturkritik automatisch dessen ästhetisches Credo sein könne oder solle. Konkret sah das dann so aus: Ich hatte einen Roman des Autors X negativ besprochen, was der den Autor X verehrende Kritiker Y übel vermerkte, um meinen nächsten Roman unter der Fragestellung zu verreißen: Kann er es besser als X? Womit ich in einem Aufwasch sowohl als Schriftsteller als auch als Kritiker blamiert werden sollte. Der Schuster bekam Prügel, weil er nicht bei seinen verordneten Leisten geblieben war.

Ich machte immer deutlicher die Erfahrung, dass regelmäßig betriebene Literaturkritik jenes undankbare Geschäft ist, das Charles Simmons in seiner Literaturbetriebssatire »Belles Lettres« auf diesen knappen Begriff gebracht hat: Kritik ist »eine Methode, alte Freundschaften zu ruinieren oder sich neue Feinde zu schaffen«. Und so ließ ich es bleiben. Fast. Zwar schrieb ich auch später noch gelegentlich Literaturkritiken, aber um meinen Feindeskreis überschaubar zu halten, kaprizierte ich mich dabei fast ausschließlich auf tote oder ausländische Kollegen – vorzugsweise auf tote ausländische.

Was mir in Folge an Rezensionshonoraren entging, machte ich dadurch wett, dass ich Übersetzungen aus dem Englischen anfertigte, was ich heute immer noch tue, zum Beispiel den eben zitierten Charles Simmons. Machart und Feinstruktur eines fremden Textes lernt man als Übersetzer besser kennen als durch bloße Lektüre, und da lässt sich so mancher Honigtropfen fürs eigene Werk saugen.

7.

Anfang der 1990er-Jahre schrieb ich mit den beiden Romanen »Die Schrift vom Speicher« und »Das Licht in den Steinen« sowie den fünfzig Sonetten »Der Schatten den die Hand« wirft drei thematisch und sprachlich eng miteinander korrespondierende Bücher, die ich stets als eine Art Trilogie empfunden habe – leider erwies sie sich als Trilogie der Unverkäuflichkeit. Es waren handlungsarme, fast monologische, introvertierte, nicht unbedingt leicht lesbare Bücher, die mir zwar viel Kritikerlob einbrachten, die Bestenliste des SWF zierten – auf dem Markt jedoch gründlich durchfielen und mich finanziell praktisch ruinierten. »Die Schrift vom Speicher« hat bis heute etwa 2000 Stück verkauft, »Das Licht in den Steinen« 1600 und »Der Schatten den die Hand wirft« knapp 800 (was jedoch, wie ich von Lyrikern höre, für Lyrik fast schon als Bestseller gilt).

Indem ich diese erschütternden Zahlen nenne, gehe ich

naiverweise davon aus, dass die Verlagsabrechnungen korrekt sind. Wirklich glauben und trauen mag diesen Abrechnungen vermutlich kein Autor. Das Gefühl, dass da doch etwas nicht stimmen könne, ist chronisch, weil man als Autor nie wirklich verifizieren kann, was einem vor- und abgerechnet wird. Dieses Misstrauen gehört zum weiten, komplizierten Feld der Beziehung zwischen Autoren und Verlegern, das zwar sehr viel zur Sache tut, das ich hier aber nur streifen kann, beispielsweise mit folgender Anekdote: In einer Halbjahresabrechnung wurden mir einmal weniger Exemplare auf der Habenseite verbucht, als ich für meinen Eigenbedarf selbst bestellt und bezahlt hatte. Der Verlag entschuldigte sich mit Hinweis auf einen »bedauerlichen Softwarefehler«. Dergleichen »Softwarefehler« finden sich übrigens bis heute immer mal wieder in den Abrechnungen – zu Ungunsten der Verlage sind sie so gut wie nie ausgefallen. In Dimensionen bereits krimineller Energie drang ein anderer Verlag vor, der mir von einem Titel mehr als 3000 verkaufte Exemplare nicht abrechnete. Als ich hinter diesen ausgewachsenen Honorarschwindel kam, wurde mir erklärt, diese 3000 Exemplare seien als Rezensionsstücke unter die Leute gebracht worden. Bei 3000 Rezensionsexemplaren müssten wohl weltweit sämtliche Kritiker beglückt worden sein! Die Sache wurde auf dem Rechtsweg geklärt. Und ich wechselte den Verlag.

Mit meiner Trilogie der Unverkäuflichkeit stand ich jedenfalls vor der Alternative, entweder den Bettel hinzuschmeißen, zurück in die Werbung zu gehen oder doch noch Studienrat zu werden, um nach Feierabend und in den Ferien weiter derartige Kunststücke zu produzieren, oder aber endlich wieder Bücher zu schreiben, die am Markt erfolgreicher wären, was mir zuvor ja schon gelungen war. Ich schrieb den Roman »Der Flügel« und hatte damit den bitter notwendigen Erfolg, der sich nicht zuletzt der Tatsache verdankte, dass der Roman in der Fernsehsendung »Das literarische Quartett« besprochen wurde. Und vermutlich wäre der Erfolg noch größer gewesen, hätte der laute alte Mann das Buch gelobt, statt es wütend zu verreißen. Über das schwierige Verhältnis von Autoren zur Kritik ist viel geschrieben und noch mehr geredet worden. Die Dominanz des Sekundären, ich sagte es bereits, ist schwer erträglich. Ein Kritiker versuchte einmal, mich mit der Bemerkung zu beschwichtigen, wir Kritiker und Autoren säßen doch alle in einem Boot. »Ja«, sagte ich, »aber die Autoren rudern.«

Ich vollzog jedenfalls die Rückkehr von der schwer lesbaren, vermutlich auch überambitionierten Preziose zu einer eher plot-orientierten, unpeinlich-unterhaltsamen Erzählliteratur, die meinem Erzähltemperament gemäß war. In einer Diskussionsrunde wurde ich einmal gefragt, ob das, was ich schreibe, mehr U oder mehr E sei, eher Unterhaltung oder eher Seriös-Ernsthaftes. Das ist eine in Deutschland ungemein beliebte, literaturfremde Kategorisierung, die meistens von Leuten vorgenommen wird, die weder von U noch von E die leiseste Ahnung haben. »Weder … noch«, antwortete ich. »Ich mache Ü!« Diese Kurskorrektur zum Ü, dem ich bis heute treu geblieben bin, sagt vielleicht auch etwas darüber aus, wie das sogenannte Familienglück nicht nur die materielle Existenz von Autoren bestimmt, sondern auch deren Schreibweisen und Stil beeinflussen kann. Jene drei Bücher waren meine Sorgenkinder. Immerhin sind sie immer noch lieferbar und verkaufen sich jährlich mit zirka zehn Exemplaren, was in der gegenwärtigen Situation auf dem Buchmarkt, den die Furie des Verschwindens durchtobt, einigermaßen verblüffend, wenn nicht gar tröstlich ist.

Wenn ich darüber rede, dass meinem Werk Rücksichtnahmen auf meine familiäre Situation eingeprägt sind wie Wasserzeichen in Geldscheine, will ich nicht davon schweigen, dass Familienleben und besonders die Erfahrungen, die ich mit Kindern gemacht habe, mir Stoffe und Inspiration geliefert haben und ein wichtiges Motiv meines Werks wurden. Die Romane »Der Mann im Mast«, »Vierundzwanzig Türen« und »September Song« speisen sich zumindest teilweise aus solchen Erfahrungen, und mit dem »Vatertagebuch«, einem Journal des Jahres 2004, habe ich schließlich den Versuch gemacht, diese Thematik ohne Fiktionalisierung anzugehen, mit offenem Visier.

Für literarische Agenten bin ich längst zu einem hochinteressanten Autor geworden, und zwar deshalb, weil ich keinen Agenten habe. Agenten wollen von den Autoren immer nur das Beste – nämlich 15 % Anteil an den Honoraren und Tantiemen. Mit dem »Kaufmann im Dichter« habe ich aber im Lauf meiner Karriere so nachdrücklich Bekanntschaft gemacht, dass ich mir auch ohne Agenten eine halbwegs gesunde Mischkalkulation zusammenbastele, die mich auf bescheidenem Niveau nährt. Zu den Buchtantiemen kommen die Übersetzungshonorare; ich schreibe gelegentlich Artikel in Zeitungen und Zeitschriften und Beiträge für den Rundfunk; dank meines akademischen Hintergrunds werden mir manchmal Gastdozenturen angetragen. Hilfreich sind und waren auch Stipendien und Preisgelder, in deren Genuss ich gekommen bin. Eine nicht zu unterschätzende Einnahmequelle bilden schließlich die Lesungen; es gab Zeiten, zu denen ich durch Lesungshonorare höhere Einnahmen erzielt habe als durch Buchverkäufe. Der Rede wert sind Lesungen aber nicht nur des Geldes wegen, als viel mehr deshalb, weil sie deutlicher Ausdruck der Tatsache sind, dass man als Autor nicht nur sein Werk zu Markte trägt, sondern seine Person mit in Kauf gibt.

8.

Ohne die Geduld und Unterstützung meiner Frau wäre das alles unmöglich gewesen. In seinem autobiografischen Buch »On Writing« hat Stephen King angemerkt: »Immer, wenn ich einen Debütroman sehe, der einer Ehefrau oder einem Ehemann gewidmet ist, muss ich lächeln und denke: Da weiß also jemand Bescheid. Schreiben ist ein einsames Geschäft. Wenn man dabei aber jemanden zur Seite hat, der an einen glaubt, erleichtert das die Sache entscheidend. Diese Person muss gar keine großen Reden schwingen. Vertrauen reicht normalerweise schon.« In meinem Falle heißt diese Person Jamie, der mein Debüt »Moos« gewidmet ist.

Als wir uns 1980 auf Kreta kennenlernten, ist sie einmal an dem Cafétisch vorbeigekommen, an dem ich gerade saß und etwas notierte. Sie ist stehen geblieben und hat gesagt: »Hi, what are you doing there?« Und ich hab sie angesehen und ebenso wahrheitsgemäß wie bescheuert geantwortet: »I'm writing a poem.« Später hat sie mir gestanden, dass sie in dem Moment gedacht hat, ich müsse ein weltfremder Spinner sein, harmlos zwar, aber nicht ganz dicht. Dichter sollte ich ja auch erst noch werden.

Das graue Tagebuch

Zur Entstehung der Romane »Ins Blaue« und
»Das Grau der Karolinen«

Ich kenne keine Künstler.
Ich kenne nur Leute, die hart arbeiten.
Jacques Brel

26.2.1983 (Hamburg)

Als Kind habe ich eine gewisse Lust am Lügen empfunden.
Ist dem die Lust verwandt, etwas zu erzählen?

12.4.1983

Im Gespräch mit M.J.F. und M.H. über Wirkungsgeschichte und Rezeptionsästhetik ging mir auf, wie unbefriedigend
diese Methoden bleiben müssen. Nicht nur, dass sie den
Forscher oder Historiker von eigener Interpretationsarbeit
suspendieren, indem sie ihn zum bloßen Sichten, Sammeln
und Sortieren dessen einladen, was zuvor über die betreffenden Werke geschrieben wurde (also Wirkungsgeschichte als Krisenmanagment einer orientierungslosen

Literaturwissenschaft, natürlich auch der Anything-goes-Kunstgeschichte); sondern es kommt mir auch so vor, als nähre dieses rein akkumulative Verfahren die Fiktion, ein Kunstwerk historisch-wissenschaftlich entschlüsseln, ihm sein »Geheimnis« entreißen zu können – nun aber nicht mehr per abgewirtschafteter Einfühlung à la Staiger, nicht einmal mehr ideologiekritisch, psychoanalytisch oder dergleichen, sondern im Auftürmen der Wirkungen, die die Werke in der Geschichte auslösten. Dahinter verbirgt sich die These, die Wahrheit eines Werkes sei die Summe seiner Wirkungen in der historischen Zeit.

Nun hat diese These durchaus manches für sich, versteht man sie wie Benjamin: »Das Schöne ist seinem *geschichtlichen* Dasein nach ein Appell, zu denen sich zu versammeln, die es früher bewundert haben. Das Ergriffenwerden vom Schönen ist ein *ad plures ire*, wie die Römer das Sterben nannten. Der Schein im Schönen besteht für diese Bestimmung darin, dass der identische Gegenstand, um den die Bewunderung wirbt, in dem Werke nicht zu finden ist. Sie erntet ein, was frühere Geschlechter in ihm bewundert haben. Es ist ein Goethewort, das hier der Weisheit letzten Schluss lautbar macht: ›Alles, was eine große Wirkung getan hat, kann eigentlich gar nicht mehr beurteilt werden.‹«

Es ist insofern zweifelhaft, ob der Wahrheit eines Kunstwerks, das ja als ästhetisches Erkenntnisinstrument wesentlich nicht wissenschaftlich funktioniert, mit der Armatur eines literarhistorischen Neopositivismus beizukommen ist – ein Dilemma jeder Kunstwissenschaft (dies Kompositum ist zwar schon ein Widerspruch in sich, allerdings fruchtbar, wenn man mit der Widersprüchlichkeit zu arbeiten bereit ist). Immerhin hat Rezeptionsgeschichte den Vorteil, Werk und Wirkung aufeinander zu beziehen, wobei in der Praxis aber fast immer die gegenseitigen Interdependenzen weggeblendet und auch nur selten die kunstimmanenten Wirkungen als Einflussgeschichte aufgeschlüsselt werden.

Im Verlauf des Gesprächs verstieg ich mich zu der These, eine Rezeptionsgeschichte, die ein Kunstwerk nicht beurteilen, sondern im emphatischen Sinn verstehen will, könne nur in seinem eigenen Medium zur Darstellung kommen. Das heißt nichts anderes, als dass Rezeptionsgeschichte von Kunst wiederum in künstlerischer Form auftreten muss. Das ist zwar nicht tautologisch gedacht, wenn man den Wissenschaftsbegriff in einem umfassenden, radikalromantischen Kunstbegriff aufgehen lässt, aber am Ende wohl nicht realisierbar – es sei denn, man schriebe so etwas wie einen rezeptionsgeschichtlichen Roman.

13.4.1983

Die Idee eines rezeptionsgeschichtlichen Romans ist bedenkenswert. Man müsste darin zuerst die Produktion eines Textes vorführen, dann den Text selbst und ihn schließlich in aufeinanderfolgenden historischen Situationen auf verschieden disponierte Leser treffen lassen. Wirft allerdings enorme technische Probleme auf. Müsste vermutlich auch umfangreich sein – und ist allein schon deshalb für mich derzeit nicht machbar, vor allem nicht finanzierbar.

14.4.1983

»Der Zustand« – was immer das ist (Inspiration, profane Erleuchtung) – gehört nicht der Kunst allein, sondern stellt sich auch im rationalen Denken ein. Nur dass die Wissenschaft heute davon nichts wissen will und den Zustand gleichsam im Griff der Begriffe würgt, wenn er sich einmischt.

*

Man liebt Unterschiede, doch leben kann man nur mit der Ähnlichkeit.

18.4.1983

Schlagartig Wärme, bis zu 20 Grad, Sommerahnungen. Leichtigkeit. Wie sich das Wetter auch immer in die Arbeit mischt.

Ein Problem des rezeptionsgeschichtlichen Romans wäre natürlich, dass der Text, an dem sich die Sache aufziehen ließe, nicht authentisch sein darf. Er muss erfunden werden. Zu dem Zweck müsste man aber »wie ein anderer« schreiben, zumal wie jemand, der vor Zeiten schrieb. Es müsste auch ein kurzer Text sein, der nur wenig Raum nimmt. Vielleicht eine Novelle? Denn den Erzählraum müssten die Wirkungen in der Zeit einnehmen. Oder könnte man auf den Text verzichten und ihn nur als ein im Bewusstsein bzw. in der Erinnerung der verschiedenen Leser gespiegeltes Werk vorstellen? Wäre zu erproben.

27.4.1983

Der Wirkungsroman dürfte für mich noch eine Nummer zu groß sein. Die Idee ist gut, aber, aber, aber ... Man muss ja nicht nur einen fiktiven Text als Ursprung erfinden, sondern auch ein dazugehöriges Schriftstellerleben – schon ein Roman für sich. Und, wichtiger noch, die einzelnen Stufen der Wirkung dürfen keine lose Nummernrevue ergeben, sondern müssen durch Handlung miteinander verknüpft sein. Als Familiengeschichte? Ein Buch geht von Generation zu Generation und wird immer wieder neu und anders gelesen? Vielleicht könnte auch der fiktive Autor Mitglied der betreffenden Familie sein. Klischeefalle: Künstler als Außenseiter, eingemauert von bürgerlicher Borniertheit.

15.5.1983

Etwa 20 Manuskriptseiten geschrieben und verworfen. Nichts langweiliger als Literatur-Literatur, die übers Schreiben schreibt. Das war schon bei der Konzeption von »Moos« ein Problem, das ich durch Ausweichen in die Botanik einigermaßen lösen konnte. Literatur, über die sich, wenn überhaupt, nur die Germanisten freuen, ist nicht mein Ding. Womöglich ist es die größte Herausforderung der Literatur, Dinge darzustellen, die nicht der Sprache angehören.

17.5.1983

Weil wir unsere Aufmerksamkeit zu oft mit Abstraktionen ermüden, schläft sie manchmal bei einfachen und natürlichen Dingen.

30.5.1983

Den Plan für den Wirkungsroman hatte ich schon fallen
gelassen, sehe jetzt aber eine neue Möglichkeit: War mit
J. auf einer Ausstellungseröffnung. Die Bilder eher uninteressant, doch später im *Vienna* erzählte ich J. von dem Projekt, und während ich darüber sprach, fiel mir ein, dass
man eventuell keinen Text, sondern besser ein Musikstück
oder ein Bild als Thema wählen könnte. Man müsste dann
allerdings das entsprechende Werk sprachlich zu fassen bekommen. Bilder kann ich beschreiben, Musik eher nicht.

4.6.1983

Ein Bild. Ein Gemälde. Und dann die schrittweise Entfaltung seines Sach- und Wahrheitsgehaltes (der ungewöhn-
lich sein muss), bis die Wirklichkeit die Wahrheit des
Werks ein- und überholt und stillstellt, gewissermaßen
entschärft. In einem Museum. Denn dort werden die Bilder
entschärft. Die öffentliche Anerkennung des Kunstwerks
wäre damit zugleich das Ende seiner Wirksamkeit. Das ist
so natürlich erst einmal nur graue Theorie, aber doch ein
konzeptioneller Keim, um den möglicherweise der Roman
zu bauen wäre.

6.6.1983

Brotarbeit frisst den Autor.

*

42

Als ich neulich dabei half, die Fassade von J.s und H.s Laden zu streichen, hatte ich lange dies Gelb vor Augen. Seltsam, dass man von Farben nur so schwer Begriffe fassen kann. Was ist Gelb außer dem Wort Gelb und der Farbe Gelb? Der Roman hätte von Farben Begriffe zu fassen, besser: zu prägen, aber nicht so, wie es die Farbpsychologie (Lüscher) tut, sondern indem Farbwahrnehmungen Bedeutungs- und Empfindungshöfe angelagert werden. Wenn ich mit dem Text Ernst machen will, wird es mir wohl kaum erspart bleiben, Farbenlehren zu studieren. Vermutlich ein Fass ohne Boden – Goethe, Schopenhauer, Runge, Klee. Urlaub in der Staatsbibliothek?

13.6.1983

Als Ernst Bloch Anfang der Zwanzigerjahre mit dem Manuskript von »Geist der Utopie« bei einem Verleger mit der Begründung abblitzte: »Ja, wenn es von Nietzsche wäre … «, soll Bloch gekontert haben: »Was ist Nietzsche gegen mich?« – Aus solchem Selbstbewusstsein lässt sich lernen. Fraglich freilich, wer gegen mich was sein soll.

*

Manche Theorien sind wie Messer, die so scharf geschliffen sind, dass sie beim Schneiden zerbrechen.

21.6.1983

Das Schlimmste am Schreibtisch: immer die gleichen Blicke.

*

43

Gestern beim Einschlafen zwei wenig angenehme, doch umso plastischere Vorstellungen (nicht Träume): Einmal das Gefühl, mir kröchen Krokodile in den Mund. Und dann der Gedanke, wie das wäre im Zentrum einer Atombombenexplosion. Ob man erschrickt? Oder gibt es Momente, die so kurz sind, dass ein Erschrecken gar nicht mehr ins Bewusstsein tritt?

Trotz dieses Gedankens und trotz der grassierenden Raketen-Hysterie habe ich keine Angst vor Krieg. Das könnte damit zusammenhängen, dass das Thema Massenvernichtung im Roman eine wichtige Rolle spielen soll. Und dann darf ich das Thema nicht fürchten, weil ich es sonst nicht bewältigen kann. Oder versuche ich, eine Furcht, die mir unbewusst ist, in Arbeit zu bewältigen oder schreibend zu verdrängen?

30.6.1983

Meine Produktivität unterliegt wellenförmigen Schwankungen. Es scheint eine Art Sechs-Wochen-Rhythmus zu geben. Jedenfalls läuft derzeit nichts, von kleineren Aufträgen (Funk, Journaille) abgesehen. Das Romanmanuskript ist noch so schmal und grinst irgendwie hämisch. Fühle mich gelähmt, urlaubsreif.

2.7.1983

»Wenn ich dichten kann, d. h., wenn ich mich mit jedem Werke, das ich schreibe, so viel erwerben kann, als ich notdürftig brauche, um ein zweites zu schreiben; so sind alle meine Ansprüche an dieses Leben erfüllt.« Schrieb der unglückliche Kleist 1808 demutsvoll an den Verleger Cotta. Natürlich würde auch ich mir wünschen, ökonomisch von einem Buch zum nächsten getragen zu werden, was derzeit völlig illusorisch ist. Aber damit wären durchaus nicht alle meine Ansprüche ans Leben erfüllt. Ist das ein Defizit an Obsession, die man braucht, um aus der Rolle des Schriftstellers ins echte »Künstlertum« zu gelangen? Doch womit würde man diese Obsession erkaufen? Mit seinem Leben?

4.7.1983

Titel: »Samoa Grau.« Fehlt nur noch der dazugehörige Roman.

9.7.1983

Die Brotarbeit erdrückt alles. Komme nicht zur Lektüre, die für den Roman notwendig wäre (Farbenlehren in allen Schattierungen; dann aber auch Stevenson, der sehr groß ist. Auch noch einmal Melvilles »Moby Dick«, »Das Weiße des Wals« etc. und eventuell auch wieder Stifters sterbenslangweiligen »Nachsommer« wegen der Objekt-Psychologisierung.

Große Werke kann man bewundern, doch sollte man sie auch nutzen. Zu viel Ehrfurcht schadet nur. Literaturgeschichte ist auch eine Art Komposthaufen, mit dessen Hilfe Neues entsteht.

Manchen Autoren reicht zur Recherche ein Blick in den Spiegel. Mir nicht.

10.7.1983

»Von Schriftstellerei zu leben, ist selbst für echte Geistes-
bildung und Freiheit ein höchst gewagtes Unternehmen.«
(Novalis)

12.7.1983

Nichts unfruchtbarer als eine Kritik, die keine Vorschläge
zum Bessermachen kennt. So wird aus dem Bessermachen-
wollen eine bloß moralisierende Haltung, die nur weiß,
was sie nicht will, aber das monierte Defizit nicht füllen
kann. So geht es mir selbst mit dem Manuskript. Ich weiß,
dass es so, wie es jetzt läuft, falsch läuft, aber ich kann es
nicht besser machen.

15.7.1983 (Mollberg)

Spät in diesen langen hellen Nächten geben die Regenwol-
ken plötzlich den Mond frei. Gehe dann gern im Zwielicht
auf den sandigen Wegen, wiege den Roman im Kopf. Gehen. Gehen. Es wird schon gehen. Irgendwo fließt der unendliche Strom, auch in mir oder durch mich hindurch.
Den Einstieg finden, sich treiben lassen. Meine Sendung
lautet: vollständig Antenne sein.

*

Arbeite hier den alten Kleiderschrank auf, der jahrelang un-
scheinbar und vergessen in Oldenburg auf dem Dachboden
stand. Wie ekelhaft und zugleich faszinierend die gelösten
Farbschichten daran herunterlaufen. Denke während dieser

Arbeit fast ununterbrochen an den Roman. Könnte das Bild vielleicht ein- oder gar zweimal übermalt worden und somit verändert worden sein? Das würde allerdings den rezeptionsgeschichtlichen Gedanken verwässern. Aber wer oder was zwingt mich denn zu solcher Strenge?

Ein technisches Hauptproblem: Perspektiven finden, die glaubwürdig sind; authentische Sprachebenen – und die dann in einer spannenden Fabel glaubwürdig verknüpfen.

17.7.1983

Ein Sommertag mit blank geputztem Himmel. Im Wind noch regnerische Erinnerungen. Ging viel herum, saß am See. Die Wärme des Sandes. Angenehme Strahlung. Warum bleibe ich nicht hier? Könnte ruhiger werden, bedürfnisloser, auch drogenfreier. Benötigte vielleicht nur 50 Prozent der Brotarbeit wie in der Stadt. Hätte dann 50 Prozent mehr Zeit für »Samoa Grau«. Und das Buch wird, wenn ich es überhaupt schaffen sollte, Zeit brauchen.

*

Lese Christa Wolfs »Kassandra« samt der theoretischen Voraussetzungen. Hätte die Wolf ihre Gerüste doch der Erzählung selbst eingebaut, statt sie nur von außen dem interessierten Leser nachzuliefern. Das hätte das unerträgliche Gipsgriechentum des Buches gebrochen. So, in der künstlichen Auseinanderdividierung, entstanden zwei Teile halben Krams.

Mein Roman muss und soll seine Poetologie immanent vorführen (wenn auch im Medium der Malerei). Theore-

tisch und von der Idee her wird mir die Konzeption langsam klarer. Aber die Niederschrift wird genaue Vorarbeiten
brauchen. Vielleicht ist das Projekt nicht realisierbar. Eine
fixe Idee? Das scheinbar Unmögliche ist die eigentliche Herausforderung.

20.7.1983 (Hamburg)

Im Kino Alain Tanners »Dans la ville blanche«. Hypnotisch,
schlafwandlerisch-sensibel, dabei ganz ungekünstelt. Ein-
schläge vom Existenzialismus, Camus' »Fremder« lässt
grüßen. M. und L., die dabei waren, gefiel das alles nicht.
Wo rationale Begriffe und Vorstellungen zersetzt werden,
da geraten die Rationalisten in Panik. Dabei geht es doch
nur um experimentelle Defunktionalisierungen des sogenannten Subjekts. Daraus ist für Teile des Romans zu lernen: Das Bild muss die Selbstsicherheit eines Subjekts
auflaugen, zerfließen lassen (die Farbe auf dem alten Kleiderschrank).

Sehr schön auch die Idee, dass einer, dem die Worte ausgehen, weil die Bilder so mächtig werden, statt zum Stift
zur Super-8-Kamera greift. Ausdrucksverschiebung.

21.7.1983

»Wer nicht mehr will, als er kann, bleibt unter seinem Können.« (Ludwig Marcuse)

*

Morgen fahren wir nach Sardinien. Im Gepäck: Stevenson, Melville, Goethes Farbenlehre.

23.7.1983 (München)

Seltsamer Zustand der Übernächtigung. Ein Wegfließen der Sinne in alle Richtungen. Man spürt die Knochen im Leib, aber die Knochen sind wie Gedanken. Ideenblitze zucken ununterbrochen und lassen sich wegen ihrer Schnelligkeit nicht fixieren. Einmal der kuriose Gedanke: Mein Füllfederhalter könne, zu Hause allein gelassen und gelangweilt, ohne mich am Manuskript weiterarbeiten. Das könnte auch ein Novellenstoff sein.

25.7.1983 (Santa Teresa di Gallura)

Stevenson manchmal gestelzt, steif, aber freundlich und *very british* im Frack unter Wilden. Dann aber wieder einfach, bescheiden, tapfer. Seine lässige, gleichwohl kontrollierte, präzise Sprache.

*

Wer das Einmalige versteht, versteht das Ganze.

26.7.1983

Enorm hohe Luftfeuchtigkeit. Zäher, triefender Nebel, den man greifen zu können glaubt. Hebt sich gegen Mittag. Dabei heiß. Die Feuchtigkeit dringt überall ein, sogar ins Papier. Macht es lappig, raut es auf, graut es an. Die Faszination des Bildes im Buch muss aus solchen Unscheinbarkeiten wie aus einem Abgrund auftauchen.

2.8.1983

Stevensons »The Beach of Falsea«: Man glaubt, den Erzähler (den Händler) sprechen zu hören. Geschrieben, als überliefere jemand mündlich einer lauschenden Runde seine Geschichte. Im Samoa-Roman könnten bestimmte Passagen so erzählt werden (z. B. der Antiquitätenhändler, der das Bild verkauft): Augenzeugen, die Geschichten erzählen. Die Zuhörer werden zu Ohrenzeugen.

20.8.1983 (Hamburg)

Melvilles »Moby Dick«: Das Buch ist in einem gewissen Sinn die Simulation eines Wales bzw. des Prinzips oder Mythos' dahinter. Melville beschreibt also nicht nur, sondern er produziert das, was er beschreibt, indem er es schreibt. So müsste im Samoa-Roman das Bild ebenfalls durch den Text erst erschaffen werden, schrittweise, schichtweise, blickweise.

1.9.1983

Bei den Auftragsarbeiten lerne ich durchaus von dem, über das ich schreibe. Insofern ist Brotarbeit gelegentlich nützlich. Aber wie soll man unter solchen Bedingungen selbst einen langen Text schreiben können? Die ökonomische Misere von Autoren dürfte schon so manche gute Idee ruiniert haben. Dass kaum noch episch geschrieben wird, hängt gewiss mit der Zersplitterung der Konzentrationsfähigkeit, aber vielleicht auch mit den Finanzierungsschwierigkeiten jahrelanger Arbeit zusammen.

12.9.1983

Las nochmals das unvergleichliche »The Moon and Six-pence« von Maugham. Mein Maler könnte ein Typ wie Strickland sein. Maugham bringt es übrigens, ähnlich wie Stevenson, fertig, dass man als Leser die erzählten Figuren sprechen hört (der Arzt, die Frau im Hotel). Südsee als Topos ist für mich brauchbar, aber nur, wenn ich die damit verbundenen Klischees unterlaufe. Südsee also nicht als letztes Paradies, sondern als strategisches Aufmarschfeld und militärisches Testgebiet. Brecht sagt in seinem Tagebuch treffend: »Wie man Romane schreiben könnte, die dadurch packen, dass die Tradition, die durch (alle anderen) Romane schon da ist, darin hingerichtet wird.«

15.9.1983

Alfred Andersch in »Böse Träume«: »Die Augen der Literatur sind grau. Ihre Blicke sind kühl, sie ist ein Wesen von unheimlicher und eisiger Realität. Realismus heißt nichts weiter, als auf Drogen zu verzichten, während man arbeitet.« (Und ich schütte mich mit Kaffee voll. Interessiert solcher Realismus?) »Und mürrisch nahm Paris, das sich dem Schlaf entwand, in seiner Fron ergraut das Werkzeug in die Hand. Zwei proletarische Zeilen, die alle Spekulationen über Langeweile, *ennui*, *spleen* beenden, auch wenn wir diese Stimmung als für die Produktion nötige erkennen.

Uns ihnen aussetzen. Einer produktiven Phase geht Langeweile voraus, nicht jene, die gemeint ist, wenn wir sagen, wir hätten uns mit einem Menschen oder im Theater gelangweilt, sondern Schwermut, Leere, Selbstvernichtung. Langeweile ist überhaupt ein zu vieldeutiges Wort für dies Verweilen im Nichts.«

Benjamin nennt, ähnlich wie Andersch, Langeweile »die Schwelle zu großen Taten« und ordnet der Langeweile ebenfalls die graue Farbe zu: »Langeweile ist ein großes graues Tuch ...« Zugleich fragt er nach dem dialektischen Gegenbegriff zur Langeweile. Vermutlich ist es die Konzentration, obwohl Langeweile nicht mit Zerstreuung identisch ist. Gleichwohl zerstreut Langeweile das Licht unserer Gedanken zu einem diffusen Dämmer, die Konzentration aber lässt es wie durch ein Brennglas gebündelt aufs Manuskriptpapier fallen, wo es dann – hoffentlich! – das Feuerwerk der Worte zündet.

An welchem Punkt, unter welchen Voraussetzungen und mit welchen Hilfsmitteln lässt sich Langeweile in Konzentration und damit in Produktion ummünzen? Die Linsen müssen ausgewechselt werden. Aber hat man die richtige Brennweite immer zur Hand? Die Langeweile vor der Produktion, das öde Weiß der leeren Blätter, ist vielleicht gar kein bloßes Verweilen im Nichts. Sie ist eher ein Umhertappen und Tasten im Halbdunkel, im Zwielicht, ein nervöses Fingern, Suchen nach dem Brennglas mit der richtigen Linse. Man weiß, man hat sie irgendwo zur Seite gelegt, weiß, sie ist da. Aber wo? Manchmal streift man sie mit der Hand, setzt schon den Stift aufs Papier, legt die Finger auf die Tastatur, merkt aber nach wenigen Zeilen, dass die Relationen nicht stimmen. Man tastet weiter und ist mürrisch zu sich selbst – ein Hund in der Etagenwohnung, ans Eingesperrtsein gewöhnt, aber die Witterung des Draußen, nach dem er gierig schnüffelt, in der Nase.

In dieser Langeweile der gehemmten Schaffenskraft liegt Gier nach dem Ausbruch. Man blinzelt zu den Rissen, durch die Licht ins Dämmer bricht.

20.9.1983

Das Romanmanuskript zur Seite gelegt. Zu viele Probleme. An zügiges Schreiben ist nicht zu denken. Es gibt auch erst Zeitschemata, Figurenskizzen, nur wenige ausgeführte Passagen.

Aber ich hatte das Bedürfnis, zügig etwas zu machen, und so habe ich begonnen, eine kleine Urlaubsgeschichte niederzuschreiben, die mir schon lange im Kopf herumgeht. Eine erste, einigermaßen peinliche Fassung hatte ich unter dem Titel »Auf freier Strecke« geschrieben, als ich damals mit der Dissertation nicht weiterkam.

28.9.1983

Zwar weiter an der Reisegeschichte, aber ganz mutlos. Hatte gehofft, das werden zwanzig Seiten, quasi als Erholung, doch jetzt merke ich, dass ich vermutlich das Zehnfache benötigen werde. Ein Ausweichen vor dem Samoa-Roman? Sich schreibend vor dem Schreiben drücken? Doppelt ärgerlich, weil diese Urlaubssache durchaus nicht so leicht zu machen ist, wie ich hoffte. Auf zehn Seiten witzig sein geht noch ganz locker, aber diese Atmosphäre über eine längere, mehrschichtige Story halten – da artet der

Witz in Arbeit aus. Nur darf der Leser das später nie merken.

4.10.1983

Ich kann nicht schreiben, werde es auch nie können. Am liebsten würde ich alles hinschmeißen und im Hafen Säcke schleppen. Dieser Urlaubsroman wird zur Qual. Und vor dem Rezeptionsroman habe ich kapituliert.

Man soll nicht so tun, als könne man, wenn man nur wolle, Kolportage produzieren, um auf dem Markt erfolgreich zu sein. Unsereins ist nun mal in seine Dimensionen verstrickt. Den Abstraktionsgrad meines Denkens kann ich nicht einfach ausknipsen, ebensowenig wie ich mein Interesse auf Themen lenken kann, die mein Interesse nicht fesseln. Das ist keine Attitüde eingebildeter »Geistigkeit«, sondern die schlichte Einsicht, dass das Einfache schwer zu machen ist.

30.11.1983

»Ins Blaue« beendet. Eine Art Gewaltakt. Manchmal wie besinnungslos geschrieben. Das waren die besten Momente. Fühle mich ausgehöhlt, leer geregnet. Jetzt muss sich erst wieder ein Klima bilden, das zur erneuten Entladung führen kann.

Viel gelernt an dem Text, besonders Dialogführungen.

*

Über Benjamins Frage, was das Gegenstück zur Langeweile

sei, müsste noch einmal präziser nachgedacht werden. Ist vielleicht die aus der Konzentration geschlagene Produktion gar nicht das antithetische Gegenstück, sondern schon die Synthese? Dann wäre eventuell der Begriff des Müßiggangs das Gegenstück. Und die Synthese: der Stillstand, in dem sich etwas bewegt. Die vollkommene Fülle, aus der man sich die Worte bricht und mit ihnen gegen die Langeweile einen Damm errichtet.

Wenn in jedem Ding Wahrheit erscheint, ist Langeweile dem, der zu sehen versteht, gar nicht möglich. Sie wäre dann nur der Zustand, der darauf verzichtet, nach der »Wahrheit« zu greifen bzw. sie zu begreifen.

2.12.1983

»Samoa Grau« muss, wenn es gelingen soll, von allem profitieren, was ich bislang geschrieben habe. Und muss mehr sein und besser. Aber vielleicht bin ich für solche Konzeptionen noch gar nicht reif?

Wieder in den Zustand geraten, der sich manchmal während der Produktion von »Ins Blaue«, und auch schon damals bei »Moos«, einstellte: Ein Raum öffnet sich, in dem die zerfaserten Enden meiner Konzentration zusammenschießen, ein Zustand, in dem kein Stimulus mehr nötig ist als dieser eine: weiterschreiben. Das Arkadien meiner Schriftstellerei.

4.12.1983

Im Gespräch mit J. auf der Suche nach Bildern für den Vorgang der Fantasieproduktion. Vielleicht so: Das Denken ist ein fest umrissener Lichtstrahl, der etwas abtastet, etwas zu entziffern versucht. Dieses Etwas ist das Unsortierte, Ungesonderte.

11.12.1983

Schleppende Tage. Erster Schnee. Abende vor, fast im Fernseher. Der Roman brütet vor sich hin, schwelt. Die Konturen werden deutlicher, aber der Körper, die Erzählmasse, fehlt. Ich habe zu viel Interesse am fertigen Werk und zu wenig am Machen. Das ist der große Fehler. Gide soll einem jungen Schriftsteller, der ihn um Rat fragte, gesagt haben: »Wie? Sie könnten aufhören zu schreiben? Und tun es nicht?«

Heute produziert der Trübsinn nicht einmal mehr Vergeistigung wie noch zu seligen Décadence-Zeiten. Mein Spleen ist bloß ein nach innen wuchernder Krebs des Selbstzweifels, der Gedankenfluchten lahmlegt, sich wie Staub über endogene Bilder legt, Sprache zersetzt. Hofmannsthal hat im Chandos-Brief den Zustand überwunden, indem er ihn artikulierte.

Das Problem besteht für mich nicht darin, von der Vorstellung freizukommen, Schriftsteller zu sein, sondern im Nichtvorhandensein einer anderen Existenzmöglichkeit.

*

Über sich selbst nachzudenken ist unfruchtbar. Selbstständig denken und handeln heißt: von sich absehen können.

17.12.1983

Ausstellung in der *Galerie Wand* (Jürgen Brockmann und andere): Wie rasch sich die sogenannte Wilde Malerei aus dem Bereich des optischen Skandals in den der Gewohnheit bewegt hat. Eine doppelte Wandlung: Einerseits gewöhnen die Betrachter sich, andererseits bezähmen sich die Produzenten im Blick auf den Markt. Da ist vieles bereits Dekoration, was vor zwei Jahren noch schockierte.

Der Roman liegt vor mir als riesiger, verzweigter Baumstamm, geschlagen in einem unbekannten Urwald. Und aus diesem Klotz hätte ich also eine wohlgeformte Skulptur zu schnitzen. Angst vorm Zupacken, Befürchtung, dass es keine Skulptur, sondern ein Zahnstocher wird.

19.12.1983

Psalm vom Spleen

Keine Lust auf Kleinigkeiten,
keine Kraft fürs Große.
Fetzen, unverbunden lose,
treiben im Gehirn.
Tageslauf aus Fernsehzeiten,
Pläne, Skizzen kreisen,
Ausverkauf der inneren Reisen,
fallendes Gestirn.
Lyrik aus der Mode,
stumpf der Worte Feile,
Rost auf jedem Satz,
Reime für die Katz.

Selbst die Langeweile
langweilt sich zu Tode.
Sinn, verloren in Gedanken,
dreht Ideenkarussell,
brüchiges Gestell
im Gedämmer.
Hell
war es hinter Schranken,
die geschlossen sind,
lautlos, sprachlos, bitter
böses Wortgegitter
zwischen jetzt und Kind,
dem noch alles glückte,
selbst das Fallen,
selbst das Schweigen,
das am Lallen
sich entzückte.
Drachen stieg im Wind.
Das in Pfützen Meere sah,
Wildnis sah im Garten,
Löwe, Fisch und Vogel war,
nie gesehene Arten.
Kein Wort schreiben,
kein Wort lesen,
jedes Buch hat sieben Siegel,
Schrift noch nicht der ferne Spiegel,
Sätze Krickelkrackelwesen,
bunte Laute alle Worte
wolkengleich im Sommerhimmel,
Buchstaben ein Strichgewimmel,
Namenszug auf Sahnetorte.

Alle Worte waren Namen,
sagten ich und manchmal du,
lächelten dem Munde zu,
dem sie fremd entkamen.
Amen

21.12.1983

Neu ansetzen. Anderes Schema, andere Handlung. Sechzig Seiten zum Wegwerfen. Muss mehr Ungeformtes, Rohes zulassen, komme sonst nicht an die Substanz. Mein Blick gestaltet zu früh. Mehr Geduld beim Abtasten, Abhorchen der Möglichkeiten. Mutig ins Getümmel. Technik erst mal beiseitelassen. Sie wirkt wie ein Panzer, den die Ideen ankratzen, aber nicht durchschlagen.

Der Roman braucht einen anderen Protagonisten, auch wenn das Bild der eigentliche »Held« bleibt. Der Suchende darf jedoch kein Journalist sein. So einer weiß a priori zu viel. Versuche es jetzt mit einem Werbegrafiker, der sich in Auseinandersetzung mit dem Bild künstlerisch entwickeln soll. Parallelentwicklung zum Maler des Originalbildes. Das Gemälde darf aber auf keinen Fall didaktisch, geschweige denn pädagogisch wirken. Es hat nichts zu sagen, aber alles zu zeigen.

1.1.1984

Warf heute Nacht beim Bleigießen einen Fisch. M.D.s Kommentar: Das verspricht Erfolg.

*

Zum Orwell-Jahr und zum Roman: »Es hat keine Epoche gegeben, die sich nicht im exzentrischen Sinne ›modern‹ fühlte und unmittelbar vor einem Abgrund zu stehen glaubte. Das verzweifelt helle Bewusstsein, inmitten einer entscheidenden Krisis zu stehen, ist in der Menschheit chronisch. Jede Zeit erscheint sich ausweglos neuzeitig. Das ›Moderne‹ aber ist genau in dem Sinne verschieden wie die verschiedenen Aspekte ein und desselben Kaleidoskops.« (Benjamin)

Aber stehen wir heute nicht doch an einem Punkt, der mit dem chronischen Krisenbewusstsein der Menschheit nicht mehr kompatibel ist? Denn wir vernichten die Ressourcen der Natur, die Basis von Geschichte – vom atomaren Selbstvernichtungspotenzial zu schweigen. Dass der Roman diesen Fluchtpunkt nimmt, ist nolens volens nur konsequent.

19.1.1984

Im Kino »Koyaanisqatsi« von Godfrey Reggio. Beeindruckend, aber es zeigt sich, dass das Eindrucksvolle allein nicht ausreicht. Es sind durchaus Interpretationen notwendig, auch Handlungen. Sehr einfache filmische Mittel (Schnitt, Zeitraffer und -lupe). Die beste Idee: eine Luftaufnahme des nächtlichen Los Angeles aus großer Distanz, dazwischengeschnitten eine vergrößerte Aufnahme eines Mikrochips. Wie sich die Bilder gleichen! Doch bricht die Idee zu früh ab. Es gibt nämlich noch eine dritte Stufe, die entscheidende, in der die ausdifferenzierte Technik wieder umschlägt ins Magisch-Archaische und am Ende wieder Natur wird. Denn die Strukturen des Mikrochips wie die der nächtlichen Metropole ähneln verblüffend denjenigen, die in gewissen indianischen Ornamenten, auf Decken der Navajo etwa, zu finden sind.

*

»Samoa Grau« wird vermutlich »Das Grau der Karolinen« heißen, wegen der deutschen Kolonialgeschichte. Aber das liegt noch in grauer Ferne, überlagert von ökonomischen Problemen.

1.2.1984

Schönheit ist auch ein Ausdruck von Mangel, organisiert in Kunst. Sie weist auf einen Zustand, in dem Schönheit überflüssig und überfließend ist. Das Ziel der Kunst ist also ihr Weg. Wo er endet: Auflösung der Kunst. Der Maler verschwindet im Bild. Das Fleisch des Autors wird Wort. Das Wort Geschichte.

*

Evidenz ist ständig und überall. Das Problem besteht darin, ihren Schein sichtbar, hörbar, lesbar zu machen.

*

Jedes Wort, jedes geschriebene in Potenz, ist eine Abkehr vom Sein. Man muss sich darüber im Klaren sein, dass es niemals einen echten Realismus in der Darstellung geben kann. Darstellung ist nur Annäherung ans Abzubildende, nie es selbst, immer weniger und zugleich, als Umgebildetes, mehr.

*

Was versuchen wir in der Kunst wieder und wieder nachzubilden? Selbst wenn sich etwas derart Abgedrehtes beweisen ließe, dass alles Gestalten seinen Ursprung im Nachahmen bestimmter Sternkonstellationen hatte – was wäre damit gewusst, gesagt oder gezeigt?

*

Die Hervorbringung der Welt, des Kosmos, kann keine rein physikalische Ursache haben, sondern muss von einer Kraft ausgehen, die sozusagen Geist ist. Ich glaube, dass sich dieser Geist in allem, was ist, materialisiert, manifestiert und zeigt. In der Evolution muss etwas wirksam sein, das sich naturwissenschaftlicher Erkenntnis entzieht, weil es die Bedingung aller Erkenntnis und Evolution ist.

Mit dem Roman hat dergleichen nichts zu tun. Oder vielleicht doch?

8.2.1984

Schreiben als Zwangsjacke. Ich passe noch nicht hinein, komme aber auch nicht mehr heraus. Der Roman rückt weg, obwohl das Manuskript wächst. Die Realisierung vernichtet das Konzept. Das ist gut so.

Als Autor ist man Zwiebelmensch, stößt durch Schichten, nur um auf neue Schalen und Häute zu treffen.

10.2.1984

Die Evolution – ein Konstruktionsfehler der Natur. Der Mensch – der Krebs der Welt. Vielleicht ist der ganze Wahnsinn hier nur ein abschreckendes Beispiel, ein Demonstrationsobjekt dafür, wie man es nicht machen darf.

12.2.1984

Zweifellos macht Übung den Meister. Aber da fehlt ein Sprung. Dauernde Übung macht nur den Handwerker oder den Artisten. Übung plus Geistesgegenwart macht den Künstler.

Ich werfe zu wenig weg. Muss mehr hobeln, statt immer schon mit dem Sandpapier zu hantieren, muss zur Axt greifen, wenn ein noch grober Klotz bearbeitet werden will.

22.2.1984

In Versuchung, den Roman ein für alle Mal zur Seite zu legen und etwas anzupacken, was realisierbar ist.

Am Schreibtisch: eine Art Zelle – mönchisch mit Kaffee und Nikotin. Alkohol trinke ich nur nach der Arbeit; der Stoff löst in mir einen Feierabendreflex aus. Kiffen bringt *bei* der Arbeit gar nichts, *für* die Arbeit aber sehr viel. Es lockert.

Transportunternehmen: Tee beflügelt. Kaffee macht Beine. Cannabis segelt. LSD ist ein Düsentriebwerk. Alkohol tanzt.

*

Aphorismen sind Epen der Nervosität. Welchen psychischen Grad bezeichnet es, wenn einem nicht einmal mehr Aphorismen gelingen?

2.3.1984

Je begriffloser die Gegenwartskunst wird, je mehr sie abstrahiert, je entschiedener sie auf Mimesis verzichtet, desto erklärungsbedürftiger wird sie, historisch, psychologisch, formal. Die theoriefeindliche Kunst produziert damit paradoxerweise Kunstgeschichte und Kunstwissenschaft, auf deren Auslegungen sie sich verwiesen sieht.

11.3.1984 (Mollberg)

Die Unnatürlichkeit eines schreibenden Lebens wird konkret in den Verspannungen meiner Hals- und Rückenmuskulatur. Mein Schreiben zielt auf Einheit, meine Lust zu Analogien, Ähnlichkeitsproduktionen. Und wo bleibt mein Körper?

Natur, geduldige Kraft, bescheidene Pracht. Immer neu anfangen, aus dem Gewesenen herauswachsen. So kann die Kunst von der Natur lernen. »Die Kunst hat die Tendenz, wieder die Natur zu sein« (Arno Holz) – das bezog sich aufs fertige Werk und ist falsch; auf die Produktion bezogen ist es richtig.

*

Lese hier einige Sachen von Gogol. Hilfreich für den Roman ist »Das Porträt«. Bislang war mir die Konzeption, die Umrisszeichnung des Romans recht klar und die Details sperrten sich. Jetzt kippt die Sache. Ich überblicke das Ganze kaum, mache aber Fortschritte bei einzelnen Szenen.

13.3.1984

Goethe einmal resignierend in der Farbenlehre: Vom Kolorit habe er keinen Begriff fassen können.

Der Roman müsste auf einer bestimmten Ebene vom Kolorit durchtränkt sein – und zwar von einem, das im Grunde keins ist: vom Grau. Exkurse über die weiße und die schwarze Farbe, Mischungen. Das Alter. Asche.

19.3.1984 (Hamburg)

Kristallisationen. Idee der Drei-Farben-Mischung: gelb = Jessen, rot = Westermann, blau = Carlsen. Und als Clou (wahrscheinlich guckt wieder kein Schwein): Das Mischungsergebnis der Südseefarben (gelb, grün, blau) ergibt: Grau.

22.3.1984

Neue Zeitfolgen, Namen, Details. Die Arbeit ist wie das Verrühren von Ideenmassen zu einem Teig, dessen Aufgehen der Text selbst sein wird. Bin optimistisch, beginne, die Küche zu überschauen.

Wenn Ideen Gestalt annehmen, sterben sie als Ideen. Die Gestalt der Gedanken verhüllt ihre Essenz. Die Kunst besteht darin, die Verhüllung wieder als Essenz scheinen zu lassen.

*

Übrigens produziere ich keine Texte. Meine Texte produzieren mich.

30.3.1984

Durchlaufende Textseiten der neuen Fassung, einigermaßen lesbar: Wetterbericht, Strand, Auge. Manchmal fast körperliche Empfindungen, in denen ich den gesamten Text in allen Details spüre, und zwar physisch, als rege er sich wie ein Embryo. Aber die Spannung lässt sich nicht über die Nächte halten, bricht ab. Sie muss jedoch meine Träume beherrschen, muss jede Zelle besetzen. Dass man sich diesen Wahn freiwillig erarbeitet, unterscheidet ihn vom Wahnsinn. Hermann Kinders Literaturroman heißt treffend: »Der helle Wahn«.

9.4.1984

Kann den Roman gleichsam von außen sehen, habe also die Konzeption wiedergefunden. Schreiben ist Finden.

Ein Tag ohne Post. Wie ein Astronaut ohne Funkkontakt zur Bodenstation. Überhaupt das Abstrakte, materiell Abgelöste intellektueller und künstlerischer Arbeit. Man denkt, man malt, man schreibt – und dann zeigt einem der Kontoauszug, dass diese Tätigkeit materiell wurde, Geld wert war.

*

Die Einsamkeit des Künstlers verlangt ein Publikum.

10.4.1984

Wie ein Magnet im Feld der Eisenspäne. Der Stoff ordnet
sich zu.

Kupplerisches Gehabe von allem, was mir vor- und un-
terkommt, der Autor im Bordell der Wirklichkeit. Wie alles,
was man gerade denkt, einer Arbeit, an der man steht, um
jeden Preis einverleibt werden muss. Sei es nun, dass darin
ihre Intensität sich bekundet, sei es, dass Gedanken von
vorneherein ein Telos auf diese Arbeit in sich tragen.« –
»Die Fähigkeit und Bereitschaft, in jeder Lektüre Beziehungen aufzuspüren, zum eigenen leidenschaftlichen Betreiben, ist selbst fast komisch zu beobachten, und die Wahrheit
ist, dass einem das Beziehungsvolle und Anzügliche beständig von allen Seiten entgegenkommt, auf fast kupplerische
Weise einem zugespielt wird.« (Thomas Mann, »Die Entstehung des Dr. Faustus«)

14.4.1984

Zügig weiter. Wie sich die wirklich glücklichen Einfälle erst
beim Schreiben einstellen. Dagegen die Zweifel, die aber
als Selbstkritik zum Handwerk gehören und gewissermaßen das Vorlektorat bilden.

19.4.1984

Das Wort Kunst kommt nicht von Können, sondern von
Künden. Das hat der Kunst sehr geschadet.

*

Der Kritiker, der ein Buch verreißt, weil es ihm zu gut gefällt. Oder jener Kritiker, der ein Buch ablehnt, weil es erfolgreich ist.

20. 4.1984 (Mollberg)

J. und H. sitzen auf der Terrasse, ich oben am Fenster, Sonne schräg, langfingrig auf dem Papier. Habe eben das gesamte Material sortiert. Aber aus der Ordnung schlägt kein
Funke. Hake an der Stelle, wo Jessen das Bild im Fenster
sieht.

Die Sonne hing den ganzen Tag hinter einer milchigen
Wolkendecke. Jetzt im Spätnachmittag bricht sie langsam
durch, nicht golden, eher entfärbt. Verschwinden eigentlich
die Wolken? Oder saugt die Sonne sie ab? Das Bettzeug
des Himmels wird gelüftet, Frühjahrsputz der Witterung.
Der Roman spricht viel vom Wetter. Das Musil-Zitat: Man
kann ja nicht so tun, als gebe es das noch nicht.

22.4.1984

Robert Merles »Die Insel«: Spannend, farbig. Wenig Kontrolle im Stil, Wiederholungen (Übersetzungsproblem?).
Direkte Erzähltechnik à la Stevenson, Maugham. Diese
Technik ist zu verbinden mit einer zweiten Erzählstruktur,
die tiefer geht, ins Sprachdetail. Ideal: Jeder Satz soll Beziehung zur Idee haben, möglichst kein überflüssiges Wort,
keins, das nur Handlung transportiert. Information soll
immer auch Ausdruck sein. Vermutlich geht das aber nur
in Lyrik, nicht im Roman.

Ich weiß, dass ich den Roman abschließen werde. Ob er

gelingt, ist eine andere Frage. Die Handlung kenne ich jetzt detailliert bis zum Schluss. Der Rest: eine Entdeckungsreise.

27.4.1984 (Hamburg)

Langsames, aber sicheres Fortkommen. Das Vordenken und Recherchieren zahlt sich aus. Heute am 2. Traum, ein Streif- und Raubzug durch Goethes »Farbenlehre«.

2.5.1984

Es gibt Menschen, denen gegenüber man sich unbehaglich fühlt, weil man ihnen nicht gewachsen zu sein glaubt. Das gilt auch gegenüber manchen Kunstwerken.

3.5.1984

Mein Geburtstag.
    Im Augenblick meiner Geburt ist ein Pfeil abgeschossen worden, der einem winzigen schwarzen Punkt entgegenfliegt. Je älter ich werde, desto schneller fliegt dieser Pfeil und desto größer wird der schwarze Punkt.

*

Ewig währt am Längsten

9.5.1984

Immer fraglicher, ob dieser Text das ist oder wird, was man »spannend« nennt. Mir selbst kommt er spannend

vor, weil er eine, *meine* Reise in die Textmasse ist. Aber
für Leser?

Entdecke stilistische Charakteristika meines Schreibens.
Gewisse Formen kehren wieder, so etwa das Übergehen
verschiedener Wahrnehmungszustände ineinander (wachen und träumen), vorbereitet in »Moos«, ironisch auch
bei »Ins Blaue«.

13.5.1984

Arbeitstechnik, die sich eingespielt hat: 1) Gliederung 2)
Stichwortraster 3) Handschrift 4) Maschine 5) Maschine
zum Zweiten.

*

Fleiß ist die Basis jeder Idee und erzeugt Stil. Man hat keinen Stil, sondern man muss sich ihn erschreiben.

Versuche, nicht abzusetzen, wenn nichts mehr kommt,
sondern im Gegenteil aufzuhören, wenn es gut läuft. Man
kommt dann am nächsten Tag wieder besser hinein,
weil man wieder *hineinwill*. Dennoch schwierig, selbst in
dicht vorgeknüpften Abschnitten, einen Anfang zu fassen, das erste Wort zu setzen. Warum? Weil man mit dem
ersten Wort die Beliebigkeit verlässt und in der Disziplin
steht.

20.5.1984

Pause am Roman, Aufträge. In Stifters »Nachsommer« ge-
blättert. Lässt man beiseite, was Arno Schmidt das sanfte

Unmenschentum genannt hat, bleibt der Eindruck einer
großen Gelassenheit. Da hat sich jemand Zeit genommen.
Kein Ding scheint der Betrachtung zu gering. Stifter hat
den Nerv, seine Leser zu langweilen. Seine Effekte sind so
leise, so gehaucht, dass sie einem leicht entgehen. Dadurch
lädt sich aber, liest man entsprechend genau, jeder Effekt
bedeutsam auf. Allerdings muss man als Leser sich so etwas antun! Dagegen ist Proust ein Thriller. Bei Stifter zwei
Dinge, die kompositorisch bemerkenswert sind. Erstens
seine Auslagerung von Figurenpsychologie in Dinge und
Natur, wahrscheinlich nicht absichtlich gemacht, sondern
unbewusste Projektionen; und zweitens der an und für sich
betuliche Schluss, der aber gegenüber dem ruhigen Gang
des Ganzen geradezu gewalttätig wirkt und den Roman retrospektiv und wie in einem Zeitraffer noch einmal auf-
reißt.

31.5.1984

Jan Potockis »Handschrift von Saragossa«: Wie man damals noch aus dem Stoff heraus erzählen konnte. Heute
muss man den Stoff umgekehrt aus der Sprache brechen.
Deshalb ist unsere Literatur eine ohne Geschichten, ohne
Handlungen. Rückzüge ins Ästhetizistische, ins Psychologische, oder Verläppern im aufgesetzt Politischen. Das Ende
des Erzählens. Dagegen setze ich einen Roman, der wieder
eine Geschichte erzählt, zusammengesetzt aus vielen Geschichten. Er geht in die Geschichte, die Historie, zurück
und voraus in die nahe Zukunft, aber gefischt und erzählt
werden diese Geschichten in der Gegenwart.

6.6.1984

Der Blitz der Intuition zuckt nicht aus heiteren Himmeln.
Ihm geht die langsame Zusammenballung einer mental-
metereologischen Atmosphäre voraus, ein Gewitter, dessen
Wolkenformationen aus Arbeit, Erfahrung und Wissen bestehen.

16.6.1984

»Moos« und »Ins Blaue« beschreiben nichts direkt Erlebtes,
aber sie konnten nur und erst geschrieben werden, weil ich
Erfahrungen gemacht habe, die zu diesen Texten in Beziehung stehen. Mit den beiden im Ton extrem unterschiedlichen Büchern habe ich die Literatur für mich entdeckt,
jedenfalls das Machen von Literatur. Jetzt kommt es darauf
an, sie zu erobern. Jedes Buch träumt bereits seinen Nachfolger.

*

Träume: Häuser von innen und außen, ineinander ver-
schachtelte Zimmerfluchten wie Kapitel eines Folianten.
Ich laufe darin herum und suche meinen Raum. Immer
wieder Flugzeuge, oft mit Kondensstreifen, die Schriften in
den Himmel schreiben. Manchmal kann ich sie entziffern.
Lässt sich das Kondensstreifenmotiv dem Roman einverleiben?

*

Alles sagt etwas. Sprache in allen Dingen.

*

Im eigenen Ich gibt es kein Erfinden, nur ein Wiederfinden.

*

Formen sind Rahmen, in die man Material spannt. Es gibt auch rahmenlose Bilder, bilderlose Rahmen ebenfalls. Formen begrenzen die Willkür, reglementieren das Mögliche, ermöglichen überhaupt erst etwas. Aber jede Form ist ein Kompromiss.

28.7.1984

Leer. Eindruckslos. Ausdruckslos. Brauche Abstand vom Text. Intensive Träume, aber sie gleiten in die Tage und verlieren sich im Licht. Den Roman werde ich nie schaffen.

3.9.1984

Warten, leere Geste. Statt Arbeit Betriebsamkeit. Die Tage enden, ohne recht begonnen zu haben. Der Sommer schwindet zögernd. Sehr mild. Blätterverfärbungen. Sich bündeln können wäre die Kunst, aber alles zerfasert, zerlappt, fließt weg. Ideen, die nicht zünden, weil sie kein Brennmaterial haben. Ich weiche dem Roman aus. Träume, spiele.

13.12.1984

Die letzten Wochen so voll mit äußeren Notwendigkeiten, dass an Schreiben nicht zu denken war – nicht einmal ans Tagebuch. Im Mai kommt unser Kind zur Welt.

Mir ist ein Autorenstipendium der Stadt Hamburg zugesprochen worden, immerhin 9.000 Mark. Das kommt goldrichtig.

3.1.1985

Nix. Leer. Wortlos. Wenn man wenigstens Bilder malen könnte.

Jacques Brel in einem TV-Interview: »Ich kenne keine Künstler. Ich kenne nur Leute, die hart arbeiten.« So ist es.

6.1.1985

Zu welchem Zweck? Für wen? Wozu die Lebensferne dieser Miniaturwelt Schreibtisch? Für Leser? Leser? Wer ist das?

8.2.1985

Halte jetzt »Der graue Grund« für einen besseren Titel. Enthält irgendwie den ganzen Roman, behält aber auch etwas Geheimnisvolles, ist zudem doppelsinnig (Farbe und Kausalität).

16.2.1985

Begreife immer besser die Form, die aus dem Inhalt kommt

bzw. den Inhalt als Form selbst. Die Konstellation von Motiven als Stil.

25.2.1985

Man muss sich geradezu in die Texte bohren. Es entsteht dann ein Sog, der meine unsortierte, verlotterte Existenz zusammenreißt auf diesen Schreibstrom hin. Das kommt in Schüben, ist undressierbar.

26.2.1985

Das Buch geht an meine Grenzen, manchmal darüber hinaus. Es zeigt, was ich kann. Besser geht es nicht. Dennoch unzufrieden. Am liebsten noch einmal von vorne beginnen. Wahrscheinlich kann man Texte gar nicht fertigstellen, sondern nur verlassen.

27.2.1985

H. S. sagt, Schreiben sei eine Funktion des Lebens. Sehr problematisch für den, der ernsthaft, d. h. professionell Literatur produziert. Der muss nämlich sein Leben zu einer Funktion des Schreibens machen. Lässt sich natürlich nicht durchhalten. Selbstmord per Schreibmaschine. Wie lässt sich vermitteln, ohne zu große Kompromisse einzugehen? Abschreckende Beispiele: Arno-Maggi-pur-Schmidt oder auch einer wie Benjamin – diese Selbstopferungen fürs Werk. Muss das sein?

1.3.1985

Die anstrengende Lektüre von E.D.s Dissertation ertragreich, insofern darin eine Passage über ein Videotape Nam
Jun Paiks über den Krieg im Pazifik. Dem Roman einzuver-
leiben. Romane sind Raubzüge des Geistes.

4.3.1985

»Künstler sind nicht die Menschen der großen Leidenschaf-
ten, was sie uns und sich auch vorreden mögen. Und das
aus zwei Gründen: Es fehlt ihnen die Scham vor sich selbst
(sie sehen sich zu, indem sie leben; sie lauern sich auf, sie
sind zu neugierig) und es fehlt ihnen auch die Scham vor
der großen Leidenschaft (sie beuten sie als Artisten aus).
Zweitens aber ihr Vampir, ihr Talent, missgönnt ihnen
meist solche Verschwendung von Kraft, welche Leidenschaft
heißt. – Mit einem Talent ist man auch das Opfer seines
Talents. Man lebt unter dem Vampirismus seines Talents.
Man wird nicht dadurch mit seiner Leidenschaft fertig,
dass man sie darstellt. (Goethe lehrt es anders; aber es
scheint, dass er hier sich selbst missverstehen wollte – aus
delicatezza).« (Nietzsche, »Nachlass«)

5.3.1985

Weit im dritten Teil. Gespräch über Wirkungsgeschichte.
Theorie ist aber zu vermeiden. Sie soll ja entfaltet werden,
muss verifiziert oder falsifiziert werden im Medium des
Romans.

10.3.1985

Einfälle sind wie Blumen am Weg, die man im Vorbeigehen pflücken, die man aber auch stehen lassen kann. Einfälle können nicht erpresst werden.

16.3.1985

Ideen sind immer vage. Trugbilder. Erst das Schreiben macht klare Bilder aus ihnen.

Gibt es epische Werke, bei denen jeder Satz, jedes Wort aus sich heraus strahlt wie in guten Gedichten und gleich dicht an der Konzeption ist? Gibt es nicht. Wenn es das gäbe: das vollendete Sprachkunstwerk.

Gelungene Gedichte sind pures Gold. Romane liefern Geröll und Abraum mit.

18.3.1985

J. besteht darauf, dass er mit seiner Kunst nur sich selbst ausdrücken will. Er bestreitet die kommunikative Dimension. Doch wenn man nur sich selbst etwas zu sagen/zeigen hätte, brauchte man die Verrenkungen, die Mühsal des Werks nicht (es sei denn als Selbsttherapie). Um lebendig zu werden, braucht jede Kunst Betrachter/Leser. Man hat sich natürlich vorzusehen, dass diese Einsicht nicht zum Alibi für marktkonforme Disziplinlosigkeit wird. J. behauptet, es ginge mir bei dem Roman nicht um meine Wahrheit. Das ist nicht ganz falsch. Ich begreife mich eher als ein Organisationsinstrument, das Text herstellt. Meine Wahrheit ist vielleicht der perspektivische Schnittpunkt der divergierenden Positionen des Romans.

23.3.1985

Am Dossier des anagrammatischen Dr. Domcik (so tritt
Hitchcock in seinen Filmen auf). Der Stoffkreis ist mir
fremd. Vielleicht gelingt er eben deshalb so leicht. Das liegt
außerhalb meiner Erfahrungen: Prinzhorn. Die Fliegerge-
schichte bei dem unsäglichen Richthofen. Niedertannhau-
sen aus Feuchtwangers »Erfolg«. Der Collagecharakter des
Ganzen. Man muss die Komposition überschauen, um den
Sinn der Teile einordnen zu können. Ein idealer Leser be-
gänne am Schluss noch einmal von vorn.

Ein Bild aus Worten malen. Das ist der Kern. Und das
ist auch der Grund, warum sich Wahrscheinlichkeit mit
Unwahrscheinlichkeit hier so eng verschränken darf. Man
malt ja ein Bild – nicht das, was es darstellen soll. Man
schreibt ein Buch – nicht, was es bedeuten soll. Es kommt
auf Nuancen an, auf das, was Sprache, Syntax, Laut und
Story dazu beitragen können, optisch zu scheinen.

25.3.1985

Die Abstraktheit von Theorien hat als spezifische Sprach-
form an der Wahrheit teil. Indem ich die Diktion der Theorie nicht völlig einschmelze, sondern nur leicht durchge-
arbeitet mit dem poetischen Sprechen ineinandermontiere,
versuche ich, die Koexistenz der Artikulationsweisen zu
zeigen, die Durchdringung der Möglichkeiten, Welt zu benennen. Die Theorie soll nicht desavouiert werden – ohne
Psychologie, Rezeptionsgeschichte und Kunstwissenschaft
wäre der Text gar nicht machbar –, aber dadurch neu be-
lichtet, dass ich sie ins Licht des Erzählens setze. Und um-

gekehrt soll die oft vage Poesie geschärft werden, indem ich ihr mit der Exaktheit des Diskurses Ecken und Kanten gebe, an denen sich der Fluss der Erzählung bricht (so etwa der etymologische Exkurs nach Mauthner). Die Nahtstellen, an denen die einzelnen Collage-Elemente gegeneinander-stoßen, werden glatt geschmirgelt (anders in Ransmayrs »Die Schrecken des Eises und der Finsternis«, das ich für den Spiegel rezensiere). Was Benjamin technisch im »Passagen«-Werk versuchte, die Eliminierung des Anführungs-zeichens, ohne zum Plagiator zu werden, das versuche ich auf dem Gebiet des Romans.

26.3.1985

Teil drei steht. Zu überlegen, ob die Erzählung der Bäuerin ins Plattdeutsche übersetzt werden sollte. G. S. hat sich be-reit erklärt, dabei zu helfen.

1.4.1985

Je besser ich den Text kennenlerne, indem ich ihn schreibe, desto fremder wird er mir. Kann mich kaum entsinnen, wie ich überhaupt auf die Idee kam. Manchmal scheint der Text sich selbst zu generieren.

4.4.1983

Jede sinnliche Erfahrung ist als Wahrnehmung zugleich eine geistige, jeder Gedanke ist als biochemischer Prozess zugleich eine sinnliche Erfahrung. Man schreibt eben auch mit seinem Körper.

13.4.1985

»Vielleicht muss sogar die fundamentale Dichotomie zwischen Ordnung und Unordnung, zwischen konsumorientiertem und provokatorischem Werk in einer anderen Perspektive neu bestimmt werden, ohne dass sie damit an Gültigkeit zu verlieren braucht: Ich glaube nämlich, dass es möglich sein wird, Elemente von Bruch und Infragestellung auch in Werken zu finden, die sich scheinbar zu leichtem Konsum anbieten, und demgegenüber festzustellen, dass manche provokatorisch erscheinenden Werke, die das Publikum immer noch von den Sitzen reißen, in Wahrheit gar nichts infrage stellen. Ich stoße noch immer auf Leute, die den Wert eines Werkes bezweifeln, weil es ihnen zu gut gefallen hat.« (Umberto Eco)

Das trifft meine Intentionen. Bei »Ins Blaue« liegen Bruch und Infragestellung in der Ebenenverschiebung und in den Kommentaren Feuersteins. Beim neuen Roman liegen die Irritationen, eingebettet in eine traditionelle Erzählhaltung (die dadurch ironisch wird – denn »so kann man doch heute gar nicht mehr schreiben«), in der Montage der Versatzstücke. Montage und Collage sind überhaupt eine wichtige Kunstform der Gegenwart. Informationsüberschuss produziert Fragmentarisierung, Collage selektiert und montiert neu und anders. Irritation und Infragestellung ergeben sich weiterhin aus dem Was der Erzählung, aus der Handlung. Das Märchenhafte in einer durchrationalisierten Welt – selbst die Südsee ist nicht mehr das, was sie angeblich einmal war –, das Sich-Fügen der einzelnen Teile und Stränge zu einem überraschenden Ganzen auf dem Hintergrund eines Ereignisses, bei dem alles aus den

Fugen gerät. Damit ist der Text auch eine Rekonstruktion. Er steuert auf seine Pointe zu, die in der Museumsszene dann aber wieder zurückgebogen wird, und die Pointe zwingt den Leser zum Zurückdrehen des Films. Denn die Anspielungen und Motive, die die Pointe vorbereiten, werden erst retrospektiv sichtbar. Zwar scheint die Pointe »nur« eine Art Knalleffekt auf politischem Terrain zu sein, stellt aber letztlich eine kunstphilosophische These dar, die ernst genommen werden will.

21.4.1985

Es geht eben auch um eine Ästhetik des Inhalts, um das Was der Darstellung. Traditionell gilt die Form als die Kraft, die aus einem Inhalt Kunst macht. Heute verschiebt sich aber das Verhältnis, weil unsere Zeit die Fähigkeit verliert, Geschichten auszudenken. Das Verwickeln und schreibende Entwickeln einer seltsamen Begebenheit, das Verknüpfen von Vorfällen und Handlungsmöglichkeiten, Situationen und Motiven, die scheinbar sinnlos sind, zu einem Sinn und Ziel, das geht unserer Literatur immer mehr ab.

Bin jetzt auf den Karolinen gelandet. Viele erfreuliche Überraschungen dort. Manches jedoch matter als in der Vorstellung.

29.4.1985

Stockungen. Weil's auf den Punkt zutreibt, auf den es zutreiben soll? Angst vor dem Ende?

*

81

Die Skatfloskel »Wer schreibt, der bleibt« auf literarische Traditionen bezogen: Der Nachruhm galt den alten Römern als eine Form der Unsterblichkeit.

Träume sind der Kostüm- und Kulissenfundus des Bewusstseins.

6.5.1985

Teil vier fertig. Drei Tage fast pausenlos am Schreibtisch. Ein Wettlauf mit der Geburt unseres Kindes.

Die fertigen Teile mag ich nicht mehr lesen. Das Unternehmen ist ein Gebirge. Ich sehe jetzt den Gipfel. Wenn ich runterschaue, wird mir übel.

8.5.1985

Der Unterschied zwischen Hand- und Schreibmaschinenschrift ist vergleichbar mit dem zwischen akustischen und elektrischen Gitarren. Die Tinte sinkt ins Papier ein, die Schreibmaschine schlägt aufs Papier. Es müsste sich dieser Unterschied noch in Stil und Inhalt des jeweils Geschriebenen finden lassen. Notizen und Tagebücher entstehen in Handschrift. Manchmal die Vorstellung, dass die Tinte direkt aus meinem Finger rinnt oder dass der Füllfederhalter Teil meines Körpers ist. Das Materielle des Schreibens.

15.5.1985

Teil fünf ist der am besten vorgearbeitete und sollte schnell in die Endfassung zu bringen sein. Allerdings zeigt die Erfahrung, dass gut recherchierte Teile sich oft schlechter schreiben als die, vor denen man sich fürchtet. Das liegt vielleicht daran, dass man die gut vorbereiteten Passagen schon kennt, dass in ihnen zu viel festgelegt ist. Es gibt da kein Entdeckerglück mehr.

18.5.1985

Ist Literatur Lautwerden eines verlorenen oder vergessenen Klangs im Medium des (Schrift-)Bilds? Dann wären Bilder sublimierte Töne – am Anfang also ein Ton. Und Ton ist sowohl ein optisches wie auch ein klangliches Phänomen, Synästhesie. Am Anfang die Einheit von Laut und Bild.

20.5.1985

Licht am Ende des Tunnels. Ich habe vergessen, warum ich dies Buch schreiben wollte. Es gibt keinen Kernsatz, kein echtes Zentrum, außer vielleicht diesem: Wie reagieren Bilder, wenn man sie in die Lauge von Sprache wirft? Anders: Wie können Worte Bilder schaffen?

22.5.1985

Wenn es einen Urknall gegeben hat, wäre die Sprache des Menschen möglicherweise das hochabstrakt sublimierte Echo dieses Tons – der ja kein Knall gewesen sein muss, sondern vielleicht ein leises Signal, eine Schwingung nur.

23.5.1985

Der Reichtum in der Sprachverwirrung. Verwirrung ist Entfaltung und Vielfalt. Der Mythos vom Turm zu Babel: Wurde da wirklich gefrevelt und gestraft? War es nicht vielmehr so, dass die Menschen die göttliche Größe ahnten und, um deren unendliche Vielfalt beschreiben zu können, ihre Sprache unendlich vielfältig differenzierten? Für den, der die Vielfalt liebt und zu lesen versteht, gibt es keine Verwirrung. Dem ist Ordnung im Chaos, dem ist jeder Zungenschlag eine Nuance des Ganzen.

24.5.1985

Zügig im fünften Teil. Carlsen auf dem Postschiff, der englische Dichter (Kombination aus Stevenson, Maugham und Melville – er wird Carlsen mit Strickland (!) bekannt machen).

*

Wird es mich erleichtern, wenn das Manuskript fertig ist? Da warten schon neue Pläne, und die müssen dann wieder aus dem schönen Stadium des Flüssigen, bloß Vorgestellten, Fantasierten, also unendlich Möglichen, heraus ins Machbare, müssen zu Papier. Und dort hört leider der Spaß auf, und die Arbeit beginnt. Bis irgendwann die Arbeit wieder Spaß macht. Man suche sich also einen Beruf, der Spaß macht, um nie mehr arbeiten zu müssen.

26.5.1985

Teil fünf kürzer als geplant. Über Carlsen ist inzwischen schon so viel bekannt, dass er nur noch in seiner Veränderung zu zeigen ist. Die Kürze dürfte dramaturgisch auch sinnvoller sein, weil die Pointe nun, nach dem vierten Teil, nicht mehr lange auf sich warten lässt. Im Epilog im Museum kommt die negative Pointe. Ein Ende, das sich fügt, aber nicht *happy* ist. Dazu gehört, dass die Beziehung Ediths zu Jessen ungeklärt bleibt.

27.5.1985

Zusammenhänge, die sich aufklären, verlieren unser Interesse. Als zu Schreibender interessiert mich der Text nicht mehr. Jetzt gibt es nur noch den Reiz, ein Buch daraus machen zu lassen und es dann der Rezeption auszusetzen. Und dann gibt es eine Rezeption eines rezeptionsgeschichtlichen Romans. Übrigens strahlen gedruckte Texte eine Autorität aus, die das Manuskript nicht hat. Aber das gedruckte Buch vernichtet die Authentizität des Manuskripts.

Veröffentlicht werden will jeder Autor, aber die Veröffentlichung ist nicht nur ein Abschied des Autors vom jeweiligen Werk, sondern in gewisser Weise auch von einem Teil seiner selbst. Er ist entlassen. Ein erwachsen gewordenes Kind.

28.5.1985

Die Schwierigkeit, heute einen gesellschaftskritischen, gar noch vielperspektivischen Zeitroman zu schreiben, liegt auch darin begründet, dass die Informationsfunktion, die noch beim Romantypus der Feuchtwanger, Döblin etc. vom Leser erwartet wurde, heute von journalistischen und telematischen Medien gründlicher und schneller übernommen wird. Romane können nur noch um den Preis des Anachronismus, der Kolportage oder des Dokumentarismus gesellschaftlich »aufklären«. So fällt der gesellschaftskritische Roman der allgemeinen Beschleunigung der Lebensverhältnisse, dem Medientransport sowie dem wachsenden Informationsstand des Publikums zum Opfer. Ein Roman von heute wird sich deshalb nicht mehr an die detaillierte Ausmalung eines »gesamtgesellschaftlichen Zustands« halten können; er muss vielmehr punktuelle Tiefbohrungen veranstalten (was ich auf dem Gebiet des Sehens und der Farben versuche).

Zu diesem Problemkomplex gehören die Hausse in kulturgeschichtlicher Phänomenologie sowie die nur auf den ersten Blick verblüffende Renaissance des historischen Romans, der sich ja aus der prinzipiellen Nichtdarstellbarkeit des Jetzt in die Abgeschlossenheit der Geschichte zurückzieht, bei Eco bis in die Bibliothek des Klosters, wo sich dann freilich wieder das Universum der Schrift eröffnet.

2.6.1985

13 Uhr 40. Schlusspunkt.

3.6.1985

Habe das Gefühl, nie wieder eine Zeile schreiben zu können. Und weiß doch, dass ich es wieder tun werde. Woher der Zwang? Kompensation? Suche nach Anerkennung, Erfolg, Glück, Glanz, Ruhm, Liebe?

8.6.1985 (Mollberg)

Hier ist nichts gleich. Es ist stets derselbe Ort, derselbe See, dieselben Bäume, Gräser, Wege, aber in ständiger Wandlung. Kein Blick, an dem man sich je sattsehen könnte.

*

Manche Vergleiche machen die Dinge billig, rauben ihnen ihre Einzigartigkeit.

*

Schönheit der Wolken: Nur aus der Ferne haben sie Formen. Dringt man in sie ein, lösen sich die Formen in graues Nichts auf.

*

Der Regen. Klangschleier. Bilderrauschen.

*

Alles ist, wie es ist. Schlicht und ergreifend. Aber die Darstellung ist kompliziert.

9.6.1985

Süskinds Bestseller »Das Parfum«: Der Text geht konsequent in die Tiefe eines bestimmten Phänomens (Duft, Riechen – bei Eco ist es das Lesen und die Zeichen), aber an dieses Phänomen setzt die ganze Welt an. Die Welt wird nicht mehr von außen angesehen, sondern von innen an einer bestimmten Stelle aufgebohrt. Als historischer Roman (eigentlich eher eine Parabel) bietet »Das Parfum« die Abgeschlossenheit, die der Gegenwart abgeht. Hier ist niemand besser informiert als der Autor. Im Gegenwartsroman glaubt jeder Leser, etwas mehr oder etwas besser zu wissen.

10.6.1985

J. meint, der graue Roman sei vermutlich aus anderen Gründen gut und interessant als aus denen, die ihn ursprünglich in Gang brachten (Probleme der Rezeptionsästhetik). Das ist vermutlich richtig. Ich habe ein Buch geschrieben, das etwas sagen sollte, doch jetzt ist es zum Glück das Buch geworden und nicht seine intendierte Aussage.

*

Allenfalls die Ewigkeit reichte, die Tiefe des Augenblicks zu spiegeln.

*

Die klingenden Dinge, Wellen, die Worte werfen, Steine im stillen See. Bewölkte Bewegung. Flügelschläge schwalbentief. Regenlieder. Laubgesänge.

1.7.1985

Erzählen, was in der Wirklichkeit fehlt oder verloren zu gehen droht.

8.7.1985

Hesses »Morgenlandfahrt«: erstaunlich. Erst ärgert man sich über das Hausbackene, scheinbar Unbeholfene, Unartifizielle dieser Prosa – und schon, ohne es recht gemerkt zu haben, hat der Text einen gefangen mit der Vielschichtigkeit und kunstvollen Konstellation des schlicht Erzählten. Allerdings ohne jede Spur von Ironie. Das konnte Hesse nicht. Oder er wollte nicht.

19.8.1985 (Hamburg)

Mit J.L. intensives Lektorat des Romans. Beträchtliche Umstellungen, die der Dramaturgie nützen. Längere Streichungen tun weh wie Amputationen, aber wenn sie den Text besser machen, muss man sie verschmerzen. Stärkere Psychologisierungen im ersten Teil, Kathie wird sympathischer.

Die Arbeit mit J.L. angenehm. Sie ist klug, sensibel, beharrlich.

27.8.1985

Das Umschlagsfoto: Aufziehende tropische Gewitterfront.
Gelb- und Brauntöne. Passt. Spielt mit dem Südsee-Thema
und schlägt das Wettermotiv mit an. Dennoch wäre mir
etwas Abstrakteres, weniger Explizites lieber gewesen.

1.9.1985

Erst die logische Wahrscheinlichkeit macht die Fabel überzeugend.

9.9.1985

Bei Arno Schmidt die bekannte These, das Alltägliche sei
das eigentlich sensationelle Sujet der Literatur. Dagegen
meine Erfahrung, dass es einen Stil des Was gibt. Auf dem
Hintergrund der Erfahrungslosigkeit unserer Epoche, deren Leere keine erlebten Geschichten mehr bietet, wäre dieser Stil jedenfalls zu entwickeln. Handlung muss erfunden
werden.

6.10.1985

Noch ein weiterer, hilfreicher Durchgang durch das Manuskript. Viele, wenn auch nicht alle, von N.s Vorschlägen
konstruktiv.

*

Der Herbst ist das Klimaterium des Jahreslaufs.

10.10.1985

Talent ist Schminke, ein Werk das faltige Gesicht darunter.

28.10.1985

Meine Literatur versucht, auf der Basis eigener Erfahrungen und Erlebnisse solche Erfahrungen zu simulieren bzw. zu produzieren, die nicht meine eigenen sind. Ein Erzähler muss über seinen individuellen Raum hinausgreifen – sonst bleibt er ein Tagebuchschreiber, bestenfalls sein Autobiograf.

1.11.1985

Schreiben ist Denken in Zeitlupe.

5.11.1985

Nervöse, ungerichtete Spannung. Die übliche Angst, das sei das Ende, von dem aus nichts mehr geht. Ich habe nichts mehr zu zeigen, nichts mehr zu sagen, kann ja kaum noch übers Alltägliche hinaus denken. Wenig Lektüre.

Der ständig angespannte Bogen wird leicht brüchig. Lernen, sich gehen zu lassen. Lernen, nicht zu lernen. Offen sein und auf die kleinen Dinge achten. Nein, nicht achten – sein lassen. Gleichgültiger werden. Denn nur aus Gleichgültigkeit wächst das Besondere.

10.11.1985

Ohne Fiktionalisierung des Logischen, ohne ästhetische
Verfremdung des Faktischen, ohne träumende Konstrukti-
on dessen, was der Fall ist, kann man nicht leben. Einen
Großteil unserer Erfahrungen erdichten wir uns, wie auch
ein Großteil unserer Erinnerungen erzählte sind. Von we-
nigen Eindrücken der Realität aus extrapolieren wir das
Ganze, sind also viel mehr Künstler, oder, nach Nietzsches
Wort: Lügner, als wir zu wissen glauben.

Postskriptum

30.9.2015

»Den Tee aufgießen« – so hat Ernst Jünger es genannt,
wenn er Tagebuchnotizen für die Publikation überarbeitete.

Ein Bild und tausend Worte

Zur Entstehung des Romans »Konzert ohne Dichter«

Rem tene, verba sequentur!

1.

Manchmal träumen Bücher bereits ihre Nachfolger. Dann machen sich Möglichkeiten eines kommenden Buchs bemerkbar, während sein Vorgänger noch entsteht oder schon veröffentlicht wurde. Denn während der Arbeit an einem literarischen Werk können sich thematisch-stoffliche oder auch formal-stilistische Optionen ergeben, die sich im Zusammenhang des aktuellen Textes nicht oder nicht hinreichend realisieren lassen, sondern eines eigenen Entwurfs bedürfen. Das heißt aber noch lange nicht, dass solche Buchträume stets wahr werden, dass solche Möglichkeiten, die manchmal nur wolkig-vagen Ideen gleichen, tatsächlich auch zu Wort kommen und als neuer Text konkret werden. Denn Widerstände und Probleme, Schwierigkeiten und Bedenken gibt es bei dergestalt vorgeträumten Texten mindestens ebenso viele, ebenso störrische, wie bei den Geschichten, die man sich sonst aus den Fingern oder aus anderen Quellen saugt.

Davon weiß ich ein Lied zu singen, und das klingt etwa so: Mein Roman »Klack«, der zwischen Mauerbau und Kuba-Krise auf dem Höhepunkt des Kalten Kriegs spielt, erzählt vordergründig die Geschichte einer pubertären Verliebtheit. Das eigentliche Thema des Buchs ist aber die zwischen Weltuntergangsangst und Wirtschaftswunderseligkeit changierende gesellschaftliche Atmosphäre jener Jahre, eine spezifische Gestimmtheit, die sich nicht zuletzt in Schlagern und dem damals aufkommenden Rock 'n' Roll ausdrückte und in dieser Musik konserviert geblieben ist. Denn Musik ist ein kraftvolles Erinnerungsmedium, vergleichbar der Fotografie, weshalb ich das Buch in Form eines fiktiven Fotoalbums komponierte. Fotos und Musik geben dem Roman »Klack« seine innere Struktur.

Und es war ebendiese durch musikalische Reminiszenzen vergegenwärtigte, zeittypische Atmosphäre, die den Traum eines nächsten Buchs entstehen ließ. Darin sollte es um die späten Sechziger-, frühen Siebzigerjahre gehen, um deren Umbrüche und Revolten, Illusionen und Irrtümer, und um die Pop- und Rockmusik als einen alle Lebensbereiche durchdringenden und alle Gefühle grundierenden Soundtrack. Diese Epoche wollte ich als vergangene und verlorene Zeit vorführen, allerdings gebrochen und gespiegelt in der Gegenwart.

Der Plot sollte mittels folgenden Handlungsgerüstes aufgezogen werden: Um 1970 gab es eine mäßig erfolgreiche deutsche Rockband. Nach ihrem einzigen Hit zerstritt sich die Gruppe, ging getrennte Wege und blieb bestenfalls als skurriles One-Hit-Wonder in Erinnerung. Fast fünfundvierzig Jahre später wird der einzige Hit der Gruppe als Werbejingle in einem TV-Spot für einen chinesischen

Kleinwagen eingesetzt, und der Song wird in China überaus populär. Ein junger chinesischer PR-Manager wittert das große Geschäft, sollte es ihm gelingen, die Band noch einmal zusammenzubringen und zu einer Tournee durch China zu überreden. Er reist nach Deutschland, um die fünf Bandmitglieder aufzuspüren, die inzwischen im Rentenalter sind. Vor dem chinesischen PR-Manager entfalten sich nun sukzessive fünf exemplarische deutsche Lebensläufe, gelungene und gescheiterte Karrieren mit sehr unterschiedlichen Endstufen: Die einstmals supersexy Sängerin ist zu einer biederen Hausfrau, Mutter und Oma mutiert. Der Gitarrist betreibt eine private Musikschule inklusive Blockflötenchor und Akkordeonorchester. Der Keyboarder, damals Texter des großen Hits, ist inzwischen ein pensionierter Oberstudienrat, immer noch mit literarischen Ambitionen, der an seinen Memoiren schreibt. Der Bassist war Kneipier und Vollalkoholiker und lebt jetzt mit fortschreitender Demenz und Schwerhörigkeit im Pflegeheim. Der Schlagzeuger, jahrzehntelang mit allen nur denkbaren Drogen im Gepäck unterwegs als Globetrotter auf der Suche nach dem spirituellen Rhythmus des Lebens, gilt als verschollen.

Ich dachte mir das Ganze als eine Art Tragikomödie. Ob es zum Revival der Band käme oder nicht, ließ ich erst einmal offen. Das würde sich später beim Schreiben von selbst ergeben. Hoffnungsfroh setzte ich auf jene mir durchaus vertraute Schreiberfahrung, die man als Selbstorganisation eines Textes bezeichnen kann und die das Gegenteil der berüchtigten Schreibblockade ist.

Dummerweise ergab sich aber das Schreiben erst gar nicht. Als ich meinem Lektor von dieser Idee erzählte, legte er die Stirn in bedenkenträgerische Falten, schüttelte den Kopf und erklärte mir, dergleichen habe es erst kürzlich gegeben, zwar nicht als Buch, aber als Filmkomödie mit dem Titel »Fraktus«, die vom Comeback einer fiktiven Band gleichen Namens handelt. Ich sah mir die Sache auf DVD an. Der Film unterschied sich deutlich von meinen eigenen Vorstellungen, und was an dieser Komödie witzig sein sollte, wurde auch nicht recht klar, doch dass es eine gewisse Schnittmenge zu meiner Grundidee gab, war leider nicht von der Hand zu weisen.

Weil ich mich nicht des Verdachts aussetzen wollte, beim Plagiieren einer matten Kinokomödie unter mein Niveau zu geraten, gab ich die Sache auf. Der Traum von diesem Roman war ausgeträumt, jedenfalls fürs Erste, und die paar flüchtigen Notizen, die ich mir zum Thema gemacht hatte, landeten im Ordner für unerledigte Fälle, ein Ordner übrigens, der im Lauf eines schreibenden Lebens immer umfangreicher wird. Und, wer weiß, vielleicht schreibe ich eines Tages noch das Buch meiner ungeschriebenen Bücher. Vielleicht sind, nebenbei bemerkt, ungeschriebene Bücher die schönsten, weil sie prächtige Luftschlösser bleiben dürfen und sich nie dem Reibungsverlust zwischen Freiheit der Vorstellung und ihrer Konkretisierung per Verschriftlichung aussetzen müssen.

Immerhin war jetzt die Bühne leer, die Tafel abgewischt, oder wie man jenes Gefühl nennen mag, das wohl jeder Autor kennt – das Gefühl, in ein Vakuum gefallen zu sein, in dem einem nie wieder etwas Zündendes einfallen wird.

2.

Zum Glück können sich Schriftsteller nicht immer nur mit ihrem Werk beschäftigen. Manchmal müssen auch sie sich um profanere Dinge des ganz normalen Alltagslebens kümmern, als da wären Rasenmähen, Einkaufen, Zahnarzttermine, Katzenfüttern, bürokratische Selbstverwaltung à la Künstlersozialkasse und KFZ-Versicherung, oder, mir besonders verhasst, das Sortieren von Unterlagen für die Steuererklärung. Zwischen Taxiquittungen, Bewirtungsbelegen und Bürobedarf fiel mir ein, dass irgendwer irgendwann einmal erzählt hatte, für denkmalgeschützte Häuser gebe es steuerliche Entlastungen. Und weil es sich bei meinem Elternhaus, das schon das Haus meiner Großeltern gewesen ist, um eine Stadtvilla im späten, von Ornamenten weitgehend entschlackten Jugendstil handelt, war unterm Stichwort Denkmalschutz womöglich steuerlich absetzbarer Most zu holen.

Ich versuchte, den Namen des Architekten ausfindig zu machen, der das Haus 1913 erbaut hatte, und recherchierte zu dem Zweck in einschlägigen Verzeichnissen, Katalogen und Publikationen. Wenn man aber in meiner Heimatstadt Oldenburg nach Spuren des Jugendstils sucht, dann stolpert man früher oder später über den Namen Heinrich Vogeler: Das aus Bremen stammende Multitalent (1872–1942) war um 1900 als Maler, Illustrator, Grafiker, Buchgestalter, Kunsthandwerker und Architekt der gefeierte Märchenprinz des neoromantischen Jugendstils und residierte als Mittelpunkt der legendären Worpsweder Künstlerkolonie auf seinem Barkenhoff, einer ehemaligen Bauernkate, die er nach eigenen Vorstellungen zu einer Art dörflichem Camelot für Kunst und Künstler ausgebaut hatte. Worpswede, vor den Toren Bremens gelegen, ist kaum sechzig Kilometer von Oldenburg entfernt, und Vogeler hatte vielfältige geschäftliche und private Kontakte zur Stadt gepflegt und war übrigens auch 1914 mit einem Oldenburger Regiment in den Ersten Weltkrieg gezogen.

Zwar ergaben meine Recherchen, dass der Architekt unseres Hauses nicht Vogeler gewesen war, aber wie Morgendunst vor Sonnenaufgang stiegen in mir nun vage Erinnerungen auf, wie meine Großmutter von Kontakten zu diesem Heinrich Vogeler erzählt hatte: Mein Großvater, ein kulturell interessierter und musisch nicht unbegabter Mann, der recht gut zeichnen konnte und auch Gedichte schrieb, habe Vogeler mehrfach auf dem Barkenhoff besucht. Und umgekehrt sei Vogeler auch das eine oder andere Mal im Haus meiner Großeltern zu Gast gewesen. Wie zum Beweis deutete meine Großmutter dabei auf ein neben dem Bücherschrank hängendes Bild, das nach ihrem Tod in meinen Besitz gelangte.

Ich kramte es zwischen halb vergessenen Memorabilien, Fotos, vergilbten Umschlägen und verstaubten Familienpapieren hervor. Es handelt sich um eine inzwischen leicht verblasste Strichätzung, eine Porträtskizze Heinrich Vogelers, angefertigt von dem Grafiker Severin Jansen, undatiert, vermutlich aber kurz nach dem Ersten Weltkrieg entstanden, signiert sowohl von Jansen als auch von Vogeler. Beim Anblick des Bildes überkam mich ein Kribbeln, eine sanfte Erregung, die mir als Vorahnung von Inspirationsschüben vertraut und willkommen ist. Ich ahnte, dass ich auf etwas gestoßen war, was mich berührte und anregte, etwas, das mich betraf, eine Art Scharnier, das meine eigene Geschichte oder zumindest Teile meiner Familiengeschichte zu ganz anderen, größeren Geschichten in Beziehung setzte.

Wenn ich manchmal gefragt werde, wie lange ich an diesem oder jenem Buch gearbeitet habe, dann gebe ich Antworten, die in etwa den Zeitrahmen von der ersten Idee bis zur letzten Druckfahnenkorrektur umreißen. Das ist nur eine sehr grobe und oberflächliche Datierung, zumindest was den Beginn eines Werks betrifft. Denn was heißt schon »erste Idee«? Zwar war das Wiederauffinden des Vogeler-Porträts in der Tat der Moment, in dem ich Witterung nach etwas aufnahm, von dem ich noch gar nicht wusste, was es war. Jedoch ist diese Radierung zugleich ein schönes Beispiel dafür, dass schon sehr frühe Erfahrungen eine Art Humus bilden, in dem Samen liegen, die manchmal erst nach Jahrzehnten, wenn der Zufall sie ins rechte Licht rückt und weckt, keimen, wachsen und Blüten treiben.

So gesehen begann die Arbeit an »Konzert ohne Dichter« mit jenem Moment vor mehr als fünfzig Jahren, in dem meine Großmutter auf das Bild an der Wand gezeigt und mir vom Worpsweder Maler Vogeler und seinem Kreis erzählt hatte. Und vielleicht ist es am Ende so, dass jedem neuen Buch die Erfahrungen des ganzen, bislang gelebten Lebens vorausgehen müssen, wozu auch die Erfahrungen zählen, die man an und mit seinen bislang verfassten Büchern gemacht hat. Denn ohne diese Erfahrungen gäbe es keine Inspiration für Neues, und ohne diese Erfahrungen, zu denen auch die Irrtümer und Defizite gehören, wäre man nicht in der Lage, das Buch, an dem man gerade schreibt, so zu schreiben, wie man es nun schreibt. So schreibt man dann sein ganzes Leben lang am jeweiligen Buch.

Dass ich auf der Schwelle zu einem neuen Buch stand, war mir noch gar nicht bewusst. Erst einmal war nur meine Neugier geweckt, aber Neugier ist eine sehr gute Voraussetzung für das Schreiben von Romanen. Ich recherchierte weiter und stieß auf die, wie es offiziell hieß, »Landes-Industrie- und Gewerbe-Ausstellung verbunden mit einer Nordwestdeutschen Kunstausstellung und einer Ausstellung kunstgewerblicher Altertümer« des Großherzogtums Oldenburg aus dem Jahr 1905 – eine für damalige Verhältnisse gigantische Messe. Im Kunstpavillon war Heinrich Vogeler gleich in mehreren Räumen eine Retrospektive seines bisherigen Schaffens gewährt worden, eine veritable Werkschau, was für den damals erst dreiunddreißigjährigen Künstler eine außergewöhnliche Ehre darstellte und nachdrücklich bewies, dass Vogeler ein Superstar der zeitgenössischen Kunstszene war. Der Oldenburger Großherzog überreichte ihm die Goldene Medaille für Kunst und Wissenschaft.

Ein kompletter Raum blieb Vogelers nach fünfjähriger Arbeit eben erst vollendetem Gemälde vorbehalten – »Das Konzert«, das auch unter dem Titel »Sommerabend auf dem Barkenhoff« bekannt geworden ist. Die gewaltige Leinwand (175 x 310 cm) befand sich in einem pompösen, einem antiken Tempel nachempfundenen Rahmen, bedeckte fast eine ganze Wand und war die Sensation der Ausstellung. Das Publikum war entzückt, die Presse erging sich in blumigen Elogen, und der offizielle Ausstellungskatalog feierte das Bild als »rauschenden Hymnus auf den Abendfrieden«, als »höchst realistisch und ungekünstelt und voller Musik, voll zarter lyrischer Klänge, eine Feierstunde, in sich gekehrte, keusche Lebensfreude, welt- und zeitenfernes, naives Genießen«.

Anhand der kleinformatigen, schwarz-weißen Reproduktion im Katalog ließ sich dieser Begeisterungstaumel kaum nachvollziehen. Ich hatte das Gemälde schon öfter gesehen, ohne recht zu wissen, was es eigentlich damit auf sich hatte. »Das Konzert« ist Bestandteil unseres ikonografischen Kollektivbewusstseins, gehört zu jenen Bildern, die jeder irgendwann und irgendwo schon einmal gesehen hat – und sei es nur auf der 60-Pfennig-Jubiläumsbriefmarke »100 Jahre Künstlerdorf Worpswede« aus dem Jahr 1989. Und während ich den Katalog durchblätterte, wurde mir klar, dass sich das Gelände dieser Oldenburger Landes-Ausstellung in meiner unmittelbaren Nachbarschaft befunden hatte, nur einen Steinwurf von meinem Schreibtisch entfernt. Das Gemälde schien einen Magnetismus zu entwickeln, eine auf mich zielende, mir geltende Anziehungskraft. Es war, als hätte nicht ich einen Stoff gesucht und gefunden, sondern ein Stoff hätte in mir seinen Autor entdeckt.

3.

Einstweilen war mir dieser Stoff eine weitgehend unentdeckte Region, die erforscht und kartografiert werden musste – der Exploration würde die Recherche entsprechen, der Geografie die Niederschrift. Ich fuhr nach Worpswede, um mir ein klareres Bild von Vogelers Gemälde zu machen.

Es hängt dort im Rundbau der Großen Kunstschau in auf-
trumpfend-raumgreifender Pracht, wenn auch ohne den
verschollenen, vielleicht längst in irgendwelchen Worpsweder Kaminen verheizten Monumentalrahmen, umgeben
von anderen typischen Bildern der Worpsweder Gründer-
generation um 1900. Ich begriff augenblicklich, warum
»Das Konzert« zur repräsentativen Ikone und Apotheose
des Worpswede-Mythos werden konnte, doch die einge-
hende Betrachtung irritierte mich, warf mehr Fragen als
Antworten auf.

Der für den Katalogtext von 1905 verantwortliche
Kunstexperte musste entweder blind gewesen sein oder er
hatte nicht auszusprechen gewagt, was er sah, sondern etwas fantasiert, was er und die in den Jugendstil Vogelers
vernarrte Öffentlichkeit sehen wollten. Denn das Bild zeigt
keineswegs die harmonische Idylle eines künstlerischen
Freundeskreises in genießerischer Lebensfreude, sondern
eine Ansammlung mürrisch, genervt und verbittert vor
sich hin blickender Menschen, die sich nichts mehr zu sagen haben und auch nicht sonderlich an der Musik interessiert sind, die am rechten Bildrand gemacht wird. Wie ich
schon wusste, zeigt das Bild Vogelers Worpsweder Freundeskreis, den Paula Modersohn-Becker »die Familie« nannte. Aber warum, fragte ich mich, hatte Vogeler seinen
Freundeskreis als eine komplett *zerrüttete* Familie porträtiert?

Etwas anderes erschien mir noch fragwürdiger und rätselhafter. Vogelers »Konzert« ist ein bis ins letzte Detail
komponiertes und in seinen Proportionen durchkalkulier-
tes Werk, auf dem jedes Buchsbaumblatt und jeder Dach-
ziegel zur Ausgewogenheit des Ganzen beitragen. Aber

diese Balance wirkt nicht harmonisch, sondern erstarrt, stilisiert, künstlich. Und es ist ein Gruppenbild, bestehend aus zwei Personenkreisen: Rechts die Musiker, zu denen, als Cellist mehr verdeckt als sichtbar am Bildrand, auch Vogeler gehört, und auf der linken Seite die Malerinnen und Maler. Nun befindet sich jedoch in der Mitte dieser Gruppe zwischen den Frauen ein leerer Platz auf der grünen Bank. Diese – im Wortsinn – Leerstelle im Zentrum des Gemäldes lässt sich angesichts der detailversessenen Akribie und geometrischen Konstruktion der Gesamtkomposition nicht als Zufall, sondern als demonstrativer Fingerzeig deuten: Hier, genau an dieser Stelle, ist eine Person abwesend, und sie soll auch als fehlende wahrgenommen werden.

Wer, fragte ich mich, ist diese Person? Warum fehlt sie? Und ist ihre Abwesenheit womöglich der Grund für die starre Maskenhaftigkeit der Gesichter, für die leblose Kälte, die das Bild verströmt, obwohl es das Gegenteil zu zeigen vorgibt? Bezeichnet dieser leere Platz das schwarze Loch, in dem Worpswedes Harmonie und Kunstutopie verschwanden?

Anschließend unternahm ich einen Rundgang durch Vogelers Barkenhoff, heute ein seinem Leben und Werk gewidmetes Museum, und den dazugehörenden Garten. Man kann aller musealen Routine zum Trotz immer noch spüren, das Haus und Garten zentrale Teile von Vogelers Vision eines Gesamtkunstwerks waren. Im Museumsshop kaufte ich mir eine kleine Biografie über Vogeler, die ich noch am gleichen Abend las und aus der unter anderem hervorging, dass es sich bei der auf dem Gemälde fehlenden Person vermutlich um Rainer Maria Rilke gehandelt haben musste.

Am nächsten Morgen setzte ich mich in die Oldenburger Universitätsbibliothek und begann mit einer systematischen Recherche. Als wichtigste Quellen sollten sich dabei Vogelers Fragment gebliebene, enorm aufschlussreiche Autobiografie »Werden« sowie Rilkes Briefe und Tagebücher erweisen, aber auch die Briefe und Tagebücher Otto Modersohns und Paula Modersohn-Beckers. Die künstlerischen Werke, vor allem die Gedichte Rilkes aus und über Worpswede und die Bilder der Worpsweder Malerinnen und Maler, waren natürlich Quellen ersten Ranges. Begreift man künstlerische Werke als Quellen, muss man sich darüber im Klaren sein, dass es sich um literarisch beziehungsweise malerisch gestaltete, mithin um-gestaltete Realitäten handelt, in denen die Wahrheit der Fiktion über die geschichtsnotorische Wirklichkeit triumphiert. Man muss also skeptisch sein gegenüber dem faktischen Informationsgehalt solcher Quellen, doch gestatten sie zugleich größere künstlerische Freiheiten, behandelt man sie wiederum künstlerisch. Und dann gab es da noch ein ganzes Gebirge aus Sekundärliteratur, Biografien, Monografien, kunst- und literaturhistorischen Studien, Ausstellungskatalogen und dergleichen, durch die ich mich im Lauf der nächsten Monate mehr oder weniger ertragreich arbeitete, meistens weniger.

Vogelers »Konzert«, das wurde mir immer klarer, erzählt eine komplizierte Geschichte, und in dieser Geschichte spielt der abwesende Rilke eine, wenn nicht die Hauptrolle. Als Vogeler im Jahr 1900 in Form von Skizzen und kleineren Bildern mit der Arbeit an dem Gemälde begann, war die Worpsweder »Familie« noch heil und intakt; sie war jedoch hoffnungslos zerrüttet, als das Bild 1905 vollendet und in der Oldenburger Ausstellung an die Öffentlichkeit kam. Aller Jugendstilromantik zum Trotz war Vogeler so ehrlich beziehungsweise so realistisch, dass er nichts verklärte, sondern diese Zerrüttung zeigte. Sie ist das geheime Thema des Bilds, das für Vogeler zum Resultat und Dokument dreifachen Scheiterns wurde: In seiner Ehe begann es zu kriseln, sein künstlerisches Selbstverständnis wankte, und eine Freundschaft zerbrach. Vogeler und Rainer Maria Rilke, der literarische Stern am Himmel der Worpsweder Künstlerkolonie und anfangs Vogelers »Seelenverwandter« und »Bruder im Geiste« eines spätromantischen Kunstbegriffs, hatten sich entfremdet – wie der Egomane Rilke es sich eigentlich mit allen und jedem verdorben hatte, der auf dem Bild zu sehen ist.

Als Rilke im Jahr 1900 in Worpswede auftauchte, hatte er bereits zahlreiche, zumeist kitschige Gedichte geschrieben, war aber als Lyriker noch fast unbekannt – ein Schmeichler und Schnorrer, eitler Geck und Snob mit Adelstick, der sich selbst unter Genieverdacht stellte und dessen melancholische Blicke und bis zur Schwülstigkeit sensible Verse die Damenseelen schmelzen ließen. Das von Anfang an komplizierte Beziehungsgeflecht des Worpsweder Kreises geriet durch Rilkes Dreiecksaffäre zu Paula Modersohn-Becker und Clara Westhoff (rechnet man Lou Andreas-Salome dazu, eigentlich eine Affäre zu viert) vollends aus der heiklen Balance. Zugleich versuchte er, sich mit einem ebenso rigiden wie elitären kunstreligiösen Programm als eine Art Chefideologe Worpswedes zu inszenieren. Das stieß schon bald auf Skepsis und Ablehnung innerhalb der Künstlerkolonie.

Demgegenüber interessierte sich Vogeler immer stärker

dafür, wie Kunst sich ins wirkliche Leben, in den Alltag integrieren ließe. Die Kunst sollte das Leben verschönern. Folgerichtig betätigte er sich als Architekt und überaus vielseitiger Kunsthandwerker – heutzutage würde man Vogelers ästhetischer Mehrfachbegabung mit der Bezeichnung »Designer« gerecht werden (die seinerzeit noch nicht gebräuchlich war). Es gibt ja sehr wohl einen Unterschied zwischen einem hermetischen Gedicht und einem ästhetisch anspruchsvoll gestalteten Essbesteck – auch wenn man beides in den Mund nehmen kann. Dass der bis ins Äußerste getriebene Ästhetizismus in Vogelers Werken wie auch in seinen Kostümierungen und Selbstinszenierungen eine Sackgasse war, ahnte er wohl erstmals um die Zeit, in der das große Gemälde ausgestellt wurde. Seine Bilder waren zu schön, um wahr zu sein, und deswegen riss man sie ihm aus den Händen, bevor die Leinwände trocken waren. Paula Modersohn-Beckers Bilder waren zu wahr, um schön zu sein, und deswegen verkaufte sie zu Lebzeiten kein einziges Bild. Vogeler wusste das, und es wurde ihm zusehends zum Problem.

Dies wachsende Krisenbewusstsein und all die Widersprüche und Konflikte sind nun, bewusst oder unbewusst, auf höchst subtile Weise in Vogelers »Konzert« eingegangen. Aus Skizzen und Entwürfen geht hervor, dass Rilke ursprünglich zwischen seiner Frau Clara Rilke-Westhoff und Paula Modersohn-Becker hatte sitzen sollen, aber Vogeler entfernte Rilke sukzessive wieder aus der Komposition und malte an seiner Stelle den leeren Platz. Das ist jedenfalls die Deutung oder Version, die ich im Roman erzähle, und ich bin davon überzeugt, dass meine Version der Wahrheit, der künstlerischen, und das heißt der plausibleren Wahrheit entspricht, selbst wenn ein Röntgenbild oder eine Spektralanalyse mit schnöder Sachlichkeit etwas anderes behaupten wollte. Vogeler empfand das Gemälde als Endpunkt einer Entwicklung, nannte es seine »Abschiedsvorstellung« und wollte es vernichten, versuchte es zurückzukaufen, was ihm jedoch nicht gelang. Zum Glück nicht. Wir hätten das Bild sonst nicht mehr. Und ich hätte keinen Roman darüber schreiben können.

Dennoch oder vielleicht gerade deshalb ist »Das Konzert« ein prägnantes Sinnbild für die paradoxe Wirkungsweise von Kunst, die Bedeutung gerade dort erzeugt, wo sie Leerstellen lässt. Anders gesagt: Auf Vogelers »Konzert« glänzt Rilke, wie das bei Sternen und Schnuppen nun einmal so ist, durch Abwesenheit, und insofern lag der Titel für das, was ich aus diesem Material machen würde, auf der Hand: »Konzert ohne Dichter«.

Einen Titel für ein entstehendes Werk zu haben, ist hilfreich, weil er wie eine Stimmgabel oder wie ein Kompass wirkt und aufs Zentrum fokussiert. Da jedoch ein Text während seiner Entstehung ständigen Veränderungen unterworfen ist, werden solche Arbeitstitel selten zu endgültigen Titeln. Beispielsweise sollte mein Roman »Klack« ursprünglich »Am 30. Mai ist der Weltuntergang« heißen, und der Arbeitstitel für »Das Grau der Karolinen« lautete »Samoa Grau«. Aber bei »Konzert ohne Dichter« blieb es von Anfang bis Ende.

Und genauso selbstverständlich, wie mir der Titel zufiel, war mir schnell klar, dass sich die Erzählstruktur des Textes an der Entstehungsgeschichte des Gemäldes entwickeln sollte. Ein Bild, heißt es sprichwörtlich, sagt mehr als tausend Worte. Warum ist das so? Manche Bilder erzählen Geschichten, aber sie tun das im Modus der Gleichzeitigkeit, konzentrieren ein Ereignis oder eine Geschichte auf einen einzelnen Moment. Das hat mich, der nicht malen kann, immer fasziniert und eifersüchtig gemacht, und darum habe ich mich in meinen Romanen immer wieder an Bildern orientiert und abgearbeitet. »Das Grau der Karolinen« erzählt die Geschichte eines Gemäldes als Geschichte seiner Rezeption, »Vierundzwanzig Türen« wird durch die Bilder eines künstlerischen Adventskalenders strukturiert und erzählt die Geschichte eines Kunstraubs. Gestohlen werden dort übrigens Worpsweder Gemälde, und offenbar träumte auch dieser Roman, den ich vor mehr als fünfzehn Jahren geschrieben habe, bereits seinen Nachfolger und fand ihn schließlich im »Konzert ohne Dichter«. Plot und Handlung des Romans »Der kretische Gast« werden durch alte Fotos in Gang gebracht und gehalten, und »Klack« ist komponiert wie ein mit Erinnerungen kommentiertes Fotoalbum.

Erzählung und Roman leben aus dem Nacheinander, aus dem geduldigen Entfalten, dem Schritt-für-Schritt-Aufrollen eines Zusammenhangs. Das Erzählen verlangt Zeit und trägt die Zeit in sich, entsteht in der Distanz zwischen einem Ereignis und seinem Echo in der Literatur. Die bildende Kunst evoziert den Augenblick. Darin sind Bilder Gedichten nahe, näher als dem Roman, und darum hatte wahrscheinlich der aus Vogelers Bild getilgte Dichter Rilke ein so tiefes Verständnis von Bildern.

Nach den Recherchen war ich – man verzeihe mir den Kalauer – gut im Bilde, wusste, was ich erzählen wollte, und ahnte, wie ich es erzählen konnte. Indem ich die Entstehung des Bildes rekonstruieren müsste, würde ich zugleich seinen Mythos dekonstruieren.

4.

Der polnische Schriftsteller Stanislaw Lem hat die Schübe seiner literarischen Produktivität einmal mit einem Wasserklosett verglichen. Es dauet relativ lange, bis sich genügend Wasser im Spülkasten sammelt, aber wenn man dann abzieht, rauscht das Wasser schnell durch. Der Vergleich leuchtet mir sehr ein, weil auch ich so ein Quartalsarbeiter bin, der wochen-, manchmal gar monatelang unproduktiv vor sich hin pusselt, sodass die Leute denken müssen, dass Schriftstellerei mit permanentem Müßiggang identisch sei. Aber irgendwann komme ich dann doch zügig zur Sache.

Und ich wollte jetzt zur Sache kommen, konnte es aber nicht, fand nicht den Hebel am Spülkasten oder, um es weniger poetisch auszudrücken: Schreibblockade. Die Schreibblockade ist jener unschöne Zustand, in dem einem nichts mehr einfällt, kein Satz, kein Wort, in dem allein schon die Vorstellung, etwas zu schreiben, Übelkeit erzeugt und das weiße Blatt Papier beziehungsweise der leere Monitor schadenfrohe Grimassen schneiden. Mildere Fälle verzögern lediglich den Beginn oder die Fortsetzung eines Textes – wobei dies »lediglich« schon schlimm genug ist. Krassere Fälle sind wie ein Inspirationsbankrott. Selten ist dieser Zustand treffender beschrieben worden als in Wolfgang Hildesheimers »Vergebliche Aufzeichnungen«, die so beginnen: »Mir fällt nichts mehr ein. Kein Stoff mehr, keine Fabel, keine Form, noch nicht einmal die vordergründigste Metapher. Alles ist schon geschrieben oder schon geschehen, wenn nicht beides, ja, meist sogar beides. Daher ist alles alt. Und wenn es noch nicht geschehen ist, so wird das Geschehen wahrscheinlich gerade vorbereitet oder es geschieht, während ich dies schreibe, oder in fünf bis zehn Minuten, und ist von dem Augenblick des Geschehens an alt und überlebt. Und wenn es noch nicht geschrieben ist, so wird es wahrscheinlich jetzt gerade geschrieben, von einem, der entweder fünf bis zehn Minuten vorher angefangen hat, oder von einem, der schneller schreibt als ich«, also zum Beispiel von einem, der die Idee mit dem Band-Revival hatte und »Fraktus« geschrieben hat. Und selbst der Inspirationsbankrott ist längst beschrieben worden, von Wolfgang Hildesheimer nämlich – und so klappert diese Zwickmühle dann trübsinnig und fruchtlos immer im Kreis.

Übrigens sind Schreibblockaden etwas anderes als Selbstkritik und Selbstzweifel, die zum Handwerk gehören, eine Art Vorlektorat bilden und mit wachsender Schreiberfahrung zunehmen. Die Schreibblockade ist dem legendären inneren Schweinehund verwandt, der mir zuraunt, morgen würde mir schon wieder etwas einfallen – aber die Einfälle kommen immer nur heute. Die Schreibblockade ist ein notorisch wiederkehrendes Phänomen, und weil man bereits diverse Blockaden überwunden hat, müsste man eigentlich wissen, dass auch die aktuelle Blockade nicht ewig dauern wird. Doch besteht das tückische Wesen der Schreibblockade eben darin, dass sie einem permanent zuflüstert, diesmal sei sie die endgültige, niemals zu überwindende, die Mutter aller Schreibblockaden.

Angesichts derart düsterer Ausweglosigkeiten mag einem das einzig wirksame, tausendfach bewährte Hausmittel gegen die Schreibblockade geradezu banal vorkommen, lautet es doch: Schreiben. Ich habe durchaus produktive

Erfahrungen damit gemacht, Zitate oder Paraphrasen abzuschreiben, die ich dem Text irgendwann einverleiben möchte. Hilfreich ist es auch, die Seite oder den Absatz oder die Notizen, die man zuletzt geschrieben hat, noch einmal zu schreiben. Fast immer verändert man dann den Text in dieser Wiederholung, und die Umformulierungen und Verbesserungen sind wie ein Anlauf und geben neuen Schwung. Nichts und niemand ist perfekt, etwas besser machen ist immer gut, und im Übrigen macht auch hier ein Goethewort der Weisheit letzten Schluss: »Wer immer strebend sich bemüht, den können wir erlösen.«

Mit der Idee, dem Vorhaben, dem Projekt oder wie auch immer man ein ungelegtes Ei nennen mag, rechnete ich mir gewisse Chancen auf ein Stipendium des Deutschen Literaturfonds aus. Bei der Bewerbung sind zwanzig Seiten Manuskript und ein Exposé vorzulegen. Die Antragsfrist war sehr knapp bemessen, und das war gut so, weil sich wieder einmal bestätigte, dass Trivialitäten wie Termindruck und Geldmangel als Schreibblockadebrecher wirken können. Zuerst schrieb ich ein Exposé, was mir wegen der gründlichen Recherche relativ leichtfiel, zumal Exposés kaum literarische Gestaltung verlangen und im Grunde nichts anderes als Absichtserklärungen sind, die mit dem, was dann später, hoffentlich, ein Buch geworden sein wird, nur wenig zu tun haben. Ein Exposé ist ein Arbeitsplan, und was es mit Plänen auf sich hat, wissen wir seit Brechts Dreigroschenoper recht gut: »Ja, mach nur einen Plan/sei nur ein großes Licht/und mach dann noch 'nen zweiten Plan/gehn tun sie beide nicht.«

Immerhin lockerte mich mein erster Plan hinreichend, um mich ins Manuskript zu kämpfen. Und als ich endlich schrieb, erwiesen zwei alte Weisheiten wieder einmal ihre Wahrheit – dass nämlich, erstens, nur die Arbeit schwerfällt und lang wird, die man nicht beginnt, und dass, zweitens, aller Anfang schwer ist – und zwar jedes Mal wieder. Das liegt daran, dass man sich mit den ersten Worten und Sätzen aus dem unendlichen Ozean der Möglichkeiten ins enge Fahrwasser eines sehr bestimmten und dann ständig bestimmter werdenden Textes manövriert.

Als mir das Stipendium zugesprochen wurde, war das nicht nur eine finanzielle Erleichterung, sondern wirkte wegen der strengen Vergabekriterien des Literaturfonds motivierend. Und irgendwann erreichte ich jenen Moment der Autorenglückseligkeit, an dem das träge, stockende Rinnsal des Erzählens zu fließen beginnt und zum Strom wird: der Moment, wenn man feststellt, das man etwas weiß, von dem man gar nicht wusste, dass man es weiß, der Moment, der ein Gefühl freisetzt, unablässig aus sich selbst schöpfen zu können – man darf nur nicht absetzen. Es heißt dann nicht mehr: Ich schreibe, sondern: Es schreibt mich – was auch immer dies Es sein mag, literarische Autogenese, Selbstorganisation des Textes, meinetwegen sogar Schreibrausch, auf jeden Fall das genaue Gegenteil einer Schreibblockade. In dieses Arkadien der Schriftstellerei gelangt man aber nicht automatisch, sondern man muss sich über allerlei Irrwege und Abzweige hineinschreiben. Vor allem muss man, wenn man einen Roman schreibt, seinen Stoff kennen. »Rem tene, verba sequentur«, befand schon Cato der Ältere, und das heißt: Hast du die Sache im Griff, kommen die Worte von selbst.

5.

»Ließe man ein Werk bei einem Autor, solang er lebte«, bemerkte Jean Paul, »er korrigierte so lang daran.« Vollenden lässt sich ein Roman nie. Man kann ihn nur verlassen. Als ich das schließlich tat und das Manuskript meinem Lektor gab, war er sehr zufrieden. Erstens hatte er nicht allzu viel Arbeit mit der Sache, und zweitens war man sich im Verlag schnell einig, dass dieser Roman nicht floppen würde. Und das ist gar keine schlechte Aussicht in einem sehr schwierigen Markt. Als dann nicht nur die Literaturkritik überaus freundlich reagierte, sondern der Roman auch das Gefallen von Buchhändlern und Lesern fand und schnell zu einem veritablen Bestseller wurde, war die Freude umso größer. Es handelt sich ja weder um Unterhaltungsuntiefen à la Rosamunde Pilcher noch um einen Sadomasothriller und auch um keinen Schweden- oder Bretagnekrimi. Der Erfolg gerade dieses Buchs beweist ein weiteres Mal, dass es kein narrensicheres Rezept für Bestseller gibt – gäbe es eins, jeder Verlag, jeder Lektor, jeder Autor würde es kennen und nutzen, und nie wieder würde ein Flop produziert.

Nachdem das Buch erschien und erste Leser sich über die unvermeidlichen Druckfehler beschwerten, die Autor, Lektor und Korrektor übersehen hatten, machte ich mich auf eine sehr ausgedehnte Lesereise. Bei den Lesungen fielen mir dann, und auch das ist unvermeidlich, jede Menge Formulierungen und Ideen, Szenen und Motive ein, die ins Buch gehört hätten, die mir aber beim Schreiben nicht zugefallen waren. Was, lasse ich Heinrich Vogeler denken, als er schließlich in der Oldenburger Ausstellung vor seinem Bild steht, was bleibt von einem Künstler, der seine Arbeit getan hat? »Ein Haufen Ausreden und Entschuldigungen, es nicht besser gemacht zu haben.« Von allen Sätzen des Buchs ist dieser Satz vielleicht der autobiografischste.

Literatur ist natürlich immer und grundsätzlich autobiografisch, weil sie aus Erfahrungen, und seien es »nur« sprachliche Erfahrungen, des jeweiligen Autors besteht. Und zugleich ist alle Literatur »erfunden«, weil die Verwandlung von Wirklichkeit in Sprache immer ein Akt der Fiktionalisierung ist. Bei »Konzert ohne Dichter« gibt es allerdings sehr konkrete Beziehungen zwischen Stoff und Autor. Das beginnt mit der familiengeschichtlichen Nähe und geografischen Nachbarschaft und erstreckt sich auf Fragen des künstlerischen Selbstverständnisses, die mich betreffen und umtreiben, zum Beispiel die Frage des Mäzenatentums, wie also die Kunst zu Geld kommt und warum manchmal auch das Geld zur Kunst drängt. Damals wie heute gibt es ja auf dem Kunstmarkt viel Scharlatanerie, Cliquenbildung, Lobbyismus und Gefälligkeit. Seriöse, unbestechliche Kompetenz war und ist weniger weit verbreitet.

Ähnlich wie mein Roman »Sunset«, in dem es um die problematische Freundschaft zwischen Lion Feuchtwanger und Bert Brecht geht, entfaltet auch »Konzert ohne Dichter« einen Konflikt zwischen dem »Genie« Rilke und dem »Handwerker« Vogeler, zwischen Prätention und schlichter Dezenz. Meine Sympathien liegen eindeutig bei Vogeler. Seine Haltung erinnert an einen Satz des belgischen Chansonniers Jacques Brel, der einmal gesagt hat, er kenne keine Künstler, sondern nur Menschen, die hart arbeiten. Entsprechend findet Vogeler es treffend, dass es in der Antike keine Muse des bildenden Künstlers gab, weil der Künstler als Handwerker galt. Und in einer Szene vergleicht Vogelers lebenskluger Kutscher Künstler mit Spinnen, weil Spinnweben schön und nützlich zugleich sind. Nützliche Schönheit – genau hier liegt Vogelers wachsendes Interesse fürs Kunsthandwerk begründet, ein Konzept, das ihn in den Zwanzigerjahren in die Nähe der Bauhaus-Ästhetik rücken sollte.

Rilke war und ist ohne Zweifel einer der größten Lyriker deutscher Sprache. Das muss gesagt sein, weil ich bei Lesungen aus dem Roman häufig mit glühenden Rilke-Verehrern konfrontiert werde (es sind übrigens fast immer Verehrerinnen). Und diese poetisch empfänglichen Damen empfinden meine Darstellung ihres Idols als Verzerrung oder gar Verunglimpfung. Wenn ich ihnen sage, dass fast jedes Wort, das Rilke im Roman spricht, nicht meine Erfindung, sondern Rilkes O-Ton ist, mögen sie es gar nicht so recht glauben. Es stellt sich dann heraus, dass sie von »ihrem« Rilke nur eine Handvoll Gedichte kennen, den »Panther« natürlich, das »Karussell« und den »Herbsttag«, vielleicht sogar noch die »Duineser Elegien«, große, über jeden Zweifel erhabene Arbeiten des reiferen und späteren Rilke. Diese Werke werden mit dem Leben gleichgesetzt, einem Leben, von dem diese Verehrerinnen wenig bis gar nichts wissen. Sie verehren das Wunschbild eines sensiblen Dichters, der Damen aus der Seele spricht. Je glühender die Verehrung, desto unkritischer. Das gilt nicht nur für Rilke, aber es gilt für ihn in besonderem Maße. Es geht um die schlichte Tatsache, dass gute Künstler nicht automatisch gute Menschen sind und es auch nicht unbedingt sein müssen. Es geht um die Kluft zwischen Leben und Werk, zwischen Ethik und Ästhetik. Mit diesem Widerspruch steht Rilke nicht allein da – auch bei Goethe, Richard Wagner, Thomas Mann oder Bert Brecht, um nur wenige zu nennen, war das Verhältnis zwischen charakterlichen Defiziten und künstlerischer Leistung alles andere als ausgewogen. Und man darf sich fragen, ob die künstlerischen Leistungen nicht trotz solcher charakterlichen Defizite möglich waren, sondern ob sie nicht umgekehrt Bedingungen der Werke waren. Allerdings war diese Kluft bei Rilke geradezu erschreckend tief. Alle Menschen, die ihm nahekamen oder denen er sich näherte, hat er zu Sklaven und Opfern seines Werks gemacht. Sein Umgang mit Frauen war ausbeuterisch, seine Beziehung zu seiner eigenen Tochter von einer unfassbar schnöden Marmorkälte. Als Mensch ein maßloser Egomane, Schnorrer, Snob und Schürzenjäger, als Dichter ein Genie.

Der Roman endet mit der Oldenburger Ausstellung des Gemäldes im Jahr 1905. Am Ende macht Vogeler einen Spaziergang durch den Schlossgarten, und er geht dort auf einem gewundenen roten Weg. Dass die Wege des Oldenburger Schlossgartens aus rotem Ziegelmehl bestehen, konnte ich mir nicht entgehen lassen als Metapher für die Richtung, die Vogeler nach dem Ersten Weltkrieg einschlagen sollte. Die späteren Entwicklungen und Lebenswege Vogelers und Rilkes stehen ebenso exemplarisch wie tragisch für deutsche Intellektuelle und Künstler im 20. Jahrhundert: Vogeler kommt komplett desillusioniert aus dem Ersten Weltkrieg, wird Kommunist und geht in die Sowjetunion, wo er schließlich, halb deportiert, halb evakuiert, in einer Kolchose im öden Nirgendwo Kasachstans verreckt.

Rilke begeistert sich kurz vor seinem Tod für Mussolini und den italienischen Faschismus.

In »Konzert ohne Dichter« war kein Platz für diese Wege und Irrwege, aber bekanntlich träumen Bücher manchmal bereits ihre Nachfolger.

PS
Während ich bereits an der Fahnenkorrektur dieses Textes saß, wurde mir von Prof. Dr. Rainer Stamm, dem Direktor des Landesmuseums für Kunst und Kulturgeschichte Oldenburg, ein Fundstück zugesandt, nämlich eine 1922 erschienene Rezension über die von Sophie Dorothee Gallwitz herausgegebene Anthologie »30 Jahre Worpswede. Künstler, Geist, Werden«. Diese Trouvaille berührte mich, weil es sich bei dem Rezensenten von damals um Otto Modick handelt, meinen Großvater. Und in seiner Rezension steht, wie eine Aufforderung, der Satz, es müsse eines Tages »der Roman von Worpswede geschrieben werden«. Das habe ich inzwischen erledigt, und es kommt mir so vor, als hätte mein Großvater, den ich persönlich nicht erlebt habe, mir dabei über die Generationen hinweg die Hand gereicht.

Kreisquadraturen im Wasserglas

Eine Art Selbstgespräch

Die bessere Hälfte des Lebens
denkt man sich aus.
Virginia Woolf

1.

Regen tropft aus den Ästen, läuft vom Laub ab, Nadeln entlang, klopft träge auf den wassersatten Boden, und die Sonne hat sich im Gewölk verirrt. Zweifelhaftes Licht, schwankend, weiß und wässriggrün. Windloser Regen, der die Wärme nicht niederschlägt, sondern dampfen lässt. So schmoren Versuche, sich selbst zu beschreiben, sich und anderen Auskunft über sein Tun und Lassen zu geben, im eigenen Saft. Auf einmal Sonne, klar und lang aufs Papier gegossen, und ich folge mit der Schrift meinem eigenen Schatten. Die Luft hat sich bewegt.

2.

Wenn ich die Niederschrift eines Romans beende, der mich lange beschäftigt hat, kommt mir dieses Ende nie wie ein Abschluss vor. Eher habe ich das Gefühl, den Text endlich verlassen zu müssen, weil ein scheinbar fertiges Manuskript in mir den Wunsch und die Vorstellung erzeugt, jetzt alles noch einmal zu schreiben, jetzt erst wirklich anfangen zu können. Denn ich bin längst nicht mehr der, der ich war, als ich an dem Text zu arbeiten begann, weil die Arbeit am Text auch mich verändert hat. Insofern ist alle Literatur autobiografisch: Man hat sie ja geschrieben. Indem man sie schreibt, wird jedoch alle Literatur auch sogleich fiktiv, weil die lebendige Erfahrung zu Sprache und Schrift sublimiert wird.

Manuskripte, die ich beim Verlag einreiche, damit sie lektoriert, gedruckt, verkauft und schließlich gelesen werden, kommen mir vor wie erwachsene Kinder, die das Elternhaus verlassen, um ihre eigenen Wege zu suchen. Sie gehen Verbindungen ein, die mit der gegenwärtigen Wirklichkeit ihrer Erzeuger nichts mehr zu schaffen haben. Das, was ich beim Schreiben suchte oder verfolgte, löst sich von mir ab, betrifft nicht mehr nur noch mich, ist zwar in mir entstanden, lebt aber nun in den Köpfen anderer, wenn sie es lesen.

Es gibt so viele Interpretationen und Variationen eines Textes, so viele Leser er findet. Und eben deshalb schreibt man – denn niemand schreibt nur für sich allein, er mag sich subjektiv gebärden, wie er will: Schon der Schreibprozess, noch der intimste, noch das geheimste Tagebuch, zielt auf Verständigung mit Lesern; wäre es anders, müssten sich

Anschauung und Erfahrung nicht dem Problem ausliefern, sich ins abstrakte Reich der Worte und Sätze übersetzen zu lassen. Die vom Autor betriebene Publikation eines Textes ist die deutlichste Geste einer Subjektivität, die sich vermitteln will.

Was ich sagen konnte und wollte, während ich schrieb, liegt in den Texten beschlossen, die als fertige Bücher an mich zurückgekommen sind. Das erste Exemplar eines neuen Buchs fühlt sich zwiespältig an, schön, aber auch merkwürdig fremd – die Erinnerung an einen Zustand, der nicht mehr mit mir identisch ist, und das Echo der Erfahrungen, die dem Text zugrunde liegen, besonders auch derjenigen, die ich beim Schreiben gemacht habe. Am ersten Exemplar haftet auch eine Vorahnung von Erfahrungen, die nun andere, wildfremde Menschen mit dem Buch machen werden. Ausgelöst von meinem Eigensinn wird eine Flut von Vorstellungen entstehen, die mir nicht zugänglich sind. Der Gedanke, einmal mein eigenes Buch lesen zu können wie ein Fremder, ist verlockend, weil ich dann womöglich weiter über mich hinauskäme, als alles Schreiben mich aus mir selbst heben kann.

Eine schizophrene Vorstellung? Vielleicht. Vielleicht auch Stoff für eine gute Geschichte. Das Unmögliche ist immer verlockend.

3.

Mit dem zum Buch gewordenen Manuskript geht es auf Lesereise. Großstädte, Provinzstädte, Dörfer. Die üblichen Frage-und-Antwort-Spiele, oft redundant, langweilig bis peinlich, gelegentlich aber interessant, wenn plötzlich Leser über Dimensionen des Buchs erzählen, die mir selbst fremd sind und mir so ein Einblick in die Kombinationsmöglichkeiten meiner eigenen Vorstellungen mit fremden gewährt wird. Bei Lesungen wird die Trennung von Autor und Werk vorübergehend aufgehoben, und das ist eine kuriose Erfahrung. Ich glaube zwar nicht, dass der literarische Ausdruck, die Verwandlung äußerer Eindrücke in Schrift, die Destillierung literarischen Ausdrucks aus der unendlichen Kombinationsmöglichkeit von Sprache, eine rein private Tätigkeit ist. Immerhin sucht veröffentlichte Literatur die Öffentlichkeit, und insofern hat die Öffentlichkeit, so sie sich anlässlich eines Buchs überhaupt herstellt, ein Recht auf Neugier und Fragen und entsprechend auf Auskunft und Antwort. Aber es ist anstrengend und auch ein wenig hochstaplerisch, dann vor lauter unbekannten Leuten zu sitzen und sich damit abzumühen, aus dem vor Monaten geschriebenen Wort ein Du herauszulesen, dem Zuhörer das Gefühl zu suggerieren, gerade für ihn sei all dies geschrieben worden, und so zu tun, als kämen mir diese Worte spontan von den Lippen. Der Vortrag erzeugt eine Erregung, die das auslöscht, was ich war, während ich schrieb. Wenn ich etwas schreibe, verstehe ich sukzessive, was ich schreibe. Ich weiß plötzlich Dinge und Zusammenhänge, von denen ich bislang nicht wusste, dass ich sie weiß. Schreiben ist Denken in Zeitlupe. Beim Vortrag muss jedoch die Geschwindigkeit angeschlagen werden, die dem Zuhörenden natürlich vorkommt.

Fast ist es so, als ob Lesungen das Verhältnis, das durch die Veröffentlichung geschaffen wurde, wieder umkehrt. Der Autor schlägt das Werk, das für ihn längst geschlossen, zumindest verlassen ist, für das Publikum wieder auf und stellt sich selbst als Person daneben. Die Lesung inszeniert eine Rückkopplung des Werks auf sein ursprüngliches Subjekt. Ein eindringlicherer, wenn nicht gar aufdringlicherer Hinweis auf Autorschaft ist gar nicht denkbar. Es ist eine ähnliche Veranstaltung wie die Vernissage einer Ausstellung bildender Kunst, auf der auch der Künstler anwesend ist, als ob erst seine Gegenwart das Werk authentisch macht. Baudelaire sah ein Signum der Moderne darin, dass der Dichter nicht nur sein Werk in den Kauf gibt, sondern seine Person gewissermaßen als Draufgeld.

Lesungen verkehren vier Merkmale von Literatur in ihr Gegenteil, nämlich Anonymität, Abwesenheit, Isolation und Schweigen.

Anonymität, weil der Autor keine Kontrolle darüber hat, wie sein Buch vertrieben wird; ist ein Buch erst einmal gedruckt, kann jeder es an jeden verkaufen, verschenken, verleihen; der Autor weiß nicht, wer jeweils ein Exemplar besitzt, und der Leser weiß nicht wirklich, wer es geschrieben hat, selbst wenn ein Autorenfoto in der Umschlagklappe klebt.

Abwesenheit, weil der Autor nicht körperlich anwesend ist, wenn der Leser liest.

Isolation, weil Bücher tragbare Medien sind, die man kaufen und mitnehmen kann, um sich ihnen zu Hause zuzuwenden.

Schweigen, weil die Abwesenheit des Autors und die Isolation des Lesers die gesprochene Sprache überflüssig machen; um zu lesen, muss der Leser den Text nicht vokalisieren.

Vielleicht entsteht die Beklommenheit, die manchmal

bei Lesungen spürbar wird, aus dieser eitlen Referenz des Geschriebenen auf den realen Menschen, der da nun laut vorliest, was er leise geschrieben hat. Die Verhältnisse zwischen Autor, Werk und Publikum, zwischen privatem und öffentlichem Charakter der Veranstaltung verschwimmen. Die Peinlichkeit beruht darauf, dass im öffentlichen Auftritt etwas Privates erscheinen soll, etwas radikal Subjektives behauptet wird, das Literatur ausmacht und nur literarisch ans Licht kommen kann.

In der Tätigkeit des Schriftstellers liegt gleichwohl der Anspruch, die Möglichkeit zumindest, aber auch das Risiko, radikaler und genauer von seiner eigenen Persönlichkeit zu sprechen, als einem Menschen mit einem ordentlich-bürgerlichen Beruf gemeinhin zugestanden wird, beziehungsweise er sich selbst erlaubt. Diese Narrenfreiheit, die Sprache beim Wort zu nehmen und das Fleisch lebendiger Zusammenhänge Wort werden zu lassen, ist die berufsnotorische Indiskretion der Schriftstellerei, und so gesehen ist ein Autor eine veröffentlichte beziehungsweise sich veröffentlichende Person.

Die Kollegen, die sich weigern, auf Lesungen aufzutreten, respektiere ich, und diejenigen, die es aus ökonomischen Gründen nicht nötig haben, derart über die Dörfer zu ziehen, beneide ich manchmal. Ich habe aber kein Verständnis für diejenigen, die ihre Lesungen theatralisch inszenieren, sich anschließend aber den Fragen und Meinungen des Publikums verweigern und aus dieser Verweigerung eine Pose überlebter Dichterselbstdarstellung schlagen. Wer's wählt, muss es tragen!

Wer die Tätigkeit des Schriftstellers wählt und diese Tätigkeit bei Lesungen aus Überzeugung darstellt oder zumindest als Rolle spielt, muss die Fragen ertragen, die sich daraus ergeben. Und er sollte sie möglichst genau und ehrlich beantworten, weil die Antworten für sein Selbstverständnis wichtig sein können, und weil die Fragen, gerade in ihrer gelegentlich sehr naiven Direktheit, auf Probleme zielen, die jeder Schriftsteller hat, ob er das nun will oder nicht. Deshalb gibt es im Anschluss an Lesungen auch kaum dumme Fragen, sondern nur dumme beziehungsweise blasierte Antworten.

4.

Es sind vor allem drei Fragen, die mit verblüffender Regelmäßigkeit gestellt werden; Fragen, denen ich manchmal gern auswiche, die zu ignorieren aber auch ein Ausweichen vor mir selbst wäre. Die harmloseste Frage lautet: »Können Sie vom Schreiben leben?« Ich beantworte sie mit einem Bonmot, das leider nicht von mir ist: »Nein, aber von den Honoraren.« Hinter der Frage scheint die Meinung zu stecken, dass ein Schriftsteller, der vom Schreiben leben kann, ein guter Schriftsteller sein müsse, und umgekehrt: eine krass freimarktwirtschaftliche Vorstellung vom Wert der Literatur.

Natürlich, Schreiben ist mein Beruf; von den Honoraren muss ich leben, und nicht alles, was ich schreibe, ist wirklich »frei« geschrieben – manche Zeitschriften- und Rundfunkbeiträge oder Übersetzungen entstehen schlicht aus ökonomischen Zwängen. »Die Schriftstellerei ist«, bemerkte bereits Friedrich Schlegel, »je nachdem man sie treibt, eine Infamie, eine Ausschweifung, eine Tagelöhnerei, ein

Handwerk, eine Kunst, eine Tugend.« In meiner Schriftstellerei finden sich Spuren all dieser Elemente, und oft
vermischen sie sich.

Die zweite, weitaus interessantere Frage wird leider
manchmal in einem inquisitorischen Ton vorgebracht, was
ihre Beantwortung schwieriger macht, als sie es sowieso
schon ist. Sie lautet: »Warum schreiben Sie?« Eitelkeit,
könnte ich antworten, Geltungsdrang, Ruhmsucht spielen
gewiss eine Rolle. Ich schreibe, weil ich geliebt werden will,
weil ich mit dem Geschriebenen gefallen möchte. Ich
schreibe aber auch, weil ich nichts Besseres weiß, weil ich
keine andere Tätigkeit wüsste, die mir gemäßer wäre als
das Schreiben, keine, die mir mehr Spaß macht. Man
schreibt, sagt Roland Barthes, weil man das gern tut und
weil es Lust bereitet.

Man schreibt, um auszuschweifen, um die Befriedigung
gelingender Schreibakte zu erfahren. Es ist ein nach innen
gekehrter Verwandlungs- und Verkleidungstrieb, und je
länger man sich diesem Trieb hingibt, desto abhängiger
wird man von ihm. Als Schreibender wird man vom Schreiben süchtig – es wirkt also auch wie eine Droge, eine Droge,
die man freilich nicht auf schwarzen Märkten erwerben
oder auf Balkons und in Hintergärten ziehen muss und von
der selbst das Betäubungsmittelgesetz sich bislang nichts
hat träumen lassen, sondern eine, die sich ununterbrochen
selbst generiert, im Geist, beim Schreiben selbst. Inzwischen
würde ich übrigens zu anderen Tätigkeiten auch nicht mehr
viel taugen. Lust und Sucht des Schreibens haben mich verdorben, mich untauglich gemacht für weniger ausschweifen-
de, lebenspraktischere Dinge. Ich bin ein Schreibjunkie.

»Warum schreiben Sie?« Das ließe sich auch so beantworten, dass meine Werke Schritt für Schritt Antworten auf diese Frage anbieten, immer variiert, immer anders entfaltet, und wer wirklich wissen will, warum ich schreibe, der kann sich an die Lektüre der Bücher halten. Immerhin ist die Lesung auch eine Werbeveranstaltung zum Kauf dieser Bücher, und ich bin überzeugt, dass die Bücher mehr von ihrem Autor wissen als der Autor über sie. Oder ich könnte als Antwort die schönen Sätze Hugo von Hofmannsthals zitieren, mit denen er seinen Vortrag »Poesie und Leben« beschloss: »Was das Meer ist, darum darf man am wenigsten die Fische fragen. Nur höchstens, dass es nicht von Holz ist, erfährt man von ihnen.« Das ist kein Ausweichen vor einer Antwort, aber ein Ausweichen vor jenen Antworten, die einen komplizierten und widersprüchlichen Zusammenhang formelhaft raffen müssten. Denn die auf abstrakte Kürzel gebrachte Absichtserklärung bleibt immer so hohl, wie die noch so bescheidene Selbsteinschätzung eitel.

Im Grunde bezweifle ich, dass von den zeitgenössischen Schriftstellern überhaupt einer genau sagen könnte, was er da tut, wenn er schreibt, warum er so und nicht anders schreibt, als er schreibt oder für wen er schreibt. Die Antworten darauf liegen vermutlich tief in unseren Kindheiten verborgen. Jedes neue Buch ist eine Annäherung, die viel freilegt, aber im Akt des Erfindens auch viel verhüllt. Jedes neue Buch, das ich schreibe, nährt in mir den Verdacht, die Rede der Fiktion sei im Grunde eine vexierte Figur des Schweigens – genauer gesagt, eine des Verschweigens dessen, was im Autor selbst nicht zu Wort kommen kann, sich nicht aussprechen lässt, aber in den Bildern der Sprache verschlüsselt nach außen dringt.

Spielen die Schriftsteller nicht alle ein schönes und lust-
volles Spiel, das mit Adornos Formulierung von der Fron
befreit ist, nützlich zu sein, das zu spielen aber dennoch
quälend sein kann? Stehen wir in unseren tradierten Rollen als Aufklärer, Sinnstifter, gesellschaftliche Präzeptoren
gar oder auch nur ganz simpel als Spaßmacher und Unter-
halter nicht alle mit dem Rücken zur Wand eines Zusammenhangs, der seine Sinn- und Leitbilder, seine Vorstellungen und Phantasmagorien, längst aus anderen, optischen
und telematischen Medien bezieht? Auf verlorenem Posten? Wissen wir, für wen oder was wir diesen Posten vertei-
digen? Wissen wir, gegen wen oder was wir stehen? Gewiss,
ich kenne Kollegen, die kurz und bündig erklären können,
wie, was, warum und für wen. Ich kann es nicht, und je
mehr ich schreibe, desto weniger weiß ich es, weil ich den
Formeln misstraue und weil mein Schreiben sich gegen jede Formelsprache wehrt.

Ich weiß jedoch, dass in einer Gegenwart wie der unseren, in der nicht nur die Literatur, sondern alles fragwürdig geworden ist, einzig die würdige – und das heißt: die
wahre – Antwort zählt. Wahr aber sind, streng genommen,
nicht die Worte, sondern erstens das Schweigen, das noch
nicht von Worten gedeutete und damit gebrochene Dasein; zweitens die Natur, und drittens die Erfahrungsweise
von Kindern, Naivität und natürliche Anmut. Nun bin ich
aber kein Kind, nun rede und schreibe ich viel, und meine
Naturerfahrungen sind gebrochen durch einen ästhetischen
und urbanen Blick. Genau dieser Blick, diese Kommuni-
kationslust und diese intellektuelle Reflektiertheit bilden
die Bedingungen und Voraussetzungen meines Schreibens,
denn meine Arbeiten versuchen, soweit ich sie selbst ver-

stehe, diese drei Wahrheiten im Zustand des Erwachsenseins zu rekonstruieren oder zu synthetisieren.

Es bringt weder Autor noch Leser weiter, pathetisch darauf zu bestehen, dass die Literatur das Gefäß des Schweigens sei – oder welche Metaphern sonst für den Zusammenhang aufbietbar sind. Es gibt zweifellos Unaussprechbares, und das höchste Prinzip ist ohne Worte; gäbe es jedoch keine Worte, könnte es sich als solches nicht erweisen. Eine realistische Haltung sieht in der Unaussprechbarkeit einen Einwand gegen die Wahrheit eines Gedankens oder auch einen Einwand gegen die poetische Potenz von Autoren, die auf der Sphäre des Schweigens beharren. Eine eher romantische Haltung sieht im Schweigen den Vorschein der Wahrheit.

Diese Haltungen gehen am Problem vorbei; die eine greift zu kurz, die andere zu weit. Ob nämlich eine Erkenntnis, eine Erfahrung, eine Beobachtung aussprechbar ist oder nicht, hat mit ihrem Wahrheitsgehalt nichts zu tun, denn das Dilemma, am Ende unsagbar zu sein, teilt das Höchste mit dem Banalsten. Weder Gott noch die Farbe des Papiers, auf das diese Worte gedruckt sind, können mit Worten adäquat beschrieben werden. Die Unaussprechbarkeit ist eine zufällige Linie, die die Grenzen des Zusammenfalls von Gedanke und Sprache, von Erfahrung und Wort bezeichnet. Sie lässt die metaphysischen Gipfel draußen; aber sie schließt auch die konkreten Dinge des Lebens aus. Reden sei Silber, Schweigen Gold, weiß das Sprichwort und mag damit manche Alltagssituation lebensklug bezeichnen. Schweigen heißt aber: nicht sagen, was man sagen könnte, verschweigen also. Und das kann durchaus eine fruchtbare und sinnvolle Stille sein – nicht dass einfach die Worte fehlen, sondern dass man sie sich versagt. Die Sprache der Literatur ist aber vielleicht so etwas wie die Beschreibung des Glanzes, den das Gold des Schweigens wirft.

Literatur ist auch reflektierter Ausdruck von Mangel. Im Wissen um die Entfremdung träumt sie von einer Einheit, die vielleicht nie kommen kann, schafft im Medium des nicht konzentrischen Subjekts, das der Autor sein muss, um von mehr als sich selbst sprechen zu können, die Fiktion des Individuums (oder dessen Auflösung, die freilich seine Fiktion voraussetzt). Und so bin ich doch zwischen die abstrakten Kürzel geraten, wenn ich sage, dass mein Schreiben Zusammenhänge sucht im Zersplitterten, Einheit im Disparaten und Naivität im Be- und Gewussten oder, wie Robert Musil es formulierte: »Die logische Evidenz rührt daher, weil die Logik ihre Wurzeln im Gefühl hat und die Evidenz das Charakteristikum des Gefühls ist« – Beweise, wenn man so will, des Nichtbeweisbaren. Kreisquadraturen.

Aber so wenig, wie die Volksweisheit vom armen Poeten stimmt, dass nur die Armut Großes gebiert, so einseitig ist die ästhetische Theorie, dass große Literatur stets Ausdruck des Leidens, Ausdruck von Mangel und Unbehagen zu sein habe. Sie bliebe dann, egal, auf wie hohem ästhetischen Niveau, nur larmoyante Selbstentblößung des Autors. Literatur ist auch Ausdruck eines Reichtums an Benennungsmöglichkeiten, an Worten; ein Reichtum, der nicht jedem gegeben ist, von dem zu geben jedoch Aufgabe des Autors ist: Er gibt davon an den Leser und verhilft damit dem Leser zu Einsichten, die dieser ohne das Angebot des Autors nicht hätte. Ein schönes Kompliment von Lesern lautet: »Sie haben meine eigenen Gedanken ausgedrückt, besser als ich es selbst könnte.« Offenbar funktioniert Literatur in einem manchmal eng geschlossenen Regelkreis, in dem unartikulierte Vorstellungen und Gefühle von Lesern mit der Sprache eines Buchs kurzgeschlossen werden, also zu Wort kommen und somit begriffen werden.

Ein schöneres Kompliment besteht darin, wenn Leser sich nicht nur wiedererkennen, sondern durch einen Text zu eigenen Vorstellungen gelangen, die sie ohne Kenntnis des Textes nie entwickeln würden. Die Subjektivität, die sich in seiner Sprache und seinen Erzählungen entfaltet hat, weist nun nicht mehr autistisch auf die Freuden und Leiden des Autors zurück, sondern hat im Leser etwas geöffnet. Der Kommunikationsprozess, den sich jeder Schriftsteller wünscht, die Übereinstimmung, die er durch sein Werk zu erzeugen versucht, kommt so zustande. Auf Lesungen sind solche Übereinstimmungsmomente besonders leicht erfahrbar, wenn es sich um komische Texte handelt: Im Lachen des Publikums erfährt der Autor die Wirkung seiner Sprache.

Ich habe sowohl komisch-satirische als auch »ernste« Bücher geschrieben, und ich weiß bis heute nicht genau, ob mein Sinn fürs Komische nicht nur eine Form der Selbstbehauptung und Distanz zu den Dingen und Menschen ist, sondern auch ein Filter, der mich von sogenannten tieferen Erfahrungen trennt – oder ob nicht womöglich das Komische der eigentliche Ernst ist. Zumindest sind Ironie und Komik probate Mittel, die uns umgebende Dummheit besser zu ertragen.

Die dritte, für Leser wie Autoren gleichfalls sehr berechtigte Frage, die man auf Lesungen zu hören bekommt, lautet: »Haben Sie das alles selbst erlebt?« Ich antworte dann gern mit einer Gegenfrage: »Warum wollen Sie das wissen?« Warum reicht es nicht, den Text, das Buch, auf Lesungen gar noch Erscheinung und Stimme des Autors zu haben? Warum ist das Leben des Autors wichtig, warum die Art und Weise, in der sein Leben sich in den Texten bricht?

Was ich als Autor gemacht habe, steht fest; steht im Buch. Warum wollen die Leute wissen, was ich durchgemacht habe? Der englische Romancier Julian Barnes, den ich für einen bedeutenden zeitgenössischen Kollegen halte, weil er alte, aber immer noch virulente Fragen nach dem Sinn und Zweck von Literatur neu und originell stellt und weil er mit seinen Büchern dem Publikum entgegenkommt, ohne Abstriche an dem zu machen, was man ästhetische Relevanz nennen könnte, hat in seinem Romanessay »Flauberts Papagei« die Frage folgendermaßen formuliert: »Warum bringen uns die Schriften dazu, dem Schriftsteller nachzujagen? Warum können wir ihn nicht einfach in Ruhe lassen? Warum reichen die Bücher nicht?« Und da Barnes die Frage gleichfalls nicht formelhaft verkürzt beantworten konnte, hat er darüber ein ganzes Buch geschrieben. Die Frage ist ja auch nicht einfach zu beantworten, so einfach jedenfalls nicht, wie es sich der gute Lessing einst gemacht hat: »Man gewinne einen Schriftsteller nur erst lieb, und die geringste Kleinigkeit, die ihn betrifft, hört auf, uns gleichgültig zu sein.« – Das mag schon stimmen, und wenn die Frage meiner Leser oder Zuhörer bedeutet, dass sie mich lieb gewonnen haben, will ich es durchaus zufrieden sein. Aber warum wollen sie es wissen? Die Gegenfrage ist und bleibt offen.

Vielleicht halten die Leute Literatur wesentlich für den Stoff, der aus den Erfahrungen des Autors gemacht ist, das

Material seines eigenen Lebens – was nicht falsch ist. Denn alle Literatur ist autobiografisch, weil der Autor sie schreibt und beim Schreiben Erfahrungen macht; sie ist autobiografisch, eben weil sie aus Erfahrungen – und seien es »nur« sprachliche Erfahrungen – des jeweiligen Autors besteht. Zugleich ist alle Literatur »erfunden«, weil die Verwandlung von Wirklichkeit in Sprache immer ein Akt der Fiktionalisierung ist. In der Leserfrage nach dem Selbsterlebten schwingt aber auch eine gewisse Enttäuschung darüber mit, dass ein Autor mit seinem Werk nicht identisch ist, vielleicht sogar Misstrauen gegen die Literatur, Misstrauen in Erfindungen und Fiktionen. Vielleicht suchen Leser im Buch ein besseres Leben, und der Autor soll nun mit seiner Existenz dafür einstehen, soll Vorbild sein.

Jean Paul Sartre hat sich die Frage, welche Bedeutung ein Leser im Buch sucht, folgendermaßen beantwortet: »Ich glaube, es muss eine Bedeutung sein, die er selbst in seinem Leben nicht hat, etwas, das ihm entgeht; die Wörter stehen ihm wie jedem anderen zur Verfügung, aber etwas im Leben entgeht ihm, weil er ja etwas in den Büchern sucht. Weshalb liest man Romane oder Essays? Im Leben dessen, der liest, fehlt etwas, und das sucht er im Buch. Was ihm fehlt, ist ein Sinn, denn es ist ja genau dieser totale Sinn, den er dem Buch gibt, das er liest; der Sinn, der ihm fehlt, ist offensichtlich der Sinn seines Lebens, dieses Lebens, das für jeden ein schlechtes, schlecht gelebtes, ausgebeutetes, entfremdetes, betrogenes, falsches Leben ist, von dem aber gleichzeitig jeder, der es lebt, sehr wohl weiß, dass es anders sein könnte; wo, wann, wie?« Wo, wann, wie – darauf geben Bücher Antworten, indem sie Lebensmöglichkeiten durchspielen, Erfahrungsmodalitäten erfinden und fingieren, Veränderungsvorschläge machen und damit den Leser aufs Leben zurückverweisen.

Dass diese »sinnstiftende« Funktion von Literatur als Leitmedium heute schwindet, hängt damit zusammen, dass sich die Literatur zwar noch auf Leben und Gesellschaft bezieht, ihre Stoffe daraus gewinnt und auch noch ihr Publikum. Aber die digital und telematisch vernetzte Gesellschaft bezieht sich umgekehrt kaum noch auf die Literatur. Gesellschaft ohne Literatur ist denkbar, Literatur ohne Gesellschaft aber nie.

Mit meinen Büchern versuche ich Antworten auf Fragen zu finden: Wie lassen sich Übereinstimmungen zwischen Literatur und Lesern herstellen, ohne populistische Trivialitäten zu liefern? Ohne die Verhältnisse zu verklären, ohne an den Oberflächen kleben zu bleiben? Wie lässt sich die triviale Botschaft, dass das Leben trotz alledem eben auch schön ist, ästhetisch relevant entfalten? Jean Paul hat die Bemerkung gemacht, die Literatur sei der Blick aus dem geöffneten Fenster des Krankenzimmers – und eben nicht oder jedenfalls nicht vordringlich die Beschreibung des Krankenzimmers.

Und hier kommt nun die gute, alte Tante namens Erzählung ins Spiel – eben weil es in unseren Lebenszusammenhängen keine echte Notwendigkeit des Erzählens mehr gibt. Es gibt aber sehr wohl, und vielleicht gerade deshalb, ein unverwüstliches Bedürfnis nach Erzählungen, nach guten Geschichten. Warum? Vielleicht, weil Erzählungen Erfahrungszusammenhänge herstellen oder zumindest simulieren, die im wirklichen Leben nicht mehr vorkommen. Erzählungen halten Wünsche wach, mindern den Mangel, weil sie, wenn auch nur auf dem Papier, Bedürfnisse befriedigen. Insofern kann man gute Geschichten fast für so etwas wie konkrete Utopien halten. Das gilt auch fürs Kino und in besonderem Maße für das derzeit boomende Genre der TV-Serien, in denen das Epos Wiederauferstehung feiert.

Wenn all das stimmt, hätte ich mich als Autor allerdings selbst zu befragen, ob ich nicht aus ebensolchen Gründen Bücher schreibe: weil mir im Leben etwas fehlt, weil ich die Mangelsituation, die das Bedürfnis nach Literatur hervorbringt, bewältigen will. Von Novalis stammt der apodiktische Satz: »Das Leben soll kein uns gegebener, sondern ein von uns gemachter Roman sein.« Und das heißt, dass der Autor nicht von Menschen und Dingen erzählt, nicht von der Welt berichtet, sondern er erzählt die Menschen und Dinge, erfindet die Welt. Früher nannte man so etwas Schöpfertum.

Flaubert hat gesagt: »Madame Bovary, das bin ich.« Das heißt natürlich nicht, dass Flauberts Erfahrungswelt mit der seiner Heldin identisch war. Flaubert hätte auch sagen können, wäre er danach gefragt worden, ob er alles selbst erlebt habe: »Gewiss habe ich alles selbst erlebt. Ich habe es ja geschrieben!« Der Schreibprozess ist nämlich als realer Erfahrungsraum zu verstehen, in dem die Fiktion geboren wird – nicht als Kompensation oder Lebensersatz, sondern als Potenzierung von Erfahrung. Literatur ist eine Erfahrung, in der, mit einem Wort Martin Walsers, Entblößung und Verbergung gleich extrem auftreten. Literatur ist nicht der Bericht über Erfahrung, und sie ahmt auch Realität nicht nach; vielmehr sollte sie darum bemüht sein, die Fiktionalität der Wirklichkeit offenzulegen und darauf verzichten, fixierte Meinungen zu reproduzieren.

Eben deshalb konnte Flaubert, nur scheinbar im Widerspruch zum Satz, er sei Madame Bovary, auch schreiben: »Ich habe weder von meinen Gefühlen noch von meinem Leben etwas hineingebracht. Die Illusion (wenn es eine gibt) kommt im Gegenteil aus der Unpersönlichkeit des Werkes. Es ist eines meiner Prinzipien, dass man sich nicht selbst beschreiben soll. Der Künstler muss in seinem Werk wie Gott in der Schöpfung sein, unsichtbar und allmächtig; man soll ihn überall spüren, ihn aber nirgends sehen.« Die Wahrheit des Autors ist überall enthalten, aber nirgends zu finden. Es geht um die Erfindung eines Lebens, indem eigene Möglichkeiten an fremden, realen oder fiktiven Figuren erprobt und durchgespielt werden.

Mit Unmittelbarkeit oder gar mit dem früher einmal sehr beliebten Begriff der Betroffenheit hat Literatur nichts gemein. Sie ist kein Abbild der Wirklichkeit, sondern eine eigene Realität, »eine einsame Realisierung trotz aller Welt« (Ludwig Hohl), in der die äußere Wirklichkeit auf komplizierte Weise zu Nach- und Vorbild wird, zum schönen Schein. Literatur liefert Möglichkeiten, menschliche Beziehungen, Verhaltensweisen und Erfahrungen zu verstehen, die nichts mit Regeln und Vorschriften, Verboten und Verwaltung zu tun haben. Literatur kann mit den Rastern der Rationalität nicht hinreichend begriffen, mit dem Instrumentarium von Ideologiekritik nur auf oberflächlicher Ebene erklärt oder gewertet werden. Aus Paul Valérys subtiler Bemerkung, die Literatur vollziehe die genaue Nachahmung dessen, was in den Dingen undefinierbar ist (und, so ist hinzuzufügen, trotz allen naturwissenschaftlich-technischen Fortschritts stets undefinierbar bleiben wird), folgt, dass weder ideologische

Diskurse noch die Bewegungen des redlichen, instrumentellen Denkens in Literatur aufgehen können. Mit Mystizismus hat das nichts zu tun, doch beginnt die Aufgabe der Literatur wie der Kunst ganz allgemein, wenn der rationale Diskurs versagt. Und der versagt im Gelächter so gut wie in der Ergriffenheit.

Alle Geschichten sind erfunden, Spiele der Einbildung, Entwürfe der Erfahrung, Bilder, wahr nur als Bilder. »Jeder Mensch, nicht nur der Dichter, erfindet seine Geschichten – nur dass er sie, im Gegensatz zum Dichter, für sein Leben hält – anders bekommen wir unsere Erlebnismuster, unsere Ich-Erfahrung, nicht zu Gesicht.« (Max Frisch) Das Leben ist vielleicht ohne solche Erfindungen unerträglich; Erinnerung ist nichts anderes als die wesentlich erfundene Melodie der eigenen Vergangenheit.

Was also antworte ich auf die Frage, ob ich alles selbst erlebt habe? Ich sage dann, dass ich nie über das schreibe, was ich selbst erlebt habe; es wäre auch zu wenig, zu banal, und es wäre dem Leser gegenüber rücksichtslos. Aber ich kann nur schreiben, weil ich etwas erlebt habe und immer noch erlebe. Von seinen Wahlverwandtschaften sagte Goethe zu Eckermann, »dass darin kein Strich enthalten, der nicht erlebt, aber kein Strich so, wie er erlebt worden«.

5.

Und wie wird das Erlebte schließlich zu Literatur, zu etwas, das weniger Information als vielmehr Ausdruck ist? Nimmt man den Begriff »Ausdruck« einmal beim Wort, kann man den Zusammenhang in folgendem Bild fassen:

Um Orangensaft herzustellen, braucht man Orangen und eine Presse. Die Orangen sind dem Leben vergleichbar, der Wirklichkeit und dem Erfahrungsfundus des Autors. Der Autor übernimmt die Funktion der Presse. Dem Leser aber wird der Saft angeboten, er soll ihn trinken. Deshalb tut der Autor gut daran, die Dünnflüssigkeit seiner eigenen Subjektivität gelegentlich durch Aromen aus Fantasie und Erfindung anzureichern. Insofern ist Literatur eine zweite, potenzierte Wirklichkeit, nämlich die durch den Filter einer Persönlichkeit gedrückte, ausgedrückte Welt, eine umgestaltete Wahrnehmung.

Da grundsätzlich alles, was einem Autor widerfährt, Material der Fiktion werden kann, haben Schriftsteller zum Leben ein vampirhaftes Verhältnis. Aber vielleicht gibt man, auf andere Weise, durch die Erzählungen dem Leben zurück, was man ihm als Material entnommen hat, indem das Ereignis zum Geschriebenen wird und umgekehrt das Geschriebene den Wert eines Ereignisses bekommt?

Michel Leiris hat in seinem Essay »Das Band am Hals der Olympia« dargelegt, wie es im Wechselverhältnis zwischen Fiktion und Erfahrung, Imagination und Realität, darum geht, dem Realen das Imaginäre abzugewinnen und umgekehrt dem Imaginären Realität einzuflößen. Es sind zwar verschiedene Verfahren, doch zeugen beide von einer realistischen Ambition. Das Ziel besteht laut Leiris darin, »durch Einbeziehung einer lebendigen Realität den Text Wurzeln fassen zu lassen und ihm eine Dichte zu verleihen, die weder der Schatten noch der Traum besitzen; das Wirkliche aufzuhellen, so finster es auch sei«.

Man könnte dies als Realismus der Evidenz bezeichnen, ein Realismus, in dem alles, was eindeutig gesagt werden kann, in gewisser Weise der Wirklichkeit entbehrt, und in dem nur das existiert, was sich gegen die Worte sperrt. Der Fluchtpunkt dieser produktiven Reibung bedeutet aber nicht das Ende der Fiktionen, sondern die ständig neue Beantwortung einer beim Schreiben und Lesen wiederkehrenden Frage: Wie sich nämlich der Anteil an Tiefe, an Evidenz einerseits, und der Anteil an Bluff, an literarischer Kompetenz andererseits miteinander verknüpfen lassen – Anteile, die jede Formulierung trägt, selbst noch die komisch-satirische. Denn das klare, logische Denken endet stets als Opfer seiner Redlichkeit – bei sich selbst, in Redundanz und Tautologie. Das andere, das »unklare« Denken, die Nachahmung dessen, was in den Dingen undefinierbar ist, erstreckt sich in die Weite und rettet sich durch ein ebenso suspektes wie unangreifbares Geheimnis.

6.

Gegen Abend bin ich zu dem kleinen See gegangen, an dem ich früher eine Zeit lang gewohnt habe. Das schönste Strandstück ist eine Stelle, an der das Moos der sandigen Ufer bis knapp unters durchsichtige Blau des Wasserspiegels reicht und die Binsen in alle Richtungen wuchern. An heißen Sommertagen stehen hier Libellen im Geflimmer; sie scheinen bewegungslos zu sein, doch diese Bewegungslosigkeit erreichen sie durch eine dem Auge kaum wahrnehmbare Frequenz des Flügelschlags. Sie schweben in der Luft, deren Flirren an Pixel eines unscharf eingestellten Monitors erinnert oder an Bilder des Spätimpressionismus. Aber dies Strandstück ist nur so lange schön, als man nicht da ist, nicht darin ist, sondern es aus der Distanz betrachtet. Im Zentrum des Schönen ist Leere, im Kern der Sprache herrscht Schweigen, und im Paradies sind Schriftsteller überflüssig. Von außen muss man sehen, um das Innen zeigen zu können. Wer innen ist, kann nichts zeigen, nur da sein, erreicht niemanden mehr, vielleicht nicht einmal mehr sich selbst. Literatur muss immer so tun, als ob sie im Innern der Erscheinungen sei. Wäre sie tatsächlich innen, würde sie implodieren. Implodierte Kunst wäre vollkommene Ruhe.

Den Kindern sind Gegenwart und Vergangenheit als Erfahrung noch identisch. Was sie erinnern, ist vorhanden. Doch dann schwindet diese Fähigkeit, das Erlebte gegenwärtig zu haben, proportional zur Zunahme der Erlebnisse. Aber literarisch lässt sich der Einstand von Erinnerung und Gegenwart rekonstruieren. Es gibt eine Grammatik des Erzählens und des Erzählten. Man kann sich ihrer aber nicht einfach bedienen, sondern man muss sie immer neu produzieren.

Ich bin weitergegangen, auf die Abendwolken zu, die von Westen über den Feldern aufzogen, zersprengte Teile einer tiefgrauen Gewitterwand, die sich über den weiten Flächen der Küste aufgelöst hatte. Zwischen den Wolken glitt Sonne in lang gezogenem, unklarem Schimmer umher. Die Wolken sind wie Tusche, die sich vom Pinsel des malenden Kindes, das ich einmal war, ablöst und im Wasserglas als unendliche Formmöglichkeiten zu leben beginnt. Die festeren Farbteilchen, die sich nicht auflösen, schweben wie Vogelschwärme vor den Wolken. Langsam bilden sich Formen aus, für die es kein Vorbild im Außen gibt, die ich zuvor nie gesehen habe. Vielleicht sind es Gestalten, die meine Träume bevölkern, nachdem ich sie am Himmel, der im Wasserglas steckt und unendlich ist, gesehen habe.

Es gibt keine Reihenfolge. Die Zeit ist nur das Schlagen der Standuhr im dunklen Flur, wenn die Eltern ausgegangen sind und ich schlaflos im Bett liege. Das Bekannte ist nicht das Eigentliche. Das Bekannte ist die Welt, wie ich sie sehen soll und zu sehen lerne, indem man mir vorschreibt, so und nicht anders seien die Dinge nun einmal. Die wahren Formen, das ahnte ich damals vage, hatte es lange vergessen und fand es erst wieder, als ich mit dem Schreiben begann, die wahren Formen sind die vorbildlosen, entsprechungslosen, aber mit allem Ähnlichen, sich selbst Bildenden, nicht zu Erklärenden, Erklärungen nicht Fordernden: die Formen des Zufalls, der Liebe, des Spiels, die Formen, die ich als Kind sah, wenn ich in den Wirbel der Tuschfarben im Wasserglas blickte – oder in den Himmel, jetzt, beim Spaziergang. Die Formen, die etwas erzählen, aber im Entstehen bereits wieder in sich zerfallen, die Formen des Übergangs, des Moments und des Augenblicks. Das Bekannte, Feste, die verordnete Welt, ist nur in der Dauer und als Dauer. Das Abenteuer aber steckt im Nu.

Später habe ich aber gelernt, dass das Abenteuer des Erzählens nur gelingt, wenn ihm die Dauer ständig im Weg steht, wenn Welt und Imagination, Realität und Fantasie sich reiben. Der Augenblick wird dann in die Zeit eingetunkt wie der Tuschpinsel in die klaren, ungemischten Farben des Tuschkastens. Befreit von der Dauer der kreisrunden Farbtöpfchen entschlüpft die Farbe zu Formen, wenn die Spitze das Wasser berührt. Wolken ziehen von Westen auf, das Grün der letzten Pinselstriche, die Zeichen auf dem Papier verschwimmen zu belaubten, moosigen Kronen, über die Regenfronten ein plötzliches Graublau wettern. Und dazwischen scharfe Spritzer Gelb. Sonnenblitze an einem Sommerabend, der noch sehr viel Regen in der Luft trug.

So ähnlich, vielleicht. Ich bin dann noch etwas weiter gegangen.

7.

Ich gehe immer noch.

Mehr Licht

Nathaniel Hawthornes Roman
»Das Haus mit den sieben Giebeln«

»›Was treibt er?‹, flüstert ein schattenhafter Vorfahr dem anderen zu. ›Er schreibt Geschichten in Bücher! Was für eine Beschäftigung mag das sein – welche Art, Gott zu dienen und den Mitlebenden nützlich zu sein? Da kann er auch fiedeln gehen, der entartete Bursche!‹«

Stimmen aus dem Jenseits, geisterhaftes Getuschel verstorbener Puritaner, deren Interesse für Bücher sich auf die Bibel und ihre Haushaltsbücher beschränkte. Die Empörung der Ahnen gilt einem aus der Art geschlagenen Sprössling: Nathaniel Hawthorne, geboren 1804 in Salem, Massachusetts, als Sohn einer verarmten Puritanerfamilie. Hundertsiebzig Jahre zuvor waren seine Vorfahren in der Neuen Welt angekommen, englische Aristokraten, beinharte Puritaner, die Geschäftstüchtigkeit mit ihrer Konfession verknüpften und auf der Suche nach Freiheit und religiöser Toleranz in finsterste Intoleranz verfielen. In den blutigen Hexenjagden Neuenglands entlarvte sich ihre Religiosität als fundamentalistischer Wahn, und ihre rigiden Moralvorstellungen begegneten jedem Anflug von Freizügigkeit und Nonkonformismus mit gesellschaftlicher Ächtung.

Mit seinem berühmtesten Buch »Der scharlachrote Buchstabe«, erschienen 1850, machte Nathaniel Hawthorne seine Kritik am Puritanismus zu einem literarischen Ereignis ersten Ranges, indem der Roman von einer Ehebrecherin erzählt, die, obwohl öffentlich gebrandmarkt und aus dem sozialen Leben verstoßen, sich ihre Würde und ihren Eigensinn bewahrt und ihre Liebe trotz aller Repressalien nicht verrät. Aus dem Eingangskapitel des »Scharlachroten Buchstabens« stammt auch jenes Ahnengeflüster, unter dessen banausischer Entrüstung die Angst vibriert, dass die Beschäftigung mit Büchern den Mitlebenden tatsächlich nützlich sein könnte, so nützlich, dass sie schließlich mit den düsteren Traditionen der Vorfahren brechen.

Und in der Tat las Nathaniel Hawthorne dem Puritanismus, von dem er sagte, ihn selbst im Leibe zu haben, immer drastischer die Leviten. 1851, ein Jahr nach dem »Scharlachroten Buchstaben«, publizierte er den Roman »Das Haus mit den sieben Giebeln«, eine radikale Generalabrechnung mit den Schatten der Vergangenheit. Dort heißt es unmissverständlich, dass »der Puritaner, der einen Charakter oft mit erstaunlicher Treue bewahrt, als kühn, herrschsüchtig, unbarmherzig und verschlagen galt; als ein Mann, der seine verborgenen Absichten stetig und skrupellos verfolgte, auf den Schwachen herumtrampelte und nach Kräften versuchte, die Starken zu stürzen, wenn es für seine Zwecke nötig war«.

Ein inzwischen inflationär gewordener Begriff wie der von der literarischen Vergangenheitsbewältigung trifft für »Das Haus mit den sieben Giebeln« mit idealtypischer Präzision zu. Denn dieser Roman ist mit all seinen moralischen und psychologischen Impulsen darauf aus, die Wahrheit ans Licht zu bringen unter einem Gespinst aus Legenden und Lügen, mit denen Familien sich gesellschaftlich legitimieren und ganze Gesellschaften ihren Machtanspruch begründen. Welche Wahrheit? Dass nichts verhängnisvoller für die Zukunft ist, als die Sünden und Verbrechen der Vergangenheit ruhen zu lassen, weil jedes unbewältigte Trauma ein Ferment kommender Destruktion ist. Oder, mit Nathaniel Hawthornes Worten: »Die Wahrheit, dass die Missetaten einer Generation in den auf sie folgenden fortbestehen, jeden kurzlebigen Vorteil ablegen und sich in reines, unbezähmbares Unheil verwandeln.«

Die eigentliche Handlung des Romans ist in Hawthornes Gegenwart angesiedelt, aber die Vorgeschichte greift über hundertfünfzig Jahre zurück in die Gründerzeit des neuenglischen Puritanismus. Während der Hexenverfolgungen von 1692 eignet sich der einflussreiche Puritaner Oberst Pyncheon das Grundstück eines Handwerkers namens Matthew Maule an, indem er diesen als Hexer denunziert. Unterm Galgen verflucht Maule den Oberst mit den Worten: »Gott wird ihm Blut zu trinken geben.« Pyncheon errichtet nun auf dem Grundstück der Maules sein Herrenhaus, das Haus mit den sieben Giebeln, doch bereits bei der Einweihungsfeier kommt der Oberst an einem Blutsturz ums Leben, und der Brunnen im Garten ist seither für alle kommenden Generationen verseucht und verflucht. »Bebend und zitternd trieb das emporsprudelnde Wasser ein magisches Spiel mit den bunten Kieseln und ließ in stetigem Wechsel wunderliche Figuren erscheinen, die zu schnell vorüberhuschten, um kenntlich zu sein.« Durch die Jahrzehnte bleibt die Feindschaft zwischen der Sippe des korrupten Aristokraten Pyncheon und der Familie des ehrbaren Maule bestehen, genau wie der Fluch, der die Pyncheons mit immer neuen Verbrechen belädt.

Die Gegenwartsebene der Handlung spielt fast ausschließlich im verspukten Gemäuer des Herrenhauses, das von der verarmten alten Jungfer Hepzibah bewohnt wird, eine der letzten Nachkommen des Oberst Pyncheon. Hawthorne lässt keinen Zweifel daran, dass das Haus in seiner unheimlichen Verwunschenheit als Symbol für die Psyche seiner Bewohner verstanden werden soll. »Das alte Haus unserer Geschichte mit seinen Balken aus Weißeiche, seinen Brettern, Schindeln, dem bröckelnden Putz und selbst dem mächtigen Kamingewirr in der Mitte, schien nur den geringsten, unbedeutendsten Teil seiner Wirklichkeit preiszugeben. So viel an menschenmöglicher Erfahrung hatte sich dort zugetragen – so viel war gelitten und etliches auch genossen worden, dass es überall aus dem Gebälk troff wie aus einem Herzen. Das Haus war selbst wie ein großes Menschenherz, voller Eigenleben und reich an denkwürdigen und düsteren Erinnerungen.«

Eine der Mansarden unter den sieben Giebeln hat Hepzibah an einen gewissen Holgrave untervermietet, einen Daguerrotypisten, einen Lichtbildner. Holgrave ist, wie sich herausstellt, wiederum ein Abkömmling der Familie Maule. Kurz hintereinander betreten drei weitere Personen die Bühne dieses Psychodramas um Schuld und Sühne, um sprichwörtliche Leichen im Keller und die schweren Schatten der Vergangenheit: erstens Phoebe, entfernte Verwandte der Pyncheons, ein frisches, unverdorbenes, optimistisches Mädchen aus der Provinz; zweitens Clifford Pyncheon, der rechtmäßige Erbe des Anwesens; und drittens dessen Vetter Jaffrey Pyncheon. Es stellt sich heraus, dass dieser skrupellose Richter und Politiker versucht hat, Clifford um sein Erbe zu bringen, indem er ihn zu Unrecht beschuldigte, den Vorbesitzer von Haus und Vermögen ermordet zu haben. Das verbrecherische Muster, mit dem die Geschichte des Hauses begann, setzt sich fort. Clifford wurde damals zu lebenslanger Haft verurteilt und wird nun als alter Mann, körperlich gebrochen und geistig verwirrt, auf freien Fuß gesetzt. Sein Widersacher Jaffrey ist immer noch auf der Jagd nach einer verschollenen Besitzurkunde über ausgedehnte Ländereien, will sie Clifford abpressen, stirbt aber bei seinem Besuch im gleichen Zimmer auf demselben Stuhl wie sein Urahn, der Oberst Pyncheon. Der unheilvolle Kreis hat sich geschlossen, aber damit ist auch der Fluch gebrochen.

Hätte Hawthorne der düsteren, bluttriefenden Geschichte nicht von vorneherein romantische, humoristische, manchmal sogar satirische Züge eingebaut, würde das nun folgende Happy End geradezu absurd versöhnlich wirken. Denn alles wendet sich auf märchenhafte Weise zum Guten. Cliffords Unschuld wird erwiesen, die Besitzurkunde taucht auf, Holgrave und Phoebe, die Hoffnungsträger einer besseren Zukunft, werden ein Paar, und die ganze Gesellschaft verlässt das unheilschwangere Haus zugunsten des endlich legitimierten Landsitzes. Das Märchenhafte dieses Endes hat entscheidend dazu beigetragen, dass »Das Haus mit den sieben Giebeln« zu Hawthornes größtem Publikumserfolg wurde.

Literarisch war sich der überaus stilsichere Autor natürlich bewusst, dass die Wendung ins Versöhnliche wider jede Wahrscheinlichkeit lief. Er bezeichnete den Text deshalb auch nicht als Roman, sondern ausdrücklich als Romanze, und erläuterte in einem Vorwort, wieso er sich durch dies Verfahren vom üblichen Realismus suspendiert sehen konnte: »Der Roman soll größte Treue nicht nur zu einem möglichen, sondern zum wahrscheinlichen, gewöhnlichen Verlauf menschlicher Erfahrungen anstreben. Die Romanze begeht eine Todsünde, wenn sie die Wahrheit menschlicher Regungen verfehlt, darf aber diese Wahrheit weitgehend in einem Gewand vorführen, das der Autor ihr selbst wählt oder schafft. Romantisch ist diese Erzählung insofern, als sie versucht, Vergangenes mit der Gegenwart, die uns entschlüpft, zu verknüpfen. Sie ist eine Legende, die aus grauer Vorzeit ins helle Licht unserer Tage herüberreicht und mit sich den sagenhaften Schleier bringt, den der Leser nach Belieben missachten kann oder es duldet, dass er malerisch und fast unmerklich über den Figuren und dem Geschehen schwebt.«

Aus dieser poetologischen Prämisse nahm sich Hawthorne die Freiheit, Elemente eines gesellschaftskritischen Realismus' mit denen des Schauerromans zu mischen und humoristische, idyllische, märchenhafte und fantastische Motive einzuarbeiten. Die Zutaten von Hawthornes ungewöhnlicher Mixtur wirken nie als Stilbruch, sondern stets als souverän genutzte Mittel.

Zusammengehalten wird der Roman aber nicht nur durch den raffiniert konstruierten, fast kriminalistischen Plot. Vielmehr korrespondiert der Einsatz unterschiedlicher erzählerischer Techniken mit Hawthornes Einsicht in die Vielschichtigkeit und Widersprüchlichkeit der menschlichen Psyche. Das Leben, heißt es einmal, bestehe »aus Marmor und Dreck«, aus glänzender Fassade und abgründiger Niedertracht. Es besteht aus Schuld und Sühne, aber auch aus Unschuld und Glück. Wie Romanzen jederzeit zu Tragödien umschlagen und Tragödien zu Romanzen werden können, so kann auch der Fluch der Vergangenheit gebrochen werden.

»Das Haus mit den sieben Giebeln« behandelt, wie mehr oder weniger alle Werke Hawthornes, den moralischen Zusammenbruch des aus dem Mutterland England importierten, aristokratischen Puritanismus, dessen Verfall zu finsterer, fundamentalistischer Glaubensdiktatur. Im puritanischen Neuengland des 17. und 18. Jahrhunderts sah Hawthorne eine Art verspätetes Mittelalter, das mit der Moderne eines neuen amerikanischen Selbstbewusstseins kollidierte. Hawthornes großes Thema war der Übergang aus den Mythen dieses Mittelalters in die Aufklärung einer religiös, politisch, aber auch technisch befreiten, im wahrsten Sinne des Wortes Neuen Welt. Auch und gerade deshalb gilt Hawthorne als einer der Gründerväter der amerikanischen Literatur, die sich von englischen Traditionen emanzipiert. Im »Haus mit den sieben Giebeln« sind es die zupackende, unverdorbene Phoebe und der revolutionär gesinnte, vielfältig begabte Lichtbildner Holgrave, die für diese Neue Welt einstehen. »In ihm war die Ahnung oder innere Verheißung (...), daß wir nicht dazu verdammt sind, uns ewig auf den misslichen alten Wegen weiterzuschleppen, sondern dass ein goldenes Zeitalter sich ankündigt, dass noch im eigenen Leben zu gewinnen ist. Holgrave hielt die Zeit mehr denn je für gekommen, da die modrige, moosige Vergangenheit geschleift, die toten Trümmer ausgeräumt und die Leichen begraben würden, damit alles neu beginnen konnte. (...) Gesittet und ungesittet, laienhaft wild spekulierend und zum Ausgleich doch auch praktisch veranlagt, großmütig zum Wohle der Menschheit eifernd und gleichzeitig unbekümmert um alle Errungenschaften vergangener Zeiten, gläubig und ungläubig – in allem, was er besaß und was ihm fehlte, mochte der Künstler durchaus für viele stehen, die in diesem Land lebten.«

Natürlich ist es kein Zufall, dass diese demokratische Lichtgestalt, eine Inkarnation des amerikanischen Traums von Unbekümmertheit und Freiheit, der Profession eines Lichtbildners nachgeht. Seine Daguerrotypien stellt Hawthorne absichtsvoll in krassen Gegensatz zu den düsteren Ölgemälden, die an allen Wänden im »Haus mit den sieben Giebeln« hängen. Eine besondere Funktion kommt dabei dem Porträt des Oberst Pyncheon zu, dessen Tat gewissermaßen die Erbsünde der Familie verkörpert. Denn dieses Porträt zeigt nicht die ungeschminkte Wahrheit seines verbrecherischen Charakters, sondern vermittelt jenen positiven Eindruck, den der Porträtierte ausstrahlen will und soll.

Die Lichtbilder Holgraves aber sind unbestechlich. In ihnen bringt die Sonne an den Tag, was in der Malerei stilisiert und romantisiert und in Schönheit gefälscht werden kann. »Die meisten meiner Porträts wirken unfreundlich, aus dem einfachen Grund, nehme ich an, weil die Originale es auch sind. Es ist erstaunlich, was am hellen Tageslicht alles zum Vorschein kommt. Wir trauen ihm bloß zu, dass es die reine Oberfläche wiedergibt, dabei enthüllt es den verborgenen Charakter mit einer Wahrhaftigkeit, zu der kein Maler den Mut hätte, selbst wenn er ihn entdecken würde. Meine bescheidene Kunst schmeichelt wenigstens nicht.« Die Fotografie wird von Hawthorne also als künstlerisches Medium der Aufklärung verstanden. Es bringt Licht in die mythologischen Dunkelheiten und Legendenbildungen und macht Schluss mit künstlerischen Verzauberungen, unter denen die Vergangenheit ihr wahres Gesicht zu verbergen sucht.

Dieser mit realistischer Wahrheitsliebe korrespondierende, optimistische Fortschrittsglaube auch im Ästhetischen verbindet Hawthorne mit dem Transzendentalismus seiner Zeitgenossenschaft, mit der Überzeugung, dass Spiritualität nicht in Religionen oder Konfessionen zu finden sei, sondern in den Naturkräften und in der menschlichen Vernunft. Deren Zusammenspiel erlaubt Hawthorne eine überaus verblüffende Zukunftsvision. Ausgesprochen wird sie im Roman von Clifford, dessen geistige Verwirrung visionäre Kräfte freisetzt. Er kritisiert die, im Wortsinn, Versteinerung menschlicher Verhältnisse: »Was wir Grundstück nennen – das feste Stück Grund für den Hausbau –, ist das Fundament, auf dem fast die ganze Schuld dieser Welt ruht. Ein Mensch ist zu nahezu jeder Schandtat bereit – einen riesigen Haufen Bosheit, hart wie Granit, wird er aufschaufeln, der ihm auf ewig entsprechend schwer auf der Seele lastet –, nur um ein großes, finstres Gemäuer mit dunklen Räumen zu errichten, wo er sterben kann und seine Nachkommen unglücklich sind.«

Gegen diese, vom Materiellen auf die Seele durchschlagende Versteinerung setzt Clifford nun seine Vision von allumfassender Mobilität, die schließlich zu einem vergeistigten, global befreiten Zustand führen werde. Im Zeichen des Magnetismus wird »die Welt zu ätherisch und vergeistigt, um diese Ungeheuerlichkeiten noch viel länger zu dulden. (...) Dann die Elektrizität – der Dämon und Engel, die mächtige physikalische Kraft, der alles durchdringende Impuls! Ist es Tatsache – oder nur ein Traum –, dass die

Elektrizität die Materie in einen einzigen großen Nerv verwandelt, der Tausende von Meilen atemberaubend schnell durchzuckt? Nein, der ganze Erdball ist ein Kopf, ein Riesenhirn, Instinkt gepaart mit Intelligenz! Oder sollen wir sagen, er ist selber nur Idee, reine Idee, und nicht mehr die Substanz, für die wir ihn hielten!«

Trotz solcher positiver Utopien im Zeichen der Vernunft, in denen unsere Zeitgenossenschaft die Realität gewordene, globale Vernetzung erkennen mag, blieb Hawthorne gegenüber allzu rationalistischen Euphorien skeptisch. Sein Hang zur Romantik, der aus seinen Einlassungen zur Romanze deutlich wird, sperrte sich gegen die restlose Entzauberung der Welt; zumindest erkannte Hawthorne Zusammenhänge, die später als »Dialektik der Aufklärung« bezeichnet werden sollten. Denn der Lichtbildner Holgrave dilettiert auch als Dichter, und als er Phoebe im Garten des Hauses eine von ihm verfasste Episode aus der Vergangenheit der Familien Pyncheon und Maule vorliest, verfällt Phoebe in einen Trancezustand. Es ist nicht jene hypnotische Kraft, mit der früher die Maules begabt waren und die sie skrupellos missbrauchten, sondern es ist die Zauberkraft des Poetischen, die Hawthorne als Korrektiv einer Aufklärung versteht, deren radikaler Wahrheitswille die Schönheit zum Opfer fällt.

Zu schriftstellerischem, ein großes Publikum bezauberndem Erfolg kam Nathaniel Hawthorne erst spät. Nachdem 1828 sein früher, unter Pseudonym veröffentlichter Roman »Fanshawe« durchgefallen war, arbeitete er zwanzig Jahre lang als Zollinspektor in Boston. Zwar stand er in engem Kontakt zur literarischen und intellektuellen Szene, war mit Ralph Waldo Emerson und Herman Melville befreundet, doch gelang ihm erst mit dem »Scharlachroten Buchstaben« der Durchbruch. »Das Haus mit den sieben Giebeln« übertraf diesen Erfolg noch, machte Hawthorne zu einem wohlhabenden Mann und enorm einflussreichen Autor.

Neben Washington Irving, James Fenimore Cooper, Herman Melville und Walt Whitman gilt Hawthorne heute als einer der Mitbegründer einer eigenständigen amerikanischen Literatur, und sein Einfluss auf die amerikanische Gegenwartsliteratur kann kaum überschätzt werden. Seine subtile Psychologie in der Darstellung familiärer Verhältnisse, verknüpft mit Kritik an bigotten Moralvorstellungen, seine Einsicht, dass unbewältigte Konflikte als Traumata durch die Generationen irrlichtern – all das findet sich heute in unübersehbaren Spuren in den Werken vieler US-Autoren von John Updike über Philip Roth bis Jonathan Franzen. Kein Geringerer als Henry James hat »Das Haus mit den sieben Giebeln« als den Ursprung der amerikanischen Romantradition bezeichnet. In Gegenstand und Behandlung sei Hawthornes Buch »die dichteste Annäherung, die wir wahrscheinlich besitzen, an das große Werk der Erzählliteratur, nach dem wir so oft verlangt haben und das uns als Nation zu großer Ehre und zu großem Nutzen gereicht«.

Postmoderne Chimären

Edgar Allan Poes »Arthur Gordon Pym«

1.

Am 1. August 1838 wurde bei der amerikanischen Behörde für Urheberrecht ein soeben im New Yorker Verlag Harper & Brothers erschienenes Buch mit dem lapidaren Titel »Die Geschichte des Arthur Gordon Pym aus Nantucket« hinterlegt. Den damals üblichen Gepflogenheiten folgend, fiel der Untertitel in seiner Funktion, die heutzutage von Klappentexten erfüllt wird, alles andere als lapidar aus. Vielmehr lieferte er eine nahezu komplette und einigermaßen marktschreierische Inhaltsangabe, indem er verkündete, das Werk bestehe aus »den Einzelheiten einer Meuterei und eines fürchterlichen Gemetzels an Bord der amerikanischen Brigg *Grampus,* auf ihrem Weg in die Südmeere, im Monat Juni des Jahres 1827. Mit einem Bericht über die Zurückeroberung des Schiffs durch die Überlebenden; ihren Schiffbruch und nachfolgend das entsetzliche Leiden durch beinahes Verhungern; ihre Errettung durch den britischen Schoner *Jane Guy;* die kurze Reise dieses letzteren Schiffes im Antarktischen Ozean; seine Kaperung und das Massakrieren seiner Besatzung inmitten einer Inselgruppe auf Höhe des vierundachtzigsten südlichen Breitengrades; zusammen mit den unglaublichen Abenteuern und Entdeckungen noch weiter im Süden, zu denen diese betrübliche Katastrophe geführt hat.«

Arthur Gordon Pym, der angebliche Verfasser, erklärte gleich im Vorwort seines angeblich authentischen Berichts, dass ein gewisser Mister Poe aus Virginia ihn zur Niederschrift seiner unerhörten Erlebnisse aufgefordert habe. Aus Misstrauen gegenüber seinen eigenen Fähigkeiten als Schriftsteller habe Pym die Ausführung jedoch dem Literaturredakteur Poe überlassen, dessen Version des Beginns von Pyms Abenteuern den Anschein erweckt habe, es handele sich nicht um einen Tatsachenbericht, sondern um einen Roman. Aus Leserbriefen gehe jedoch hervor, dass das geneigte Publikum nicht gewillt sei, sich täuschen zu lassen. »Daraus schloss ich, dass die Tatsachen in meiner Geschichte sich als von einer Art erweisen würden, die Beleg genug für die eigene Authentizität ist, und dass ich dementsprechend die Ungläubigkeit des Publikums wenig zu fürchten haben würde.« Um also die erwünschte Wahrheit gegenüber der dubiosen Erfindung in ihr Recht zu setzen, habe Pym schließlich selbst zur Feder gegriffen und mit eigenen Worten fortgesetzt, was Mister Poe als eine Art kommissionierter Ghostwriter begonnen habe. »Es ist unnötig, genau anzugeben, wo sein Teil endet und mein eigener beginnt; die Verschiedenheit des Stils wird ein jeder leicht bemerken.«

Natürlich verhielt es sich genau umgekehrt. Pyms Wahrheit war von A bis Z die geniale Erfindung Mister Poes aus Virginia, weswegen auch kein einziger Leser, Kritiker oder Philologe jemals eine Verschiedenheit des Stils ausfindig gemacht hat. Mit diesem komplexen Vexier- und Verwirrspiel um Authentizität und Fiktion, Wahrheit und

Dichtung einerseits, um legitime Urheberschaft andererseits, drapiert mit einem höflichen Kompliment an die
Unbestechlichkeit des verehrten Publikums, das heißt also
des zögernden Käufers, beginnt ein ebenso faszinierender
wie immer noch herausfordernd rätselhafter Roman. Zwar
gilt Edgar Allan Poes »Arthur Gordon Pym« inzwischen als
eins der zentralen und einflussreichsten Werke der amerikanischen Literatur im 19. Jahrhundert, doch ging es dem
Buch im eigenen Land hundertzwanzig Jahre lang wie dem
sprichwörtlichen Wort des Propheten: Es wurde ignoriert,
bestenfalls unterschätzt oder als obskures Kuriosum abgetan. Warum?

2.

»Vielleicht erklärt sich die späte Würdigung daraus, dass
sich die Geschichte des »Arthur Gordon Pym« so schwer
kategorisieren lässt. Handelt es sich um ein Jugendbuch,
einen Abenteuerroman für Erwachsene, einen Bildungs-
oder Initiationsroman, und ist es überhaupt ein Roman
oder doch eher eine Aneinanderreihung von Episoden,
weil Poe, der Erfinder der Kurzgeschichte, die lange Form
nicht beherrschte? Ist »Pym« eine Satire, eine Parodie, eine
Allegorie, eine Traumgeschichte, ein apokalyptischer, mys-
tischer oder esoterischer Text, womöglich sogar Science-
Fiction (...), oder doch ein auf Faktizität setzender Expe-
ditionsbericht? Ein dreistes Plagiat, ein Experiment, die
Vorwegnahme der Postmoderne? Oder ist es von allem etwas, und dann doch auch wieder nicht? Seit das Buch als
ein ernst zu nehmendes Werk entdeckt wurde, hat es stän-

dig neue Interpretationsansätze gegeben. Und wenn es stimmt, dass der Rang eines Kunstwerks daran zu erkennen ist, dass der Prozess seines Verstehens nie ein Ende findet, kann ›Pym‹ zweifellos für sich beanspruchen, ein solches Kunstwerk zu sein.«

So äußern sich die Herausgeber Hans Schmid und Michael Farin im Vorwort ihrer reich kommentierten und opulent illustrierten Ausgabe. Zwar jährte sich am 19. Januar 2009 Edgar Allan Poes Geburtstag zum zweihundertsten Mal, doch hätte dies Jubiläum nicht unbedingt zwingenden Anlass zu einer Neuübersetzung gegeben, kursieren doch seit hundertdreißig Jahren diverse mehr oder minder gelungene deutsche Übersetzungen, die allerdings nicht den kompletten Text boten. 1966 erschien eine Version von niemand Geringerem als dem Poe-Verehrer Arno Schmidt, die zwar erstmals den vollständigen Text brachte, aber gerade wegen der Freiheiten, die Schmidt sich in der für ihn typischen Mischung aus Anverwandlung und Besserwisserei nahm, dem Original nicht immer gerecht wurde.

Demgegenüber orientiert sich die Übersetzung Hans Schmids wesentlich präziser an der Vorlage. Sie basiert auf der einzigen vollständigen Ausgabe des Romans, die von Poe autorisiert wurde, und korrigiert auch nicht stillschweigend deren Fehler, zwei unterschiedliche Kapitel mit der Ziffer XXIII zu nummerieren. Diese Treue noch den offensichtlichen Irrtümern des Originals gegenüber ist aber keine philologische Erbsenzählerei, sondern ein schlagendes Beispiel für Methode und Absicht der Neuedition, die es nicht nur auf eine integrale deutsche Fassung des Textes abgesehen hat. Vielmehr obduzieren kluge Kommentare und Anmerkungen den Textkörper »Arthur Gordon Pyms« und liefern eine Anatomie seiner Voraussetzungen und Entstehung, seines Aufbaus, seiner Strukturen und schließlich seiner Wirkungen. Zu dieser Anatomie zählt eben auch die Tatsache, dass der Text ursprünglich als Fortsetzungsroman für den »Messenger«, jene literarische Zeitschrift, deren Redakteur Poe damals war, konzipiert wurde. Doch als Poe die Stelle verlor, sah er sich gezwungen, das Projekt in Buchform zu realisieren und musste den Text umarbeiten, was zu allerlei Unstimmigkeiten führte. Die von Schmid und Farin in ihrem Vorwort gelieferte Entstehungsgeschichte des »Arthur Gordon Pym« wird so unter anderem auch zu einem spannenden Stück amerikanischer Literatursoziologie des 19. Jahrhunderts.

Es handelt sich um keine historisch-kritische, auf philologische Objektivität abzielende Edition, argumentieren die Herausgeber doch durchweg mit temperamentvoller Ironie. Aber ihre auf neueren philologischen Forschungen basierende Detailgenauigkeit ist über jeden Zweifel erhaben. Das besondere Augenmerk gilt Poes Quellen, die neben literarischen Vorbildern wie Daniel Defoes »Robinson Crusoe« und Washington Irvings »Astoria« aus enzyklopädischem Material, zahlreichen Logbüchern, Schiffsarchiven und Forschungsberichten bestanden. Neben der üblichen Bibliografie bietet der Anhang eine Leseliste Poes, die jene etwa sechzig Titel umfasst, aus denen sich der Autor reichlich unbefangen bediente. »Poe ist das Kunststück gelungen, aus einem Roman, der mindestens zu einem Fünftel die Texte anderer Autoren kopiert oder paraphrasiert (wenn man die mehr oder minder deutlichen Spuren hinzuzählt, die weitere Texte in dem Buch hinterlassen haben, kommt man auf ein Drittel), ein durch und durch persönliches Werk zu machen.«

Poes Held Pym fischt auf seiner Reise in den antarktischen Süden, die sukzessive zu einer Irrfahrt in die wogigen Regionen der Phantasmagorie wird, den Kadaver eines seltsamen Tiers aus dem Wasser. »Es war drei Fuß lang und nur sechs Zoll hoch, mit vier sehr kurzen Beinen, die Füße mit langen Klauen von einem leuchtenden Scharlachrot bewehrt, die einem korallenartigen Stoff ähnelten. Der Körper war mit glattem, seidigem Haar bedeckt, von vollkommener Weiße. Der Schwanz war spitz wie der einer Ratte, und ungefähr anderthalb Fuß lang. Der Kopf glich dem einer Katze, mit Ausnahme der Ohren – diese waren lose herabhängend wie die Ohren eines Hundes. Die Zähne waren von demselben leuchtenden Scharlachrot wie die Krallen.«

Diese Chimäre, ein Hybrid aus Ratte, Katze und Hund, gedeiht ganz offensichtlich in Biotopen, in denen auch die eierlegende Wollmilchsau heimisch ist. Poe kommentiert hier listig und selbstironisch seine eigene Schreibpraxis, in der sich ein alles in allem originelles Werk aus den disparatesten Elementen zusammensetzt und aus den unvollkommenen Schöpfungen anderer eine eigene, zwar bizarre, aber höchst vollkommene Kreatur schafft. Wenn man bedenkt, dass Poe selbst immer wieder öffentlich gegen das Freibeutertum in Sachen geistigen Eigentums, das zu seiner Zeit wegen unzureichender Copyright-Regelungen epidemisch war, zu Felde zog, erscheint seine eigene Praxis, bedenkenlos unter falscher Flagge zu segeln, durchaus als heikle Doppelmoral in Sachen Plagiat.

In dieser Sache werfen Schmid und Farin ihrem Mann

den Rettungsring der Satire zu: »Es ist ein Unterschied, ob einer – wie Poe oft vorgeworfen wird – von anderen abschreibt, weil ihm selbst nichts einfällt, oder ob er eine gängige Praxis kritisch hinterfragt, indem er sie in satirischer Absicht auf die Spitze treibt. Fast könnte man meinen, er habe mit sicherem Instinkt gerade diejenigen naturkundlichen Passagen abgeschrieben oder paraphrasiert, die besonders fehlerhaft sind.« Auch Poes Hang zu Übertreibungen, Superlativen und Zuspitzungen aller Art gehorchen einem durchaus satirischen Impuls. Die Natur seiner Werke charakterisierte er in einem Brief aus dem Jahr 1835 folgendermaßen: »Im Absurden, das zum Grotesken gesteigert ist; im Fürchterlichen, das ins Schreckliche umgefärbt ist; im Witzigen, das zum Burlesken übertrieben ist; im Sonderbaren, das zum Fremdartigen und Mystischen umgeformt ist.«

Für Edgar Allan Poe, dessen Bild der Nachwelt zum Klischee eines morbiden Melancholikers und depressiven Vollalkoholikers gerann, scheint der Begriff der Satire nur auf den ersten Blick befremdlich, doch gehen in seinem Werk scharfer analytischer Verstand und geistesgegenwärtiger Witz eine glückliche Synthese ein. In solcher Lesart wird Poes Roman durchaus zu einem Vorläufer der Postmoderne und ihrem spielerischen, oft satirischen Umgang mit vorgefundenem Material.

Dabei wäre noch einmal über die von Umberto Eco aufgeworfene Frage nachzudenken, ob die Postmoderne überhaupt einer bestimmten Epoche zuzuordnen ist oder ob sie nicht lediglich eine wiederkehrende Haltung zur Welt und damit korrespondierenden ästhetischen Verfahren darstellt; ob, anders ausgedrückt, die romantische und manieristische Ironie, die Poes Werk wie ein Generalbass durchzieht, nicht bereits konstitutiv postmodern war. Zu diesem ironischen Gestus gehört allemal auch die massive Aufbietung einschlägiger Motive und Klischees, und Poe ließ es hier so gewaltig orgeln, als hätte er Umberto Ecos Bonmot gekannt, ein Klischee sei banal, tausend Klischees aber seien ergreifend. Denn die Geschichte Arthur Gordon Pyms verknüpft sämtliche Motive der klassischen Seeabenteuerromane von blinden Passagieren, Meutereien, Schiffbrüchen, Geisterschiffen, Kannibalismus, exotischen Wesen und wilden Völkern, unentdeckten Gestaden und gefahrvollen Passagen zum idealtypischen Seemannsgarn, dessen Gewebe sich als unverwüstlich erweist, obwohl, vielleicht aber auch weil es teilweise aus dem Fundus bewährten Materials stammt. Und je älter es wurde, als desto halt- und belastbarer erwies sich dies Garn.

3.

Poe »begriff die unbedingt erforderliche Unpersönlichkeit des echten Künstlers und wusste, dass es die Funktion der Literatur ist, Ereignissen und Gefühlen lediglich so Ausdruck zu geben und sie so zu interpretieren, wie sie sind, ungeachtet dessen, worauf sie hinauslaufen oder was sie beweisen«. Diese Bemerkung stammt von H. P. Lovecraft, einem Großmeister des Horrorgenres, auf das Poes ständig wachsender Einfluss aber keineswegs beschränkt blieb. Unter der Überschrift »Chronik zu Poes Pym« liefern Hans Schmid und Michael Farin einen aufschlussreichen Abriss der Rezeptions- und Wirkungsgeschichte des Romans. Bereits die zeitgenössische Literaturkritik reagierte relativ positiv und differenziert auf den Text, der gleichwohl vorerst ein Ladenhüter blieb. Seinen Ruhm verdankte das Buch nicht zuletzt Charles Baudelaire, der es ins Französische übertrug und für Poe trommelte. Überhaupt waren es zahlreiche Schriftstellerkollegen, die, durch den Pym-Roman inspiriert, ein Werk wach hielten, das der Literaturgeschichtsschreibung lange Zeit lediglich als missglückter Romanversuch eines Kurzgeschichtenautors von zweifelhaftem Rang galt.

»Angesichts der großen Namen, die aus ›The Narrative of Arthur Gordon Pym‹ ihre Inspiration bezogen, kann einem leicht so schwindelig werden wie dem Titelhelden an der Felswand Tsalal: Charles Baudelaire, Arthur Rimbaud, Herman Melville, Robert Louis Stevenson, Joris-Karl Huysmans, Jules Verne, H.G. Wells, Joseph Conrad, Vladimir Nabokov, Arno Schmidt, Thomas Pynchon (um nur einige zu nennen).« Von den nicht Genannten wäre zumindest noch Hans Henny Jahnn zu erwähnen, dessen Roman »Das Holzschiff« nicht nur in seiner ganzen Atmosphäre, sondern auch in vielen Motiven und Details den sehr lebendigen Geist von »Arthur Gordon Pym« atmet.

Die Namensliste lässt ahnen, dass Poes »Pym« kein angestaubter Klassiker ist, bei dem man historische Zugeständnisse machen muss, um ihn heute noch lesen zu können. Und das liegt nicht zuletzt an Poes erfrischender Respektlosigkeit gegenüber Traditionen und recherchiertem Material. Respekt hat jedoch, wenn auch erst hundert Jahre nach Poes frühem Tod 1849, die akademische Forschung gegenüber »Arthur Gordon Pym« aufgebracht. Der Roman gilt inzwischen als ein Schlüsselwerk der frühen Moderne. Bahnbrechend war eine Untersuchung der Freud-Schülerin Marie Bonaparte, die »Pym« als Ausdruck einer krankhaften Mutterfixierung Poes interpretierte. Auch wenn psychoanalytische Deutungen mit Vorsicht zu genießen sind, dürfte unstrittig sein, dass der »Pym«-Roman, der durch zwei Ozeane wirbelt, in Wirklichkeit ein Abenteuer des Unbewussten ist, ein Abenteuer, »das zur Nachtzeit einer Seele stattfindet.«

Weitere Forschungsschwerpunkte beziehen sich auf die stark ausgeprägte religiöse Metaphorik des Romans, auf seine semiologischen Subtexte oder auch auf die ideologiekritisch ausgerichtete Frage, ob der Südstaatengentleman Poe mit der Reise in den antarktischen Süden nicht eigentlich eine Reise in die amerikanischen Südstaaten kaschiert habe. Die fast schon penetrant deutliche Farbensymbolik der Unvereinbarkeit von Schwarz und Weiß, in die der Roman mündet, machen eine solche Interpretation durchaus plausibel.

Gleichwohl gehört es zur Größe dieses Werks, dass es sich einer eindeutigen Dechiffrierung verweigert und im Gegenteil jeder Gegenwart neue Deutungen abverlangt. Wenn literarische Relevanz darin begründet liegt, dass die Schwingungsbreite eines Textes so hoch ist, dass er eine Vielzahl an Lesarten gebiert und wasserdicht gegenüber den Wellen des Zeitgeistes ist, dann handelt es sich um ein Werk von bedeutender Relevanz. Eins seiner Geheimnisse dürfte darin liegen, dass es im Zustand des Wachbewusstseins der Logik von Träumen folgt. Eingeschlossen im dunklen Schiffsrumpf überlegt Pym, wie er sich Licht verschaffen kann, Erkenntnismittel also, »die dem Träumer abwechselnd als die vernünftigsten und die widersinnigsten aller Ideen erscheinen, ganz so, wie wenn einmal der Verstand und einmal die Einbildungskraft heller aufflackert«.

In diesem Rhythmus flackert der Roman selbst. Wer ihn liest, wird ihn in Erinnerung behalten wie Poes Helden ihre abenteuerlichen Geschicke: »Wir begannen, uns an das Geschehene mehr wie an einen furchtbaren Traum zu erinnern, aus dem wir glücklich erwacht waren, als an Ereignisse, die sich in der nüchternen und nackten Wirklichkeit abgespielt hatten.«

Der romantische Realist

Über Robert Louis Stevenson

1.

An einem Oktobermorgen des Jahres 1890 machte W.E. Clarke, Pfarrer der Londoner Missionsgesellschaft in Samoa, am Strand von Apia einen Spaziergang, als er einer Frau und zwei Männern begegnete. Die Frau trug ein bedrucktes Gewand, große goldene, halbmondförmige Ohrringe, auf dem Kopf einen Strohhut von den Gilbert-Inseln mit einem Kranz aus kleinen Muscheln, ein rotes Halstuch und ein schottisches Plaid um die Schultern. Ihre nackten Füße steckten in weißen Leinenschuhen, und auf den Rücken hatte sie sich eine Gitarre geschnallt. Der jüngere ihrer beiden Begleiter war in einen gestreiften Pyjamaanzug gekleidet, trug einen landestypischen Schlapphut, eine Sonnenbrille mit dunkelblauen Gläsern und über der Schulter ein Banjo. Der andere Mann steckte in einem schäbigen weißen Flanellanzug, der schon bessere Tage gesehen haben musste, hatte eine weiße Schiffermütze mit breitem Schirm auf dem Kopf, eine Zigarette im Mund und einen Fotoapparat in der Hand. Die beiden Männer gingen barfuß. Die merkwürdige Truppe war offenbar mit einem kleinen, nun vor Anker liegenden Schoner gelandet, und Clarkes »erster Gedanke war, dass es sich wohl um tingelnde Schauspieler en route nach Neuseeland handeln musste, die wegen ihrer Armut die billige Passage auf einem Handelsschiff machen mussten«.

Pfarrer Clarkes erster Gedanke trog, handelte es sich bei dem bohemehaft-pittoresken Trio, das an Hippies einer späteren Epoche denken lässt, doch keineswegs um eine vagabundierende Vaudevilletruppe. Der barfüßige Mann im schäbigen Flanell war vielmehr Robert Louis Stevenson, berühmter Autor so erfolgreicher Werke wie »Die Schatzinsel« oder »Der seltsame Fall des Doktor Jekyll und Mr. Hyde«; der Mann mit Schlapphut, Sonnenbrille und Banjo war Lloyd Osbourne, Stevensons Stiefsohn aus der ersten Ehe seiner amerikanischen Frau Fanny – der Dame mit Ohrringen, Muschelkranz und Gitarre.

Als der Stevenson-Clan in Samoa landete, hatte er eine zweijährige Kreuzfahrt auf verschiedenen Schiffen durch die Inselwelt des Pazifiks hinter sich. Der chronisch lungenkranke Stevenson hatte sich auf Anraten seines Arztes zu der Reise entschlossen; um sie finanzieren zu können, lieferte er einer amerikanischen Zeitschrift Reiseberichte in Fortsetzungen, die nach seinem Tod unter dem Titel »In der Südsee« in Buchform erschienen.

»Tag für Tag strahlte die Sonne, und Nacht für Nacht leuchtete der Mond, und die Sterne paradierten mit ihrem funkelnden Regiment. Ich wurde mir einer geistigen Veränderung oder vielmehr einer molekularen Wiederherstellung bewusst. Meine Glieder wurden mir leichter. Ich war in mein Klima gekommen, und voll Verachtung blickte ich zurück auf die feuchten und winterlichen Zonen, die man fälschlicherweise die gemäßigten nennt.« Das Südseeklima verbesserte Stevensons fragilen Gesundheitszustand so nachhaltig, dass er sich zum Bleiben entschloss und auf der Samoainsel Upolu ein Anwesen erwarb. An Henry James schrieb er: »Ich glaube nicht, dass ich noch mehr als einmal nach England kommen werde, und dann, um zu sterben. Gesund bin ich nur in den Tropen.«

Aber Stevenson sollte nie wieder zurückkehren, nicht einmal zum Sterben.

2.

Bei aller Begeisterung über die Schönheit der pazifischen Archipele blieb Stevenson unsentimental und beschrieb den Verlust der Unschuld einer ganzen Hemisphäre – den verheerenden Einfluss der europäischen Händler und Missionare, die Folgen eines sehr einseitigen Kulturaustausches, den Alkoholismus und die Seuchen, eingeschleppt von weißen »Kulturträgern«, Piraten, Opium- und Sklavenhändlern. Die illusionslosen Recherchen seiner Reiseberichte grundieren seine Südseegeschichten und insbesondere auch »Die Ebbe«, seinen letzten, 1893 vollendeten Roman, mit dem Stevenson die gängigen Südseeklischees unterlief und demontierte. Anders als etwa Rudyard Kipling, der, im Themenkreis durchaus mit ihm verwandt, den Kolonialismus verklärte und die fremden Kulturen idyllisierte, klagte Stevenson in seinen Südseegeschichten den kolonialen Imperialismus an, ja, die weiße Rasse schlechthin. Damit betrat er stoffliches Neuland, stieß auf Skepsis seines englischen Lektors und Verlegers und auf Ablehnung des zeitgenössischen, auf Romantik, Exotik und Abenteuer versessenen Publikums.

»Die Ebbe« legt offen, wie sich Menschen verhalten, deren moralische Muster zerschlagen sind, deren Weltan-
schauung aufs nackte Überleben in einer unbekannten
Situation reduziert ist. Stevenson bringt hier erst drei
unterschiedliche Charaktere an Bord eines Schiffes zusammen wie in einem Gefängnis. Im zweiten Teil wird dann
Attwaters Insel zu einem von Wasser umgebenen, unent-
rinnbaren psychologischen Labor. Im Gebrauch eines
Schiffs als Emblem einer isolierten, sich selbst und andere
zerfleischenden Gesellschaft dürfte Stevenson von Herman
Melville beeinflusst worden sein. Doch geht Stevenson,
was die Schwärze und Ausweglosigkeit der Situation betrifft, über Melville und dessen Gesellschaft an Bord der
Pequod hinaus. »Die Ebbe« war, so Stevenson selbst, eine –
wenn auch meisterhafte – Erzählung »der Hässlichkeit und
des Pessimismus«, in der kein Platz blieb für Südseerauschen,
edle Wilde und Aloa Ohé.

1890 hatte Lloyd Osbourne, der literarische Ambitionen
hegte und darin von seinem Stiefvater gefördert wurde, zusammen mit Stevenson den Plot für »Die Ebbe« skizziert,
scheiterte jedoch an der Umsetzung. Stevenson nahm die
Sache schließlich selbst in die Hand und tat sich unge-
wöhnlich schwer damit: »Ich breche bei jedem Absatz zusammen und liege schwitzend da, bis ich mir wieder einen
Satz nach dem anderen abringen kann. Es hilft nichts. Der
Ton wurde vor Jahren angeschlagen und muss jetzt durch-
gehalten werden.«

Die Schwierigkeiten bei der Niederschrift ergaben sich
aus dem ungewöhnlichen Personal der Geschichte: Drei he-
runtergekommene Europäer, menschliches Strandgut des
Kolonialismus mit sehr unterschiedlichen Lebensgeschich-

ten und Bildungsniveaus sowie ein skrupelloser Perlenhändler und religiöser Größenwahnsinniger. In dieser finster-faszinierenden Gestalt vereinen sich kolonialistisches Ausbeutertum und die Rücksichtslosigkeit christlichen Missionswahns.

Obwohl der Roman in der dritten Person erzählt wird (und der Erzähler nicht immer ganz neutral und objektiv ist), setzt Stevenson auch hier sein Programm des »moralfreien« Erzählens, der Charakterisierung der Figuren durch ihre je eigene Sprechweise, brillant um. Huishs Cockney ist ein buntes Gemisch aus Slang, populären Liedern, Kinderversen, Umgangssprache und Klischeevorstellungen. Sein Brief an Attwater gerät in seinem gescheiterten Versuch, sprachliche Seriosität herzustellen, zu unfreiwilliger Komik. Der Kapitän wird durch sein nautisches Vokabular, die Seemannslieder und einige Amerikanismen charakterisiert. Der ehemalige Gentleman Robert Herrick, der den Namen eines englischen Dichters trägt und die romantische Literatur liebt, teilt mit Attwater, der mit Bibelsprüchen und klassischen Zitaten um sich wirft, die Sprache und die Traditionen humanistischer Bildung – eine Gemeinsamkeit, die sie sozial ebenbürtig macht und in Konfrontation zu Huish und Davis bringt. Wie überzeugend es Stevenson gelang, mittels solcher sprachlicher Selbstcharakterisierungen der Figuren moralischen Werturteilen auszuweichen, belegt eine Äußerung G. K. Chestertons in seinem großen Essay über Stevenson: »Ich habe nichts dagegen einzuwenden, dass der Autor eine derart verabscheuungswürdige Person wie Mr Attwater erfindet, habe allerdings sehr viel dagegen, sie zu erfinden, ohne sie zu verabscheuen.«

Die sehr moralische Bemerkung Chestertons impliziert

auch einen der Gründe für die Zurückhaltung der Literaturkritik und des Publikums bei Erscheinen des Romans, dessen Kritik am Kolonialismus zu scharf, dessen Weltbild zu düster, man könnte auch sagen, zu realistisch, und dessen Figuren zu unromantisch, man könnte auch sagen, zu treffend gezeichnet waren, um erbaulich und unterhaltend zu wirken. »Der Realismus, den ich schätze«, bemerkte Stevenson in eigener Sache, »ist ein Realismus des Denkens: dass nicht nur alles an einer Geschichte sich ereignet haben könnte, sondern auch ganz selbstverständlich aufgezeichnet worden sein könnte – ein Realismus, der sowohl das Buch selbst rechtfertigt als auch die Geschichte, die es festhält.«

»Die Ebbe« ist eine Allegorie und zugleich ein psychologisches Experiment. Unter der abenteuerlichen und spannenden, durchaus exotisch-pittoresken Oberfläche bewegen sich Bedeutungsebenen, die sich ständig verschieben und in widersprüchliche Konstellationen treten. Der Roman widersetzt sich einer eindimensionalen Deutung, und trotzdem oder ebendeshalb wird ihn kein Leser je wieder vergessen. Das liegt an der Klarheit und stilistischen Wahrhaftigkeit der Sprache, an der präzisen Stilsicherheit, die Chesterton mit der Bemerkung charakterisierte, Stevenson nehme die treffenden Worte so behutsam auf die Spitze seiner Feder, wie einer, der Mikado spielt. Der Verzicht auf romantische Rührseligkeiten, auf Prätention und pseudopoetische Schnörkeleien halten Stevensons Werke bis heute frisch, haben diesem Autor ein großes Publikum verschafft und zugleich die Bewunderung zahlreicher Schriftsteller wie etwa Feuchtwanger: »Stevensons natürliche, kluge Anschaulichkeit ist ein Gradmesser für die innere

Vernunft eines Inhalts. Etwas Unanständiges, Krummes, Dummes kann in dieser Luft nicht aufkommen.«

3.

Neben Südseestoffen wie »Die Ebbe« gelangen Stevenson während der sechs literarisch fruchtbaren Jahre, die er im Pazifik verbrachte, auch seine besten Bücher zu schottischen Themen, »Catriona«, die Fortsetzung des Romans »Die Entführung«, das Fragment gebliebene Meisterwerk »Weir of Hermiston« und vor allem »Der Master von Ballantrae«, ein spannendes, erzähltechnisch äußerst raffiniertes Buch. Walter Benjamin bemerkte dazu, er stelle es »an Bedeutung über fast alle großen Romane«, und Thomas Mann war deshalb davon so begeistert, weil er in ihm den Erzählgestus seines »Doktor Faustus« vorgezeichnet fand: Aus der scheinbar naiven Perspektive eines mittelmäßigen, buchhalterischen Schreibers wird die Entwicklung einer außergewöhnlich komplexen Persönlichkeit dargestellt. In seinem Essay über Stevenson schrieb Lion Feuchtwanger: »Es wird dem Leser kein Urteil imputiert, es wird ihm gezeigt, wie ein schlechter Mann von großem Format und ein wackerer Mann von mittlerem Format und ein sehr wackerer Mann von subalternem Format sich in gewissen Situationen verhalten, und die Stellungnahme dazu wird durchaus dem Leser überlassen.«

Diese Neutralität des Erzählens war Stevensons erklärte Absicht. In dem Essay »Ein Kapitel über Träume« notierte er programmatisch: »Ich wollte nie jene Traktätchenmoral, nie jene Beschränktheit in ethischen Dingen, die gute Ratschläge verschleißt, zum Gegenstand meiner Erzählungen machen, sondern die weiteren Grenzen des Lebens vermitteln.«

Doch muss der Autor, um solche Reinheit des Erzählten zu erreichen, gleichsam aus dem Text verschwinden, muss seine Eitelkeit bezwingen – für den nicht uneitlen Stevenson sicher keine leichte Übung. Denn die Kunst der Erzählung besteht nach Walter Benjamin eben darin, eine Geschichte von Erklärungen frei zu halten, den Lesern psychologische Zusammenhänge nicht aufzudrängen und jede Meinung aus dem Gewebe des Textes herauszuhalten, also ein Garn ohne moralische Knoten zu spinnen. In der Erzählung schweigt der Verfasser gewissermaßen. Er hat seine Sprache den erzählenden Gestalten geliehen. Es gehört zu Stevensons großer Kunst, dass er seinen sehr unterschiedlichen Figuren hörbare Stimmen zu geben versteht. Feuchtwanger rühmte: »Jeder seiner Menschen spricht seine eigene Sprache, die ihm einmalig aus dem Mund geht, so natürlich, wie er seine einmalige Haut hat.« Dies gilt nicht nur für die Erzählungen im engeren Sinn, sondern auch für Stevensons Romane: In der »Schatzinsel« spricht der Schiffsjunge; die auktoriale Autorschaft in »Jekyll und Hyde« wird gebrochen, wenn Dr. Lanyon erzählt und Jekyll selbst vor den Vorhang tritt und seine Sicht des Falls darstellt.

Es bedarf hoher stilistischer Disziplin, diese Technik des Stimme-Gebens auf Gestalten anzuwenden, die unter dem eigenen Sprach- und Assoziationsniveau angesiedelt sind – zu gern spricht dann aus dem einfachen Mann die romantische Vorstellung des Autors, wie der einfache Mann zu sprechen habe. Stevenson beherrschte diese Technik meis-

terhaft, und ein Kabinettstück lieferte er mit der Südsee-
geschichte »Der Strand von Falseá«. Sie wird erzählt aus
der Perspektive, nein: aus dem Mund eines Koprahändlers,
eines wenig sensiblen und mäßig intelligenten Menschen.
Die Erzählung wirkt lebendig, weil im Wortsinn sprechend.
Der Leser hat das Gefühl, am Kamin zu sitzen und diesem
Händler zu lauschen, der sein Garn spinnt; ein Mann, der
mit Benjamins Worten »den Docht seines Lebens an der
sanften Flamme seiner Erzählung vollkommen könnte ver-
zehren lassen«.

Nach Walter Benjamin, der seine Theorie des Erzählens
ausdrücklich auch auf Stevenson bezog, lebt das Märchen
insgeheim in der Erzählung fort. Der erste wahre Erzähler
ist und bleibt der von Märchen. Und Stevenson, der am
Edinburgher Kamin mit Erzählungen schottischer und keltischer Märchen und Mythen aufwuchs, die ihm sein Vater
und sein Kindermädchen erzählten, wurde zum Schluss
selbst wieder zum Märchenerzähler. Während seiner kurzen, glücklichen Jahre in der Südsee hatte er die polynesi-
sche Lebensart derart intensiv begriffen, dass es ihm gelang, »Die Insel der Stimmen« und »Das Flaschenteufelchen«
zu erzählen, als spräche ein samoanischer Erzähler zu seinen eigenen Leuten. »Das Flaschenteufelchen« verschränk-
te europäische Märchenmotive mit den Vorstellungen und
dem Sprachverhalten der Eingeborenen. Die Erzählung
wurde von einem Missionar ins Samoanische übersetzt,
und die Leute von Samoa, die Stevenson als das an Unter-
haltungen reichste Volk unseres Planeten bezeichnete, ak-
zeptierten sie wie selbstverständlich als eine ihrer eigenen
mythologischen Geschichten.

Damit war Robert Louis Stevenson, der aus einer Gesellschaft kam, in der Erzählen und Zuhören immer mehr schwanden, weil erzählwürdige Erfahrungen vernichtet wurden, wieder an den Ursprung des Erzählens zurückgekehrt: ans beschwörende Sprechen über einen mythischen Zustand, das goldene Zeitalter der Kindheit. Die Leute von Samoa wussten das. Für sie war der kettenrauchende, schlacksige schottische Schriftsteller mit dem traurigen Don-Quichotte-Gesicht schlicht *Tusitala* – das ist: *der Geschichtenerzähler*.

Am 3. Dezember 1894 traf ihn auf der Veranda seines Hauses, buchstäblich wie der Blitz aus heiterem Himmel, ein tödlicher Gehirnschlag. Sein Grab liegt, wie er es sich gewünscht hatte, auf dem Gipfel des sein Besitztum überragenden Berges Vaea, wo ihn befreundete samoanische Häuptlinge zur Ruhe geleiteten. Ein Stein bedeckt das Grab, in dem später auch die Asche seiner 1914 verstorbenen Frau Fanny beigesetzt wurde. Dieser Stein hat die Form eines Sarkophags – passender wäre die Form eines Boots gewesen. Denn bereits zehn Jahre vor seinem Tod hatte er bei seinem Aufenthalt in Hyères an der französischen Mittelmeerküste, als ihn ein schwerer Krankheitsanfall an den Rand des Grabs brachte, sein eigenes Requiem verfasst. Die letzten Verse stehen auf einer Bronzetafel auf dem Grabstein:

Under the wide and starry sky
dig the grave and let me lie.
Glad did I live and glad did I die
and I laid me down with a will:
This be the verse you grave to me:
Here he lies where he longed to be

Home is the sailor, home from the sea
and the hunter home from the hill.

Unter dem Himmel voll Sternenschein
schaufelt mein Grab und legt mich hinein.
Gelebt hab ich gerne, und gern ließ ich's sein,
doch einen Wunsch hab ich noch:
Kerbt diesen Vers in den Stein so schwer:
Hier, wo's ihn hinzog, ruhet nun er,
daheim ist der Seemann, daheim vom Meer,
und der Jäger vom Hügel so hoch.

Der Gentleman als Handwerker

Plädoyer für W. Somerset Maugham

1.

»Somerset Maugham ist fast ein ganz guter Schriftsteller. Er hat alles, was man dazu braucht, einer zu sein: Begabung, Bildung, Fleiß, Moral und Mut zum Unmoralischen, Weltkenntnis und Hingabe an das Wort und das Leben. Er ist wohlinformiert und bescheiden, sieht die Welt aus der Distanz, mit der man sie sehen muss, er weiß von der Natur des literarischen Stoffes und verfügt über das ganze Vokabular, das nötig ist, um seine Vision vom Leben zu gestalten, nur schmuggelt er im letzten Augenblick immer einen himmelschreienden Kitsch in seine Texte, etwas klug und verdächtig Wirkungsvolles, einen Mord, eine Intrige oder eine Liebesgeschichte. (...) Manche Schriftsteller reißen sich die Wörter buchstäblich aus dem Leib, andere ziehen den passenden Ausdruck mit einer natürlichen, lockeren Bewegung aus der Tasche ihres Überziehers hervor. So ein Schriftsteller ist Maugham. Er besitzt qualitätvolle Überzieher und ausgezeichnete Wörter. Zu mehr reichte es nicht, leider.«

Fast ein ganz guter Schriftsteller! Diese in scheinbare Wertschätzung raffiniert versteckte, bis zur Boshaftigkeit kritische Charakteristik W. Somerset Maughams stammt von seinem Zeitgenossen Sandor Márai. Zwar pflegte auch und gerade Márai seine Romane mit fein dosierten Prisen Kolportage, mit Morden, Intrigen und romantischen Liebesgeschichten wirkungsvoll zu würzen, weshalb seine Kritik des um seinen Welterfolg beneideten Kollegen zu einer unfreiwilligen Selbstcharakteristik geriet. Doch ist Márais giftiges Kurzporträt aufschlussreich, weil es die beiden ästhetischen Vorbehalte auf den Begriff bringt, mit denen Maughams Werk häufig und bis heute als gehobene Unterhaltungsschriftstellerei abqualifiziert wird, nämlich plotverliebte Effekthascherei und ein oberflächlicher Plauderton ohne sprachlichen Tiefgang – kurzum: weniger Kunst als Kolportage, mehr U als E.

Wohl avancierte Maugham nach schwierigen Anfängen als Dramatiker seit den Zwanzigerjahren des 20. Jahrhunderts zu einem überaus erfolgreichen Romancier, zum internationalen Bestsellerautor, dessen Werke sich auch heute noch großer Beliebtheit erfreuen. Er genoss den Erfolg und führte selbstbewusst das Leben eines Großschriftstellers und Gentlemans. Und gerade im Erfolg sah er auch das Bleibende, wenn er einmal bemerkte, dass nur das wahrhaft Populäre Bestand über den Tod eines Autors hinaus haben werde: »Man kann nichts Überzeugendes schreiben, ohne selbst überzeugt zu sein. Die Bestseller verkaufen sich, weil sie mit Herzblut geschrieben sind. Die Autoren sind so geartet, dass sie aufrichtig die Wünsche, die Vorurteile, die Gefühle, die ganze Lebensauffassung des breiten Publikums teilen. Sie geben ihm, wonach es verlangt, weil sie dasselbe verlangen. Sie selbst bemerken sofort jede Spur von Unaufrichtigkeit und wollen nichts damit zu tun haben.« Gleich zu Beginn seines stark autobiografisch eingefärbten Altersromans »Auf Messers Schneide« sagt der Ich-Erzähler, ein Schriftsteller, unmissverständlich: »Ich will gelesen werden.«

Trotz dieses Selbstbewusstseins des Erfolgreichen litt Maugham unter der Geringschätzung der Kritik und wollte nicht verwechselt werden mit Kitschiers und Kolportisten, weshalb er sich immer wieder genötigt sah, die ästhetische Relevanz seines Konzepts, das eben weit mehr war als ein billiges Erfolgsrezept, zu begründen. »Man nimmt Stilprobleme furchtbar wichtig. Man versucht, besser zu schreiben. Man bemüht sich um einfache, klare und knappe Ausdrucksweise. Man liest einen Satz laut, bis es gut klingt. Man rackert sich verzweifelt ab. Und doch bleibt die Tatsache bestehen, dass die vier besten Schriftsteller, die es je gegeben hat – Balzac, Dickens, Tolstoi und Dostojewski – in ihrer jeweiligen Sprache sehr nachlässig schrieben. Dies beweist, dass die Ausdrucksweise völlig belanglos ist, falls man Geschichten erzählen, Charaktere erschaffen und Begebenheiten erfinden kann und falls man ehrlich und mitreißend ist. Immerhin ist ein guter Stil einem schlechten vorzuziehen.«

Und Maughams Stil ist gut, ist sogar erstklassig, nur dass man ihm eben die Mühe nicht anmerkt, mit der diese lockere Eleganz erarbeitet war. Maughams Arbeitsjournal, das »Notizbuch eines Schriftstellers«, zeigt nicht zuletzt seinen beständigen Kampf um Nuancen und Details, beispielsweise an folgenden Einträgen, in denen es um Farbschattierungen geht: »Die Blätter der Ulmen, dunkler als Jade. – Ein Grün, wie man es bei altem Emailleschmuck findet, noch durchscheinender als Smaragd. – In den letzten Sonnenstrahlen gewannen die Farben der Landschaft nach dem Regen eine neue, fast übertriebene Pracht, die einen Augenblick an die satten Töne von Limoges-Emaille erinnerte. – Wie ein Limoges-Teller in üppigen Farben leuchtend. – Im tiefen, durchscheinenden Schatten hatte das Wasser die dunkle, schwere Üppigkeit von Jade.«

Derlei ist keineswegs die prunkvolle Impressionen-sammlung eines Ästhetizisten, sondern die Dokumenta-tion eines skrupulösen literarischen Suchvorgangs nach der Beschreibbarkeit von Naturschönheit, Vorarbeiten und Skizzen, die Maugham zu seinen Romanen und Erzäh-lungen heranzog, aber nur selten übernahm, fast immer umarbeitete oder auch ganz verwarf. Er zog die Worte kei-neswegs, wie Márai unterstellte, wie ein Taschenspieler bedenkenlos aus dem Überzieher. Vielmehr ergab sich als Resultat solcher Übungen und Arbeitsprozesse jener un-verwechselbare Ton Maughams, den Jean Améry folgen-dermaßen charakterisierte: »Er pflegt ein ruhiges, fließen-des, urbanes angelsächsisches Erzählertum. Seine Rede führt er mit äußerster, erzählerischer Ökonomie, mit einer raffinierten Sparsamkeit des Ausdrucks, wie sie einem Gentleman ansteht, der sowohl die krude, indiskrete Sach-lichkeit als auch den poetischen Überschwang als peinlich und leicht lächerlich vermeidet.«

2.

Maugham war ein Genie des traditionellen Erzählens, ein Genie, das immer Handwerker blieb, ein Handwerker frei-lich, der sich nie genialisch gebärdete, höchstens leicht snobistisch – idiosynkratisch allerdings gegenüber den experimentellen Erscheinungen einer literarischen Moderne, die auf die politischen Katastrophen und Umwälzungen des 20. Jahrhunderts mit sogenannter Formzertrümmerung reagierte und sich von der als irrelevant empfundenen Geschlossenheit einer erzählten Geschichte abwandte. Während manche seiner zeitgenössischen Kollegen sozusagen zerlumpt im Trümmerfeld wühlten, blieb Maugham mit Krawatte und seidenem Einstecktuch gelassen im Sessel des Erzählers sitzen: »Ich lege Wert auf Form, und meines Erachtens ist eine Form nur zu erreichen, wenn man der Geschichte einen Abschluss geben kann, der keine berechtigten Fragen mehr offenlässt. Selbst wenn man es über sich bringen könnte, den Leser in der Luft hängen zu lassen, möchte man doch wenigstens als Erzählender nicht mit ihm zusammen in der Luft hängen.«

Allergisch reagierte Maugham auch auf die zweite große Tendenz der sogenannten, allzu oft auch selbst ernannten künstlerischen Avantgarde seiner Zeitgenossenschaft, nämlich die ideologiekritische Ausrichtung der Literatur, ihre Funktionalisierung in den ideologischen, politischen und sozialen Konflikten im Gefolge der russischen Revolution. Klipp und klar notierte er: »Die politische Lage vermag aus einem armseligen Buch ebensowenig ein gutes zu machen, wie die Notwendigkeit des Broterwerbs für Frau und Kinder aus einer Lohnarbeit ein Kunstwerk macht.«

Als Maugham 1917 im Auftrag des britischen Geheimdienstes Russland bereiste, um Eindrücke und Informationen über die revolutionären Ereignisse zu sammeln, formulierte er als Reflex auf die Leidensästhetik eine Art Ästhetik des Glücks, die man getrost auch als sein ethisches Programm lesen darf: »Ich empfinde nichts als Abscheu gegen die literarische Verherrlichung des Leidens, die in letzter Zeit so beliebt geworden ist. Ich habe nie festgestellt, dass Leiden den Charakter verbessern. Die Hauptwirkung des Leidens ist, dass es die Menschen engherzig macht. Sie werden egozentrisch. Ihr körperliches Befinden und ihre persönliche Lage gewinnen eine unverhältnismäßige Bedeutung. (...) Ich selbst habe unter Armut und unerwiderter Liebe gelitten, unter Enttäuschungen, Desillusionen, Mangel an Gelegenheiten und Anerkennung, Mangel an Freiheit; ich weiß, dass ich dadurch missgünstig und unbarmherzig wurde, auch reizbar, selbstsüchtig, ungerecht; erst Erfolg, Glück und Wohlstand haben mich zu einem besseren Menschen gemacht. Leiden aber vermindern die Vitalität. Sie wirken eher vergröbernd als veredelnd auf das moralische Feingefühl.« Und, so darf man hinzufügen, auch auf das ästhetische Feingefühl – weder Armut noch Leiden gebären Großes, sondern Glück und Wohlstand.

Daraus spricht nun aber nicht etwa die arrogante Mitleidlosigkeit eines wohlbetuchten Snobs, der es sich im Salon bequem macht, während um ihn herum die Welt zugrunde geht, sondern die vorurteilsfreie Unbestechlichkeit eines scharfen Beobachters und Menschenkenners. Im Roman mit dem lachhaft unpräzisen deutschen Titel »Südsee-Romanze«, der im Original »The Narrow Corner« heißt, sagt Maugham über seinen Protagonisten in eigener Sache: »Gut und böse bedeuteten ihm nicht mehr als gutes oder schlechtes Wetter. Er nahm es hin, wie es kam. Er beobachtete, aber er richtete nicht. Er lachte.« Im »Notizbuch« wird diese Beobachterperspektive noch genauer exemplifiziert als notwendige Haltung des Autors zu Welt und Menschen: »Für einen Schriftsteller ist es wesentlich, unablässig die

Menschen zu studieren. Man hat jemanden vor sich, mit seinem Charakter, auf eigenen Füßen stehend, mit hundert Eigenarten; aber das Bild ist verschwommen und verworren. Da er sich selbst nicht kennt, wie könnte er dem Betrachter etwas über sich mitteilen? So gesprächig er auch sein mag, er bleibt stumm. Welche Reichtümer er auch zu bieten vermag, er verbirgt sie umso wirksamer, als er selbst nicht weiß, dass es Reichtümer sind. Will man aus diesen schwer fassbaren Schatten einen Menschen formen, muss man bereit sein, stundenlang unwichtige Erzählungen über sich ergehen zu lassen, damit man schließlich die Andeutung oder die nebenbei gemachte Äußerung erntet, die einen Einblick vermittelt. Um die Menschen kennenzulernen, muss das Interesse eher um ihrer selbst willen als zum eigenen Nutzen auf sie gerichtet sein, sodass man auf das, was sie sagen, einfach deshalb Wert legt, weil sie es sagen.«

3.

Maughams »Notizbuch« belegt eindrucksvoll, wie geduldig und präzise dieser Autor zuhören konnte. Auf seinen ausgedehnten Reisen durch die Inselwelt des Pazifiks und nach Südostasien begegnete er zahlreichen sehr unterschiedlichen Menschen, die ihm Geschichten, manchmal ganze Lebensgeschichten und bizarre Schicksale erzählten, und Maugham notierte unermüdlich. Viele dieser Charakterskizzen und Lebensabrisse waren Rohmaterial fürs erzählerische Werk, manche lesen sich wie Romane im Miniaturformat, andere sind wie vollendete Kurzgeschichten, dem Leben abgelauscht, nicht erfunden, sondern gefunden.

Neben den literarischen und ästhetischen Reflexionen ist es besonders diese welthaltige Authentizität, die den Reiz des »Notizbuchs« ausmacht.

Maugham wusste sehr genau um das komplizierte Verhältnis zwischen Fakten und Fiktion, Wahrheit und Erfindung. »Die Wahrheit ist nicht nur seltsamer als die Fiktion, sondern auch ausgefallener. Wenn man weiß, dass sich etwas tatsächlich abgespielt hat, gewinnt es an Eindringlichkeit und berührt eine Saite, die durch eine eingestandenermaßen erfundene Erzählung nicht zum Klingen gebracht wird. Um diese Saite zu berühren, suchten manche Autoren auf alle möglichen Weisen den Eindruck zu erwecken, dass sie nur die reine Wahrheit berichteten.« Besonders in seinen Erzählungen hat Maugham diesen Kunstgriff häufig angewandt und perfektioniert, indem er die eigentlichen Geschichten in Rahmenhandlungen einfügte, die eine Erzählsituation simulierten beziehungsweise schufen. Der Autor fungiert dann lediglich als Chronist jener tatsächlichen Erfahrungen, die ihm zugetragen werden.

Und das »Notizbuch eines Schriftstellers« ist die Schatztruhe, in denen das Gehörte und Gesehene aufbewahrt wurde. »Meine Sammlung soll kein Tagebuch darstellen. Ich notierte nur das, wovon ich dachte, dass es mir irgendwann einmal für meine Arbeit nützlich sein könnte, und obwohl ich die verschiedensten Gedanken und Gefühle persönlicher Art aufschrieb, geschah dies lediglich in der Absicht, sie früher oder später den von mir erfundenen Figuren zuzuschreiben.« Die Buchausgabe von Maughams »Notizbuch eines Schriftstellers« ist eine vom Autor 1949 komponierte Zusammenstellung aus fünfzehn solcher Notizbücher, die die Jahre 1892 bis 1944 abdecken und eine Art Nachlass zu Lebzeiten bilden.

»Was nützt alles Wissen, wenn es nicht zum rechten Handeln führt? Aber was ist rechtes Handeln?« Das war für W. Somerset Maugham die Frage aller Fragen. Er war ein Ästhet, ein Gentleman und ein Snob, aber er verstand, darin Robert Musil verblüffend ähnlich, alle Ästhetik und damit auch seine eigene Literatur als Mittel zum ethischen Zweck: »Ich gebe den Philosophen recht, die der Ansicht waren, dass der Wert der Kunst in ihrer Wirkung liege, und daraus den Schluss zogen, dass nicht Schönheit, sondern rechtes Handeln ihren Wert ausmache. Denn eine Wirkung ist wertlos, wenn sie nicht in dieser Weise wirkt. Wäre die Kunst lediglich ein Vergnügen, und sei es noch so vergeistigt, käme ihr keine große Bedeutung zu. Eine Kunst, die nicht zu rechtem Handeln führt, ist nichts anderes als Opium für die Intellektuellen.«

Deshalb wollte Maugham gelesen werden. Lesen wir ihn. Es lohnt sich.

Das Leben leben, um es zu lieben

Thomas Wolfes »Schau heimwärts, Engel«

1.

Auf dem Boden steht eine grob gezimmerte Holzkiste, die von meterhoch aufgestapelten Papierbündeln überquillt. Ein langer, schlaksiger Mann mit vollem dunklem Haar und weichem Gesicht, das entfernt an den jungen Marlon Brando erinnert, hat das linke Bein auf den Kistenrand gesetzt, hält eins der Papierbündel auf dem angewinkelten Knie und blättert darin. Das Foto, Anfang der Dreißigerjahre in Brooklyn aufgenommen, zeigt Thomas Wolfe vor den mehrere Tausend Seiten umfassenden Manuskriptmassen, aus denen sein Debütroman »Schau heimwärts, Engel« destilliert worden war. Nachdem zahlreiche Verlage vor dem chaotischen Konvolut kapituliert hatten, erkannte Maxwell E. Perkins, Cheflektor von Scribner, das in dieser ausufernden Textflut verborgene Potenzial, nahm Wolfe unter Vertrag, filterte unter konspirativer und tätiger Mithilfe des jungen Autors aus den Manuskripten heraus, was für einen zusammenhängenden Text brauchbar war, und brachte die immer noch gewaltige Menge in jene Form, die schließlich 1929 als »Schau heimwärts, Engel« erschien und längst als einer der größten amerikanischen Romane des 20. Jahrhunderts gilt.

Geboren wurde Thomas Clayton Wolfe am 3. Oktober 1900 als achtes Kind eines pennsylvania-deutschen Steinmetzen und seiner Frau, deren Familie schottische Wurzeln hatte, in Asheville (North Carolina). Nach seiner Schulzeit besuchte er von 1916 bis 1920 das renommierte College von Chapel Hill, studierte anschließend an der Harvard University Literatur und Theaterwissenschaft und arbeitete dann als Literaturdozent am Washington Square College in New York. Zwischen 1924 und 1936 unternahm er insgesamt sieben ausgedehnte Europareisen. In England begann er 1926 mit der Arbeit an »Schau heimwärts, Engel«. Deutschland besuchte er erstmals 1927, und nachdem 1932 die deutsche Übersetzung seines Romans erschienen war, wurde er hier als »amerikanischer Homer« gefeiert. Hermann Hesse begrüßte das Buch als die »stärkste Dichtung des heutigen Amerika, die ich kenne«. 1936 hielt Wolfe sich während der Olympischen Spiele in Berlin auf, und in seinem letzten, posthum veröffentlichten Roman »Es führt kein Weg zurück« verarbeitete er später seine Beobachtungen. Die knapp hundert Seiten, die sich mit Deutschland befassen, sind von sensibler Hellsichtigkeit gegenüber den Verhältnissen. Die Verhaftung eines jüdischen Mitreisenden am Grenzübergang nach Frankreich kommentierte er mit den Worten: »Dies war ein Abschied, ein Abschied nicht nur von einem Menschen, sondern von der Menschlichkeit.«

Mit dem Erfolg von »Schau heimwärts, Engel« zog er 1931 nach Brooklyn, gab seine Poetik-Dozentur auf und widmete sich ganz der Schriftstellerei. Nach einem Band mit Erzählungen und seinem zweiten Roman »Von Zeit und Strom« (»Of Time and The River«) von 1935 publizierte er 1936 unter dem Titel »The Story of A Novel« einen auch für »Schau heimwärts, Engel« höchst aufschlussreichen Entstehungsbericht. Seit 1937 arbeitete er an den Romanen »Geweb und Fels« (»The Web and the Rock«) und »Es führt kein Weg zurück« (»You Can't Go Home Again«), deren Erscheinen er nicht mehr erlebte. Nachdem er an Tuberkulose erkrankt war, starb er am 15. September, noch keine achtunddreißig Jahre alt, 1938 in Baltimore.

So weit das Faktenskelett eines viel zu kurzen Schriftstellerlebens. Physiognomie und Fleisch, Haut und Haar des zu diesem Skelett gehörenden Menschen, hat Wolfe in seinem Werk gestaltet.

2.

Es dürfte kaum einen zweiten Roman von vergleichbar weltliterarischem Rang geben, der mit solcher Entschlossenheit und Schonungslosigkeit die eigene Biografie ins Zentrum gerückt hat wie »Schau heimwärts, Engel« (und mit Abstrichen dann auch noch »Von Zeit und Strom«). Diese Schonungslosigkeit zielte auf die eigene Person, erstreckte sich aber auch auf Wolfes Familie und ganz Asheville und sorgte dort für einen ähnlichen Skandal wie seinerzeit Thomas Manns »Buddenbrooks« in Lübeck.

»Sollte jemand also das Buch ›autobiografisch‹ nennen«, wandte sich Wolfe dann auch gleich zu Beginn an den Leser, »weiß der Verfasser nichts darauf zu entgegnen«, legte aber zugleich Wert auf die Feststellung, »dass es sich um ein fiktives Werk und nicht um das Porträt lebender Personen handelt« – was weniger einer souveränen Rechtfertigung als einer recht durchsichtigen Schutzbehauptung gleichkam. Man kann es drehen und wenden, wie man will: Die Familie Gant, deren reale Rufnamen er im Roman teilweise sogar beibehielt, ist im Wesentlichen die Familie Wolfe, die Pension Dixieland ist die von seiner Mutter geführte Pension Old Kentucky Home, die Kleinstadt Altamont ist Asheville, das College Pulpit Hill ist Chapel Hill, und deren Bewohner und Studenten wussten haargenau, wen sie da im Spiegel des Romans wiedererkennen sollten und wiedererkannten.

Die Romanfigur Eugene Gant schließlich, Thomas Wolfes Alter Ego, ist weniger eine Maske als vielmehr eine Art Vergrößerungsglas, mit dem der Autor die eigene Person und das familiäre und gesellschaftliche Umfeld, in das diese Person eingebettet ist, unter die Lupe nimmt. Doch das Glas dieser Lupe ist nicht rein, sondern geschliffen durch Wolfes enorme Imaginationskraft, sein phänomenales Erinnerungsvermögen und seine eruptive, poetische Ausdrucksenergie. So entstehen Detailvergrößerungen der sehr realen Welt einer amerikanischen Kleinstadt zu Beginn des 20. Jahrhunderts, aber diese Lupe sorgt zugleich für produktive Unschärfen, deren Verzerrungen die Wirklichkeit erst zu einer tieferen Kenntlichkeit bringen. So wie Thomas Mann den Lübecker Skandal mit der Bemerkung abtat, ihn interessiere die Sache nicht mehr, die er zum Wort – und das heißt zu einer höheren Wahrheit – gemacht habe, ist auch Wolfes Autobiografie in Romanform, aller zugrunde liegenden Realität zum Trotz, ein Werk der Fiktion oder, genauer gesagt, der Verwandlung wirklichen Lebens in die krisensichere Authentizität des geschriebenen Worts.

Dieser Transformationsprozess ist der Kern aller Literatur, und er bildet auch das versteckte Zentrum von »Schau heimwärts, Engel«. Versteckt, weil Eugene Gant hier als Kind und Heranwachsender porträtiert wird, in dessen Psyche sich erst die Voraussetzungen und Dispositionen bilden, die ihn zu dem Dichter werden lassen, der Wolfe bei der Niederschrift bereits war und als der er sich in »Von Zeit und Strom« auch zu erkennen geben sollte.

Die Schlüsselerfahrung des jungen Eugene ist die Empfindung, ein Teil von allem zu sein, was er physisch und psychisch berührt, dass »wir alle die Summe sämtlicher Augenblicke unseres Lebens« sind, dass jedes Individuum der Nabel der Welt ist, »für alle anderen ein Phantom und uns selbst unsere einzige Wirklichkeit«. Aber daraus folgt für Eugene kein Autismus und kein Verlassenheitstrauma, sondern die Einsicht, dass alles von ihm Wahrgenommene für ihn keine Daseinswirklichkeit hat »als die von mir zugestandene«. Die Welt erscheint dem fantasiebegabten Jungen noch chaotisch und ungeordnet »wie ein riesiges, schattenhaftes Meer, in dem sich die großen Fische seiner Fantasie tummelten«, doch ahnt er bereits die Möglichkeit einer besseren Ordnung in einer ersten poetischen Ermächtigungsgeste: »Im Zauber gab es nichts Regelloses.«

Es ist die Verzauberung durch und in Sprache, die den unberechenbaren und flüchtigen Verzauberungen, die das Leben zu bieten hat, Dauer verleiht. Eugene Gant ist zwar ein Romantiker und hemmungsloser Schwärmer, jedoch keiner, der aus dem Leben flüchten will. »Er wollte ins Leben hineinflüchten. Er suchte keine Welt des schönen Scheins: Seine Fantasien erstreckten sich auf die Wirklichkeit« – die Wirklichkeit seines eigenen Lebens, die Wolfe durch poetische Aufladung romantisierte.

3.

Auf diese Empfindungen und Erfahrungen machte »Schau heimwärts, Engel« überzeugend die literarische Probe. Das Buch wurde von der zeitgenössischen Literaturkritik überwiegend freundlich bis begeistert aufgenommen, doch wurden auch Einwände laut, das Werk sei sprachlich undiszipliniert, strukturlos konstruiert und in seiner äußeren Handlungsarmut dramaturgisch misslungen. Nun ist zwar nicht von der Hand zu weisen, dass Wolfe jedes Mittel recht war und dass seine Prosa unter Aufbietung aller ihm zur Verfügung stehenden sprachlichen und rhetorischen Möglichkeiten, insbesondere dem der pathetischen Übertreibung, nicht selten in Redundanzen und Überorchestrierungen gerät. Umgekehrt ist es aber gerade diese Fermentierung durch hymnische und rhapsodische Elemente, die seiner Sprache zu ihrer hinreißenden, »verzaubernden« Kraft verhilft. In dieser Hinsicht steht Thomas Wolfe durchaus in der Tradition Walt Whitmans, der einmal bemerkte: »Niemand wird meine Verse verstehen, der darauf beharrt, sie als literarische Leistungen zu betrachten.«

Wolfes Stil war primär poetisch, und seine Romane knüpften auf eine sehr zeitgemäße Art an die Urform der Epik als mythologische Gesänge an, wodurch sie selbst moderne Mythen schufen. William Faulkner sagte über Wolfe, er sei entschlossen gewesen, »Stil, Folgerichtigkeit, alle Regeln der Genauigkeit beiseitezuwerfen, um zu verstehen«.

Einen denkwürdig zweischneidigen, sehr amerikanischen Kommentar zu Wolfes exzessiv lyrisierter Sprache lieferte allerdings eine Werbeagentur, der er Teile des Manuskripts von »Schau heimwärts, Engel« vorgelegt hatte: Man bot ihm einen Dreijahresvertrag bei sattem Gehalt als Werbetexter!

Wolfes Freunde berichteten, er sei ein begnadeter Redner und Mimiker gewesen, der oft und gern mündlich improvisierend mit den gleichen Worten von Ereignissen erzählte, die er später auch beim Schreiben verarbeitete. Er selbst betrachtete alle seine Romane als ein Buch, und dies eine Buch war eine Improvisation ungeheuren Maßstabs – eine gewaltige Improvisation über das Thema des eigenen Lebens in seiner Verknüpfung mit dem Leben anderer.

In einem aufschlussreichen Brief an F. Scott Fitzgerald von Ende Juli 1937 distanzierte sich Wolfe vom analytisch-disziplinierten Verfahren eines Flaubert oder eines Proust und stellte ihnen Shakespeare und Dostojewskij entgegen, die »greater putter-inners, in fact, than taker-outers«, also »größere Anreicherer als Weglasser« gewesen seien. Nicht zuletzt wegen seines überschäumenden Improvisationstalents war Wolfe einer der größten »putter-inner« der Weltliteratur überhaupt.

Schreibblockaden und Selbstzweifel kannte er sehr wohl, war aber dennoch der merkwürdige Fall eines bedeutenden Schriftstellers, der rauschhaft und nahezu hemmungslos ungeheure Manuskriptmassen produzierte, um hinterher, unterstützt und ermutigt von seinem Verlag, in wahren Streichorgien daraus konsistente Romane zu machen. Thomas Wolfe sei einer, »dem man keine Beschränkung hinsichtlich der Länge auferlegen sollte, auch wenn man ihn dann in fünf Bänden publizieren muss« –, F. Scott Fitzgerald schrieb diese Empfehlung in einem Brief an Wolfes Lektor und bevollmächtigten Textbändiger Maxwell Perkins.

Wolfes epische Kraft hatte etwas Berserkerhaftes und Ungehobeltes, und er trieb das, was man mit einer Wendung Adornos als epische Naivität bezeichnen kann, auf die Spitze. Im Roman »Es führt kein Weg zurück« heißt es von seinem Alter Ego George Webber ausdrücklich, »dass er kein Intellektueller war. Er war einfach ein Amerikaner, der das Leben um sich herum genau beobachtete, und alles, was er je an Leben gesehen und erfahren hatte, sorgsam prüfte, um aus dem Wirrwarr seiner Erfahrungen irgendeine wesenhafte Wahrheit zu gewinnen«. Das war kein demütiges Selbstporträt, denn Wolfe war stolz darauf, kein Intellektueller zu sein, stolz auf die Wahrheiten, die er allein dem Leben abgerungen hatte, und obwohl er sich literarischer Traditionen bewusst war und verpflichtet fühlte, verstand er sich mit einigem Recht als eine Art »Selfmademan« der Literatur.

In seiner Spontaneität und Improvisationslust ließ er Aufschneidereien in zarteste Lyrismen übergehen, grüblerische Selbstgespräche in Hymnen, scharfe Beobachtungen ins Burleske und Karikaturistische. Reden schwingen, Prahlereien, Deklamationen, die Lust am Schwank und anekdotisches Garnspinnen – das alles kommt aus jener volkstümlichen amerikanischen Tradition, für die Mark Twain exemplarisch steht. Wolfe fußte auf dieser Tradition und verknüpfte sie mit der Entwicklungsgeschichte eines Schriftstellers.

In dieser Hinsicht wäre ein Vergleich Wolfes mit seinem Zeitgenossen Henry Miller reizvoll, der solche Verfahren ins Extrem trieb, nicht zuletzt durch die Betonung sexueller Motive. Auch Wolfes Roman wird beständig von der Energie erwachender und ausbrechender Sexualität grundiert, diese bleibt jedoch unter der Decke des Poetischen. »Welche Furcht oder Scham ihnen auch immer den Mund verschloss«, heißt es fast programmatisch über Eugenes eindeutig erotisch gefärbtes Verhältnis zur Frau seines Lehrers, »welcher Illusion geziemender Sittsamkeit ihre Zungen gehorchen mochten, in den beredten Symbolen der Poesie fanden sie Zuflucht.« Auch die Darstellung der direkten sexuellen Kontakte Eugenes, sei es mit Prostituierten, sei es mit seiner großen, unerfüllten Jugendliebe Laura, verharrt in einer durch Lyrismen überspielten Schamhaftigkeit als »ein einziger leidenschaftlicher lyrischer Laut«.

Die Konstruktion des Buchs besteht wesentlich aus locker verknüpften Episoden, Anekdoten und Momentaufnahmen, und im Personengewimmel, das außerhalb des Familienkreises der Gants die Pension der Mutter, die Kleinstadt und die Campuswelt bevölkert, verliert der Leser leicht den Überblick, wodurch bei flüchtiger Lektüre in der Tat der Eindruck einer allzu assoziativen Beliebigkeit entstehen mag. Bei genauerem Hinsehen werden klar konstruierte Kreisformen erkennbar, die das Buch strukturieren. Denn der Entwicklungsprozess Eugene Gants liegt eingebettet in die Geschichte seiner Familie mit ihrer Vitalität und ihrem Materialismus. Die unterschiedlich scharf gezeichnete Geschwisterschar wird gerahmt von den Eltern, mit denen Wolfe zwei großartige Figuren schuf beziehungsweise porträtierte und zwei Extreme des amerikanischen Nationalcharakters typisierte: Hier der naive, pathetischdröhnende, kraftstrotzende Idealismus des Vaters, der das alte Pionierideal Amerikas verkörpert, dort die pragmatische, bis zur Raffgier gesteigerte Geschäftstüchtigkeit der Mutter, stellvertretend für den entfesselten Spekulations- und Akkumulationsgeist des modernen US-Kapitalismus.

Wolfes Charakterzeichnungen sind gelegentlich zur Groteske überzeichnet und psychologisch höchst ambivalent, indem er die Extreme betone. Die Mitglieder der Familie Gant können in einer Szene unerträglich, zügellos und grausam sein, um in der nächsten wieder zu den liebenswürdigsten, treusorgendsten Gutmenschen zu mutieren, und umgekehrt. Aus Schmeicheleien entwickelt sich Streit, und Prügeleien enden in versöhnlichen Umarmungen. Das lag aber weniger an Wolfes Absicht, unberechenbare Temperamente zu schildern, sondern eher an seiner eigenen psychischen Disposition, die unverkennbar manisch-depressive Züge aufwies. Wie er beim Schreiben zwischen Ohnmachtsgefühlen und Größenwahn schwankte, so projizierte er auch seine schwankenden Gefühle gegenüber seiner Familie auf die Romanfiguren. Ehrlicherweise ist aber auch Wolfes Selbstporträt als Eugene Gant von dieser heftigen Widersprüchlichkeit affiziert, was besonders in den College-Episoden zum Ausdruck kommt, in denen seine »Angst vor der Menge, Misstrauen und Abscheu vor einem gemeinschaftlichen Leben« recht unvermittelt seiner Beliebtheit und seinen vielfältigen sozialen Kontakten gegenüberstehen. Kurz: Sinn und Wahrheit des Ganzen wechseln mit Eugenes Stimmungen. Ausgewogenheit war dem Emphatiker Wolfe ebenso fremd wie eine konsequent ironische Haltung. Das Aufbrausende, Exzentrische und Ekstatische, aus dem »Schau heimwärts, Engel« seine überschäumende Energie bezieht, hat hier seine Wurzeln.

Obwohl auch der Mutter durchaus liebenswerte Eigenschaften zugeschrieben werden, liegt Wolfes Sympathie doch eindeutig beim Vater, dessen rustikale Menschenfreundlichkeit bedroht wird von einer am Horizont aufziehenden, neuen Mentalität der »go-getter« und »he-men«: Kraftmeier und Halsabschneider, »großmäulig und polternd, aber insgeheim hasenherzig und verzagt«. Eugene Gant will die Welt keineswegs »umkrempeln oder verbessern«, begreift aber nur zu gut, dass das Geld alle zwischenmenschlichen Beziehungen vergiftet, eben auch und besonders verheerend die innerfamiliären: »Denn darum geht es doch eigentlich, oder? Ich habe euch einen reellen Gegenwert gegeben; ich danke euch für nichts«, sagt Eugene zu seiner Mutter, während Ben im Sterben liegt. Drastischer konnte Thomas Wolfe sein Unbehagen am protestantisch inspirierten Individualismus und Egoismus der zunehmend industrialisierten amerikanischen Gesellschaft nicht in Szene setzen. Indem er amerikanische Ideologie im Fokus seiner komplexen, höchst widersprüchlichen Familienstruktur spiegelte, die in der Sterbeszene des Bruders Ben ihren genialen Höhepunkt findet, machte Wolfe literarisch Schule und beeinflusste nachhaltig Autoren von John Cheever und Richard Yates über John Updike, Philip Roth und Richard Ford bis hin zu Jonathan Franzen.

Um die Familie Gant legt sich als zweiter Kreis die Kleinstadt, die sprichwörtlich gewordene »Small Town« als Herzstück Amerikas, die Wolfe einige Male in panoramatischen Skizzen einfängt, bei denen die Erzählperspektive sich von Eugene Gant löst und den Gestus des Objektiven annimmt, den des Kameraobjektivs – eine Technik, die Wolfe vermutlich aus John Dos Passos' »Manhattan Transfer« (1925) übernahm. Diese Genrebilder einer mehr oder minder heilen, liebenswerten kleinen Gemeinschaft dürfte Thornton Wilder zu »Unsere kleine Stadt« (1938) inspiriert haben. Jedenfalls könnte die Kernaussage dieses Stücks auch als Motto über »Schau heimwärts, Engel« stehen: »Man muss das Leben lieben, um es zu leben, und man muss das Leben leben, um es zu lieben.«

Die kleine Stadt Altamont wiederum liegt eingebettet ins große Land Amerika – der dritte Kreis. Wie traumbefangen erlebt Eugene Gant das Land auf einigen Reisen, unscharf noch, aber vielversprechend und lockend, bis er 1917 nach dem Kriegseintritt der USA auf einer Marinebasis erstmals mit der brutalen Härte Amerikas konfrontiert wird.

Man hat gesagt, wichtiger als die Entdeckung Amerikas sei die Erfindung Amerikas gewesen. Dazu hat Wolfe entscheidend beigetragen, denn sein Roman, angelegt als biografische Selbstvergewisserung, die sich unter der Hand zur amerikanischen Familiensaga auswuchs, ist inzwischen selbst zu einem amerikanischen Mythos geworden. In »The Story of a Novel« hat Wolfe programmatisch erklärt: »Aus Billionen Formen Amerikas, aus der wilden Gewalttätigkeit und der dichten Komplexität seines schwärmenden Lebens, aus der einmaligen und einzigartigen Substanz dieses Lands und unseres Lebens darin müssen wir selbst Kraft und Energie holen, die Artikulation unserer Sprache, die Substanz unserer Kunst nehmen.«

4.

Strukturlos konstruiert ist der Roman also keineswegs; vielmehr liegen die um die Gestalt Eugene Gants gelagerten Kreise wie Inseln in einem gewaltigen Erzählfluss. Im Wechsel von ruhigen und wilden Passagen strömt er mäandernd dahin, immer wieder über die Ufer tretend, Seitenarme und stehende Gewässer bildend – der Strom, der zwischen Lust und Tod hin- und herwogt und nichts anderes ist als das Leben des Einzelnen in all seinen Verästelungen und in seiner Verbindung mit allem, was ihn berührt. »Die Summe dessen, was wir sind, hat keiner von uns je ermessen«, heißt es zu Beginn, aber Wolfes Ambition bestand genau darin, die Summe zu ziehen. Beim Tod des Bruders Ben verspürt Eugene Gant den gleichen Impuls: »Er wollte reden und in ein Wort, in einen Satz allen Schmerz, alles Schöne und alle Wunder ihres Lebens legen – jeden Schritt der schrecklichen Reise, die ihn auf den Spuren seines unglaublichen Gedächtnisses und seiner Ahnungen bis in den Mutterschoß zurückführte. Aber es kam kein Wort ...«

Die Worte fielen jedoch Thomas Wolfe ein, den man abschätzig, wenn auch nicht ganz unzutreffend, einen »elefantösen Proust« genannt hat. Elefantös war die zupackende, unbekümmerte Naivität, mit der er die Manuskriptberge häufte, in denen die Summe aus »unglaublicher Rückerinnerung und innerer Schau« gezogen werden sollte. Aber während Proust eher ein poetischer Analytiker der Erinnerung war, ist Wolfes Zugriff auf die verlorene Zeit emphatisch. Während seiner Europareise 1924/25 überkam ihn, ausgelöst vom Klang einer Kirchenglocke auf dem mittäglichen Marktplatz von Dijon, eine Art Vision, die bei ihm die gleiche Reaktion auslöste wie Prousts berühmte Madeleine, denn mit dem Glockenton traten ihm »alle Dinge in der Runde augenblicklich-inständig ins Leben«. Schlagartig erschloss sich ihm seine verlorene Kindheit in Amerika. Das Leben, »das ihm nun wieder so inständig nah und selbstverständlich war wie das Leben, das ihn hier rings umgab, war das Leben vor zwanzig Jahren, war das Leben in den lauschigen, stillen Straßen und in den kleinen Landstädten des verlorenen Amerikas – eines Amerikas, das verloren gegangen war unter dem wilden Gebrüll seiner Maschinen und unheilbaren Rastlosigkeit. Und nun war all diese verlorene Magie wieder ins Leben zurückgekehrt in dieser alten französischen Stadt, und er war seiner Kindheit näher, war dem machtvoll-großartigen Leben seines Vaters näher, als er es je wieder in Amerika sein würde. Und als das Wissen um diese fremden, diese verlorenen und doch so vertrauten Dinge in ihn zurückkehrte, ging ihm das Herz über vom Mysterium der Zeit, die uns mit der Kürze unserer Tage heimsucht.«

Wolfes Zeitbegriff war, anders als der Prousts, allerdings kein metaphysischer, sondern ein viel handfesterer und vitalerer. Er wollte die Erfahrung unmittelbarer Gegenwart in ihrem ständigen Fluss und die Vergangenheit als etwas darstellen, was auch in der Gegenwart existent ist und in jedem einzelnen Augenblick das Leben bedingt. Er wollte Wechsel und Dauer so wiedergeben, wie sie konkret und real empfunden werden. Es gibt in »Schau heimwärts, Engel« wiederholt jene Momente, in denen ein Stillstehen der Zeit, ein Verweilen des schönen Augenblicks beschworen wird, und zwar immer dann, wenn sich Erlebnisse zu fast ekstatischen Erfahrungen verdichten, wie beispielsweise in der großen Liebesszene zwischen Laura und Eugene: »Weit jenseits dieses zeitentrückten Tals heulte ein Zug auf seiner Trasse nach Osten gespenstisch auf: Das Leben trieb wie eine gemalte Rauchsäule, wie ein geborstenes Wolkenwrack davon. Ihre Welt war wieder ein Singen: Sie waren jung und würden niemals sterben. Dies würde Bestand haben.« Und zurückblickend auf diese Erfahrung heißt es dann: »Wo ist der Tag, der zu einem einzigen Wohlklang verschmolz, das Zauberreich, in dem wir nie starben?« In der großen Schlussszene mit dem Geist des toten Bruders Ben heißt es wie in einem Echo Prousts: »Und all die Minuten der verlorenen Zeit sammelten sich und standen still.«

Doch weiß Wolfe sehr genau, dass diese Momente bloße Beschwörungen sind, Wunschfantasien, die vom unaufhaltsamen Strom des Lebens und der Zeit sogleich weitergeschwemmt werden, »mit all dem Tun und Treiben, mit all den vergessenen Gestalten seiner selbst und Bens«. So spricht fast jede Seite von »Schau heimwärts, Engel« auch davon, dass alles, was ins Bewusstsein dringt und Erfahrung wird, bereits geschehen und Vergangenheit ist.

So wenig, wie Wolfes Zeitbegriff metaphysisch oder mystisch ist, so wenig beruht sein Werk auf Religiosität – trotz der als Leitmotiv dienenden Engelsmetaphoriken und Allegorien. An ein Heilsversprechen im Jenseits glaubte er nicht, sondern an das Glück im Diesseits. Wenn sein Vater als Steinmetz noch Engelsfiguren formte und Namen und Jahreszahlen als dürre, abstrakte Reste eines Menschenlebens in Grabsteine meißelte, lieferte Thomas Wolfe eine epische Feier der Lebenslust, eine Hymne auf die stets von Verlorenheit und Tod bedrohte Existenz und auf das, was überdauert.

Der Hobbit als Erzähler

Über J. R. R. Tolkiens
»Der Hobbit oder Hin und zurück«

1.

»Oh, verflucht! Der? Oh, du mein Gott! Ach je, ach je!«

So ehrlich, wenn auch nicht sonderlich geistreich, reagierte 1996 ein Literaturkritiker der Londoner »Sunday
Times«, als er vom Ergebnis einer literarischen Umfrage
erfuhr. Die Literaturredaktion der BBC hatte nämlich zusammen mit der Buchhandelskette Waterstone etwa 26.000
Leser gefragt, welche fünf Bücher als die größten literarischen Leistungen des 20. Jahrhunderts anzusehen seien.
Das Ergebnis kam für den Buchhandel wenig überraschend,
war für die journalistische und akademische Literaturkritik jedoch höchst irritierend. Denn auf dem ersten
Platz landete, mit weitem Abstand und über zwanzig Prozent der Stimmen, nicht etwa ein literarisches Großkaliber
à la James Joyces »Ulysses«, sondern John Roland Reuel
Tolkiens Romantrilogie »Der Herr der Ringe«. Bei einer
1999 vom »Daily Telegraph« durchgeführten Umfrage landete Tolkien zwar lediglich auf Platz zwei, das aber nur
deshalb, weil der Spitzenplatz an die notorisch konkurrenz-
lose Bibel ging.

Die Feministin Germaine Greer, Literaturprofessorin in

Cambridge, reagierte auf das Ergebnis dieser Umfragen eloquenter, aber genauso pikiert wie ihr Kollege von der »Sunday Times«: »Seit ich nach Cambridge gekommen bin, ist es mein Albtraum gewesen, dass Tolkien sich als der einflussreichste Schriftsteller des 20. Jahrhunderts erweisen würde. Der böse Traum ist wahr geworden. Die Bücher, die auf Tolkien folgen, sind mehr oder weniger wie zu erwarten. Realitätsflucht ist ihr bestimmendes Merkmal.«

In Germaine Greers entsetzter Reaktion fließen zwei weitverbreitete Vorurteile zusammen. Das erste lautet, dass Literatur, die auf dem Markt erfolgreich ist, den flachen Massengeschmack bediene und deshalb ästhetisch minderwertig sein müsse. Das zweite Vorurteil entspringt einer wenig subtilen, ideologiekritischen Borniertheit und einem holzschnittartigen Realismuskonzept, demgemäß literarische Produkte die Funktion hätten, sich auf reale gesellschaftliche Ereignisse und Phänomene zu beziehen. Abweichler von dieser Norm werden reflexartig und plakativ mit dem Bannstrahl der Realitätsflucht belegt und mit dem Trivialitätsprügel gezüchtigt. Tolkiens literarisches Werk und sein seit über einem halben Jahrhundert ständig wachsender, weltweiter Erfolg haben idealtypisch beide Vorurteile befeuert, zugleich aber auch die Nichtigkeit solcher Aversionen entlarvt. So wenig nämlich alles Erfolglose literarisch wertvoll ist, so wenig ist das Erfolgreiche automatisch trivial.

Falls Walter Benjamins Bemerkung zutrifft, es sei ein Indiz für die Eigenständigkeit und Größe eines literarischen Werks, wenn es eine eigene Gattung und Tradition begründet, dann ist Tolkiens Werk wahrlich groß. Dies Werk ist nämlich der Urknall aller modernen Fantasyliteratur. Man mag von dem Genre halten, was man will – dass Tolkien sein Gründervater ist, bleibt unbestritten. Zwar gab es schon vor Tolkien Literatur, die auf Märchen, Sagen und Legenden zurückgriff oder mit fantastischen Elementen arbeitete, aber die Radikalität und Konsequenz, mit der Tolkien eine fantastisch-archaische Welt mit eigenen Wesen und Völkern schuf, dieser Welt eigene Sprachen und Schriften gab und ihr eine eigene Mythologie unterlegte, ist in der Weltliteratur beispiellos.

In seinem Standardwerk über Tolkien bemerkt der englische Mediävist Tom Shippey, es sei evident, dass sich »Der Herr der Ringe« mit seiner Ouvertüre »Der Hobbit« als ein wertbeständiger Klassiker behauptet habe, »und zwar ohne die Hilfe der literarischen Vorkoster, vielmehr gegen ihren aktiven Widerstand. Das Buch und sein Autor haben Besseres verdient als die routinierten, reflexhaften Abfertigungen oder die Nichtbeachtung, die ihnen zuteil wurden. »Der Herr der Ringe« und »Der Hobbit« haben ihren vielen Millionen Lesern viel zu sagen gehabt. Jeder, dem die literarische Neugier nicht schon von Berufs wegen vergangen ist, musste sich doch fragen, was ist damit? Ist das etwas Zeitloses? Oder etwas ganz Modernes? Oder beides zugleich?«

Unbezweifelbar ist zumindest der beispiellose, weltweite Erfolg, der längst über das Werk im engeren Sinn ausgegriffen hat und eine Merchandising-Industrie bedient, die vom billigen Paperback bis zur ledergebundenen Prachtausgabe mit Goldschnitt, von Brett- und Computerspielen bis zu Cartoons und Kalendern, vom T-Shirt bis zum Kaffeebecher aus Tolkiens fiktiver Mittelerde einen neuen Kontinent des kulturellen Kollektivbewusstseins gemacht hat.

2.

Ein erster Versuch, den »Herrn der Ringe« zu verfilmen, misslang 1977 nicht zuletzt deshalb so gründlich, weil die plumpe Zeichentricktechnik der Komplexität des Werks unangemessen war und indirekt das Vorurteil zementierte, der Roman selbst gehorche einer Art Comicstrip-Ästhetik. Der monumentale Kino-Dreiteiler des neuseeländischen Regisseurs Peter Jackson, der zwischen 2001 und 2003 in die Kinos kam und bei den Oscar-Verleihungen flächendeckend abräumte, wurde der Vorlage dann allerdings so kongenial gerecht, wie filmische Adaptionen literarischen Werken überhaupt gerecht werden können. Mit ihrer stupenden Detailversessenheit nahmen diese Filme Tolkiens bizarre und zugleich in sich schlüssige Welt genauso beim Wort, wie der Autor die Welt der Mythen und Märchen beim Wort genommen und umgeformt hatte.

Der, wenn man so will, »Glaube« dieser Filme an die literarische Vorlage reflektierte mit den Mitteln des Kinos eine der ästhetischen Grundvoraussetzungen und Haltungen Tolkiens. 1939 entwickelte er in einer Vorlesung über Märchen unter der Hand sein eigenes literarisches Programm: »Was eigentlich geschieht, ist, dass sich der Erzähler als ein erfolgreicher ›Nebenschöpfer‹ erweist. Er schafft eine Sekundärwelt, die unser Geist betreten kann. Darinnen ist ›wahr‹, was er erzählt: Es stimmt mit den Gesetzen jener Welt überein. Daher glauben wir es, solange wir uns gewissermaßen darinnen befinden. Sobald Unglaube aufkommt, ist der Bann gebrochen; der Zauber, oder vielmehr die Kunst, hat versagt. Und dann sind wir wieder in der Primärwelt und betrachten die kleine, misslungene Sekundärwelt von außen.«

Mit Realitätsflucht hat diese Konzeption wenig bis gar nichts zu tun; vielmehr spricht aus ihr ein unerschütterlicher Glaube an die Kraft des Erzählens, ihre ursprüngliche Zauberkraft, die nur durch grundsätzliches Misstrauen in die Macht der Fiktionen gebrochen werden kann. Gleichwohl entspringen Tolkiens Werke keinem märchenhaften Kinderglauben und keiner naiven Fabulierlust, sondern werden angetrieben, unterfüttert und in gewisser Hinsicht auch ironisch gebrochen durch den philologischen und linguistischen Tiefsinn ihres Verfassers.

Als Professor für alt- und mittelenglische Philologie in Oxford war Tolkien einer der profundesten Kenner keltischer, altenglischer und altnordischer Sprachen und Literaturen. Er nahm Worte und Namen, Fragmente und Motive aus den alten Überlieferungen, verknüpfte die darin enthaltenen Hinweise mit weiteren Bedeutungen, vertraute zugleich seinem eigenen Erfindungsreichtum und machte daraus eine zusammenhängende und verblüffend stimmige Erzählung. Er war überzeugt, dass exakte Philologie sogar noch hinter die alten Texte zurückblicken lässt, dass es möglich ist, sich von Wörtern zu längst verschwundenen Vorstellungswelten zurückzutasten, zu Imaginationen und Phantasmagorien, die einmal bestanden haben müssen, weil es die Wörter sonst nicht gäbe. Jedenfalls waren literarische und linguistische Impulse für Tolkien untrennbar miteinander verquickt, weshalb er immer wieder darauf insistierte, auch als Romancier wesentlich Philologe gewesen zu sein. In einem Brief beanspruchte er für sein gesamtes Werk, dass es zutiefst von der Linguistik inspiriert sei: »Das Erfinden von Sprachen ist das Fundament. Die Geschichten wurden eher so angelegt, dass sie eine Welt für die Sprachen abgaben, als umgekehrt. Für mich kommt zuerst ein Name, dann folgt die Geschichte.«

3.

Und genau so fing alles an. Zu Beginn der Dreißigerjahre saß Tolkien über der Korrektur von Schulprüfungsaufgaben, eine langweilige, akademische Akkordarbeit, aus der wie aus einem Abgrund ein überaus folgenreicher, erster Satz auftauchte. »Ich stieß auf eine Seite, die einer der Prüflinge gnädigerweise unbeschrieben gelassen hatte, immer noch das Beste, was einem Prüfer je widerfahren kann, und ich schrieb darauf: ›In einem Loch im Boden, da lebte ein Hobbit.‹ Ich wusste nicht, warum, und ich weiß es auch jetzt noch nicht. Ich tat lange Zeit nichts daran. Aber in meinem Sinn erzeugt ein Name immer eine Geschichte. Schließlich dachte ich mir, ich sollte doch lieber erst einmal herausfinden, was denn Hobbits seien. Aber das ist nur der Anfang.«

Tolkien kannte den Namen Hobbit vermutlich aus volkskundlichen Aufzeichnungen, in denen Hobbits als eine Art Kobolde bezeichnet wurden. Aber er machte aus diesem Wort eine kleinwüchsige, menschliche Gattung mit pelzartig behaarten Füßen, die in ihrem Charakter deutliche Züge ihres geistigen Vaters aufweisen. »Ich bin selbst ein Hobbit, in allem, bis auf die Größe. Ich liebe Gärten, Bäume und Ackerland ohne Maschinen; ich rauche Pfeife, esse gern gutbürgerlich; ich trage gern dekorative Westen. Ich habe einen sehr einfachen Humor. Ich gehe spät zu Bett und stehe spät auf. Ich reise nicht gern.«

Doch sind die Hobbits nicht nur ein vexiertes Selbstporträt Tolkiens, der in seinem Habitus stets eine merkwürdige Balance zwischen unscheinbarem Gelehrtentum und verschrobener, sehr britischer Exzentrik hielt (und in dieser Balance sein Doppelgesicht als Philologe und Romancier quasi illustrierte), sondern auch Vertreter einer bestimmten englischen Bevölkerungsschicht. In einem Interview erklärte Tolkien: »Die Hobbits sind einfach ländliche Engländer – klein im Wuchs, weil das die im Allgemeinen kleine Reichweite ihrer Vorstellungen spiegelt, nicht jedoch klein an Mut oder an latenten Kräften.« Dieses Bild des Hobbit-Engländers prägte sich bei Tolkien als Signaloffizier in den Schützengräben des Ersten Weltkriegs aus. Es habe ihn stets beeindruckt, »dass wir noch da und am Leben sind, dank des unbezähmbaren Muts ganz kleiner Leute, gegen alle Aussichten«.

Davon erzählt unter anderem der Roman »Der Hobbit«, vom unbezähmbaren Mut ganz kleiner Leute gegen alle Aussichten – aber nicht in den Schützengräben der Materialschlachten, in denen eine alte Welt versank, sondern in einer archaischen Welt, die es nie gab und die doch in Tolkiens Werken entstand und inzwischen weltbekannt ist. Einzelne Handlungselemente entnahm Tolkien der Sigurd-Saga, aus der später die »Nibelungen« wurden, aus dem altnordischen Edda-Epos und dem angelsächsischen Heldengedicht »Beowulf«, für das Tolkien ein ausgewiesener Fachmann war.

Hin und her gerissen zwischen häuslicher Trägheit und

verschütteter Abenteuerlust, so die Erzählung, lässt sich der Hobbit Bilbo Beutlin überreden, einer Gruppe von Zwergen dabei zu helfen, einen gewaltigen Schatz, den der Drache Smaug gestohlen hat, zurückzuerobern. Unter Führung des Zauberers Gandalf geht es nun in eine düstere, gefahrvolle Welt, die bevölkert wird von Hobbits und Zwergen, Menschen und Zauberern, ekligen Orks und edlen Elben, Werwölfen und Riesenspinnen, sprechenden Adlern und, natürlich, dem fürchterlichen Drachen. Mit Maultieren, zu Fuß, per Schiff und auch schon mal in Weinfässern zieht man über Berge, durch einen verwunschenen Wald, über einen verzauberten Fluss und überhaupt von einem Abenteuer zum nächsten, immer weiter ins Unbekannte. Am Ende wird nach vielen Irrungen und Wirrungen und großen Schlachten alles gut. Bilbo kehrt als reicher Mann nach Hause zurück und verfügt zudem noch über einen ganz besonderen Schatz. Auf der Flucht vor Orks hatte Bilbo sich in einem Höhlensystem verirrt, fand dort einen Ring und stieß auf Gollum, von allen merkwürdigen Geschöpfen aus Tolkiens Universum das merkwürdigste. Gollum war der Besitzer dieses Rings. Bilbo konnte ihm entkommen, weil er durch Zufall bemerkte, dass der Ring, wenn er über den Finger gestreift wird, unsichtbar macht.

In dieser Episode und in diesem unscheinbaren, aber mächtigen Gegenstand des Rings liegt die Keimzelle für Tolkiens Opus Magnum, die Romantrilogie »Der Herr der Ringe«, von deren Dimensionen und Implikationen der Autor bei der Niederschrift des »Hobbit« noch nichts ahnte. Bilbos Fund des Rings im dunklen Abgrund war insofern nicht nur für das Leben des Hobbits ein Wendepunkt, sondern auch die Initialzündung für Tolkien als Schriftsteller, weil sich daraus alles Weitere ergab.

Vorerst schrieb er die Geschichte des Hobbits zu seinem eigenen Vergnügen und dem seiner drei Söhne weiter. Nachdem das Manuskript 1937 von einem Verlag angenommen und als Buch erschienen war, gab Tolkiens Sohn Christopher eine Darstellung von der Entstehung: »Papa hat es vor ewigen Zeiten geschrieben und es John, Michael und mir in unseren Winterlesestunden, abends nach dem Tee, vorgelesen; aber die letzten Kapitel waren noch ziemlich flüchtig und überhaupt noch nicht getippt; vor einem Jahr hat er es zu Ende geschrieben.«

Man kann also davon ausgehen, dass Tolkiens Vorlesen der nur erst vage skizzierten Geschichte ein Erzählen im ursprünglichen Sinne war, ein mündlicher, vieles noch improvisierender Vortrag. Das weist zurück in jene Tradition des Epischen, in der ein Erzähler vor versammelter Runde Überliefertes weitergab und durch eigene Zutaten umformte, erweiterte und am Leben erhielt. Tolkiens Poetik des Märchens wurzelt auch hier. Die gedruckte Fassung des »Hobbit« hat an manchen Stellen den mündlichen Erzählgestus bewahrt, wenn die Leser wie eine gesellige Runde Zuhörender angesprochen werden oder der Erzähler mit lakonischen Kommentaren das Geschehen unterbricht.

4.

»Der Hobbit« wurde ursprünglich als Kinderbuch vermarktet, doch nach dem Erscheinen des »Herrn der Ringe« nahm Tolkien mehrfach Änderungen am Text vor, zuletzt

1966, löste Widersprüche zum dreibändigen Großwerk auf und nahm auch den Tonfall des Kinderbuchs leicht zurück. Bereits 1939 war es zu Verhandlungen über eine deutsche Übersetzung des »Hobbit« gekommen, die daran scheiterten, dass Tolkien es ablehnte, einen Nachweis über seine nicht jüdische Abstammung zu liefern. 1957 erschien dann unter dem Titel »Der kleine Hobbit« eine erste deutsche Übersetzung von Walter Scherf, die jedoch unvollständig war und Tolkiens Überarbeitungen nicht berücksichtigte. 1997 erarbeitete Wolfgang Krege eine Neuübersetzung, die sämtliche Angleichungen und Änderungen Tolkiens übernahm. 1969 erschien die erste deutsche Übersetzung des »Herrn der Ringe« bei Klett-Cotta, wurde vom Geheimtipp zum Kult und schließlich zum Millionenerfolg. Klett-Cotta nannte ein auf Fantasy spezialisiertes Segment des Verlagsprogramms fortan Hobbit-Presse und brachte 2009 zum vierzigjährigen Jubiläum eine Sonderausgabe des »Hobbit« heraus, illustriert von Alan Lee, der für seine Designs und Entwürfe der »Herr der Ringe«-Verfilmungen einen Oscar erhielt.

Stilelemente dieser Illustrationen prägten auch die leider allzu bombastisch ausgefallene dreiteilige Verfilmung des »Hobbit«. Auch wenn Peter Jacksons Filme dem Geist der literarischen Vorlagen durchaus nahekamen, konnten sie jenem linguistisch-philologischen Unterstrom, aus dem Tolkien seine Werke schöpfte, nicht gerecht werden. Das ist in gewisser Weise auch gut so, weil es die Inkommensurabilität und Unersetzbarkeit sprachlicher Kunstwerke beweist.

Und noch etwas anderes musste den Filmen entgehen: Man kann Bilbos abenteuerliche Reise hinaus ins Fremde und Unvertraute auch als eine implizite Autorenbiografie lesen, zumindest als Parabel auf die Werkentstehung selbst. Denn die Dramaturgie des »Hobbit« besteht wesentlich darin, dass Bilbo in der bizarren Märchenwelt mehr und mehr heimisch wird, in einer Welt, die später Mittelerde heißen sollte. Damit ist Bilbo seinem Autor zu vergleichen, dem bei der Arbeit diese Welt nach und nach vertraut wurde, indem er sie erfand und erzählte. Und schließlich darf auch das Lied, das Bilbo am Ende seiner Abenteuer singt und das später im »Herrn der Ringe« wieder zu leitmotivischen Ehren kommen wird, als eine Selbstaussage Tolkiens über das unverhoffte große Abenteuer seiner Autorschaft verstanden werden:

> Die Straße gleitet fort und fort,
> Weg von der Tür, wo sie begann,
> Weit überland, von Ort zu Ort,
> Ich folge ihr, so gut ich kann.
> Ihr lauf ich raschen Fußes nach,
> Bis sie sich groß und breit verflicht
> Mit Weg und Wagnis tausendfach.
> Und wohin dann? Ich weiß es nicht.
> Die Straße gleitet fort und fort
> Durch Berg und Schlucht, durch Feld und Tann,
> Bald säumend hier, bald eilend dort,
> Hin zu der Tür, wo sie begann.
> Das Aug, das Feuer sah und Schwert,
> Gefahr und Greuel ohne End,
> Nun schaut es wieder, heimgekehrt,
> Baum, Bach und Hügel, die es kennt.

Jene Dimension zuviel

Über Wilhelm Raabe

1.

»Hätte Raabe mehr Kritik, so wäre er absolut Nummer eins.« So äußerte sich kein Geringerer als Theodor Fontane über seinen Zeitgenossen und Schriftstellerkollegen Wilhelm Raabe. Der hatte, abgesehen von Studienjahren in Berlin, sein Leben in der Provinz verbracht und sich schließlich in Braunschweig niedergelassen, weitab von Berlin oder Wien, den Zentren der literarischen Moderne im ausgehenden 19. Jahrhundert, und so fehlten ihm Kontakte zu den damals maßgeblichen Literaturkritikern. Zwar galt der 1831 in der Kleinstadt Eschershausen geborene Raabe als respektabler Autor und wurde mehrfach ausgezeichnet, aber sein Erfolg und sein Ruhm gründeten sich auf frühe Werke, insbesondere den Debütroman »Die Chronik der Sperlingsgasse« von 1856 und »Der Hungerpastor« von 1864. In einer biografischen Skizze, die Raabe kurz vor seinem Tod verfasste, notierte er in einer merkwürdigen Mischung aus Resignation und Selbstbewusstsein: »›Die Chronik der Sperlingsgasse‹ hilft mir heute noch neben dem ›Hungerpastor‹ im Erdenhaushalt am meisten mit zum Leben. Denn für die Schriften meiner ersten Schaffensperiode, die bis zu letzterwähntem Buche reicht, habe ich ›Leser‹ gefunden, für den Rest nur ›Liebhaber‹, aber mit denen das allervornehmste Publikum, was das deutsche Volk gegenwärtig aufzuweisen weiß.«

Die breite Leserschaft hatte Raabe für seine melodramatischen, oft auch harmlos beschaulichen frühen Bücher gelesen und geliebt, in deren Idyllen das biedermeierliche Bürgertum sich ähnlich idealisiert fand wie in den Bildern Ludwig Richters oder Carl Spitzwegs. Spätestens seit der Reichsgründung von 1871 und dem sich anschließenden Boom der Gründerjahre begann Raabe jedoch damit, die zur Ideologie gewordene Gemütlichkeit zu unterlaufen und als Kulisse und Dekor zu entlarven, hinter denen sich Fabrikschlote und Eisenbahnen, neureiches Parvenüwesen und aggressiver Imperialismus breitmachten. Mit »Pfisters Mühle« schrieb er 1884 eine Erzählung über Umweltzerstörung durch die ebenso rasant wie rücksichtslos zunehmende Industrialisierung der Landwirtschaft – ein erstaunliches Werk, in dem erstmals Literatur wurde, was man heute als ökologisches Bewusstsein bezeichnen würde. Im gleichen Jahr erschien mit »Zum wilden Mann« auch eine Erzählung über die Zerrüttung zwischenmenschlicher Beziehungen durch die Macht spekulativ erworbenen Reichtums.

Das auf Erbauung und Verklärung versessene Publikum wollte mit diesem skeptisch-realistischen Scharfblick nichts zu tun haben und lief seinem ehemaligen Lieblingsautor davon. Und je kritischer und skeptischer Raabes Weltsicht wurde, desto raffinierter und vielschichtiger setzte er seine literarischen Mittel ein. Der betuliche Chronist, der, um seine sechsköpfige Familie durchzubringen, auch manches unausgegorene Buch auf den Markt hatte werfen müssen, entwickelte immer komplexer werdende, höchst intrikate Erzählstrukturen mit doppelten und dreifachen Böden und gab damit in seinen Spätwerken selbst den paar Liebhabern, die ihm als Publikum geblieben waren, härteste Lesenüsse zu knacken. Sein Frühwerk sah er nur noch als »Quark« und »Kinderbücher« an, und er machte die lakonische Bemerkung: »Was wirklich etwas wert ist, das kauft kein Mensch.«

2.

Zu den seinerzeit kaum verkäuflichen Kostbarkeiten zählen insbesondere »Stopfkuchen« von 1891, »Die Akten des Vogelsangs« von 1896 und das Fragment gebliebene, erst 1911 posthum veröffentlichte »Altershausen«. Mit dem durchaus reißerischen Untertitel »Eine See- und Mordgeschichte« wird in »Stopfkuchen« die Geschichte des in seiner Jugend verkannten und wegen seiner monströsen Fresssucht als Stopfkuchen gehänselten Heinrich Schaumann erzählt, eines gesellschaftlichen Außenseiters *par excellence*, der seiner provinziellen, bornierten Umwelt intellektuell hoch überlegen ist. Ihm gelingt es, das Vertrauen eines Bauern und seiner verwilderten Tochter zu gewinnen, die auf einem abseits gelegenen Gehöft ein verfemtes Dasein führen, da der Bauer im Verdacht steht, einen reichen Viehhändler erschlagen zu haben. Schaumann heiratet die Tochter des Bauern, macht mit Geduld und List den wahren Mörder ausfindig, behält sein Wissen aber einstweilen für sich. Erst als sein Jugendfreund Eduard, ein weit gereister Schiffsarzt, der inzwischen in Südafrika lebt, Schaumann besucht, rückt dieser mit der Wahrheit heraus.

Diese extrem vergröberte Inhaltsangabe sagt nichts darüber aus, mit welcher Ehrfurcht gebietenden kompositorischen Meisterschaft Raabe hier zu Werke ging. Denn die Geschichte wird von Schaumann nicht einfach linear erzählt, sondern aus Rückblicken und Vorausdeutungen, Abschweifungen und Exkursen zusammengesetzt, unterbrochen von Kommentaren seiner Frau. Und aufgeschrieben wird der ganze vertrackte Kasus schließlich auf hoher See von Eduard bei dessen Rückreise nach Südafrika. Was zu Anfang umständlich und verwirrend wirkt, erweist sich als ein vielfach verspiegeltes Erzähllabyrinth, in dem die Spannung leise, aber umso mächtiger gesteigert wird.

Es ist unmöglich, die enorme Vielschichtigkeit des Werks auf eine Kernaussage zu reduzieren, aber »Stopfkuchen« entfaltet die für Raabe typische Einsicht, dass unter der scheinbaren Behaglichkeit des Spießbürgertums Abgründe lauern und unterm provinziellen Alltag Abenteuer zu finden sind, von denen sich so mancher Weltreisende keine Vorstellungen macht. »Als das eigentlich Philiströse erweist sich eine bürgerliche Bildung, die letztlich nur der wattehaften Ausstopfung von Hohlheit und der Lackierung von Oberfläche dient und die den Blick auf das Wesentliche verstellt: das innere Elend des Menschen.« (Arno Geiger)

In seinem letzten Roman »Die Akten des Vogelsangs« knüpfte Raabe an die Struktur von »Stopfkuchen« an, drehte sie aber auf links. Die Geschichte des scheinbaren Spießers und Stubenhockers »Stopfkuchen« erzählte der weit gereiste Weltbürger, wobei dessen Selbstgewissheit untergraben wurde. In »Die Akten des Vogelsangs« erzählt ein gutbürgerlicher alter Herr, der im Lande geblieben und als Beamter Karriere gemacht hat, die Lebensgeschichte seines Jugendfreunds, dem Besitz nichts bedeutet und der mit hochfliegenden Idealen ins Abenteuer aufbricht, wo er es, gemessen an bürgerlichen Maßstäben, zu nichts bringt. Raabe kontrastiert diese beiden Lebensentwürfe, individuelle und geistige Freiheit auf der einen, bürgerliche Ordnung und Wertmaßstäbe auf der anderen Seite. Aber indem er vom Scheitern des idealistischen Weltenbummlers erzählt, erkennt der Stubenhocker schmerzlich seine bürgerliche Begrenztheit, die auf Familie, Besitz und berufliche Karriere konzentriert blieb.

»Nach dem siebzigsten Lebensjahre braucht der Mensch nicht mehr auf dem Seile tanzen; ich gehe jetzt gern zu ebener Erde mit dem Teller im Kreise des lieben Publikums herum. Der Dintengloria hätten wir ja wohl genug.« So gelassen reagierte der siebzigjährige Raabe, der sich inzwischen als Schriftsteller außer Dienst bezeichnete, auf eine Anfrage nach einem neuen Werk. Vom Seil war er jedoch keineswegs, sondern schrieb an der Erzählung »Altershausen«. »Das so betitelte Ding wird nicht mehr als Ganzes in die Erscheinung treten. Über das Fragment mag man sich später einmal wundern: Es ist melancholisch-drollig genug.« Man wundert sich heute noch, ist doch »Altershausen« nicht nur Raabes letzter, sondern auch sein größter Geniestreich.

Erzählt wird von der Rückkehr eines siebzigjährigen weltberühmten Arztes ins Städtchen seiner Kindheit, eine Suche nach der verlorenen Zeit, die manches Motiv Prousts vorwegnimmt. Anders als im Frühwerk geht es nun nicht mehr nur um die Mitteilung von Erinnerungsinhalten, sondern um die Realisierung des Erinnerungsprozesses in der Erzählung selbst. Die Genialität Raabes erweist sich unter anderem darin, dass im dichten Geflecht von Ambiguitäten und raffiniert konstruierten Unschärfen nie eindeutig klar wird, ob man es mit einer realen Reise zu tun hat oder mit einem Tagtraum, einer Halluzination, die Gegenwart und Gewesenes untrennbar ineinanderschiebt. Hatte Raabe mit »Stopfkuchen« und »Die Akten des Vogelsangs« endgültig Anschluss an die literarische Moderne gefunden, so schuf er mit »Altershausen« seine höchstpersönliche Postmoderne avant la lettre. Die letzten Worte des Fragments lauten: »Minchen nahm den Strickstrumpf wieder auf.«

Raabe nahm ihn nicht wieder auf. Als er am 15. November 1910 starb, war er der seltsame Fall eines berühmten, aber kaum noch gelesenen und gründlich missverstandenen Autors. Hermann Hesse, der sich häufig auf ihn berief und ihn kurz vor seinem Tod besucht hatte, prognostizierte ihm jedoch posthumen Ruhm: »Man wird vielleicht, in einem späteren Deutschland, ihn doch erkennen; er hat die Anwartschaft darauf, denn er hat jenes die Kritik verwirrende Plus, jene Dimension zu viel, die so schwer einzureihen ist und die sich mit der Zeit doch meistens durchsetzt.« Und in der Tat steht Wilhelm Raabe uns Heutigen im hellen Licht seiner späten Werke als der vor Augen, den bereits Fontane in ihm sah: absolut Nummer eins.

Wie hingespuckt

Hinweis auf Erich Kästner

1928 debütiert ein gewisser Erich Kästner mit dem Gedichtband »Herz auf Taille«. Der neunundzwanzigjährige Dresdner, promovierter Germanist, hat sich im Berlin der sogenannten Goldenen Zwanziger bislang als freier Journalist durchgeschlagen. Seine Gedichte haben sensationellen Erfolg. Kästners Debütrakete blitzt über den Literaturhimmel der Weimarer Republik, und dass sie keine Eintagsfliege ist, beweisen drei weitere Lyrikbände, die in rascher Folge erscheinen und ihren Autor berühmt machen: »Lärm im Spiegel«, in dem sich das Gedicht »Sachliche Romanze« findet, ein Schlüsseltext der literarischen Neuen Sachlichkeit, »Ein Mann gibt Auskunft« und »Gesang zwischen den Stühlen«.

Die Mischung aus Frechheit und Sentiment, Zynismus und Sachlichkeit, sexueller Libertinage und Antimilitarismus, schmelzenden Versen und desillusionierter Haltung trifft den Nerv einer ganzen Generation. Revolutionäre Phrasen und expressionistische Ekstasen haben abgewirtschaftet. Geschüttelt von Weltkrieg, Revolution und Inflation, eingezwängt zwischen den sich radikalisierenden Extremen von links und rechts, sehnt sich der bürgerliche Mittelstand nach Normalität, nicht nach Weltverbesserung,

217

sondern nach Gehaltserhöhung, nicht nach internationaler Solidarität, sondern nach persönlichem Glück. Diese Gefühls- und Bewusstseinslage spiegelt sich in Kästners Gedichten beispielhaft und wird zugleich von ihnen wie Balsam bedient.

Wer sich mit dem Zeitgeist vermählt, sagt man, wird schnell Witwer. Kästners Lyrik trifft den Zeitgeist mitten ins Herz; dennoch sind viele seiner frühen Gedichte auch heute noch ohne Peinlichkeit lesbar. Schwieriger wird es da schon mit den Chanson- und Kabaretttexten, die nach dem Zweiten Weltkrieg entstehen. Das liegt vielleicht daran, dass Kästner hier häufig mit dem moralisierenden Zeigefinger fuchtelt und sich in der Rolle eines lyrischen Volkspädagogen gefällt.

Kästner war bis zur Umtriebigkeit vielseitig – Lyriker, Romancier, Theater- und Filmautor, Verfasser von Hörspielen, Feuilletons und politischer Publizistik sowie, natürlich, der Autor unverwüstlicher Kinderbücher, mit denen heute sein Name und sein Ruf mehr verknüpft sind als mit allem anderen. Er hatte, anders als manche Schriftstellerkollegen, keine Berührungsängste zum Film. Schon vor der Verfilmung seines Kinderromans »Emil und die Detektive« von 1931 hatte er Drehbücher verfasst, und er arbeitete kontinuierlich an eigenen und fremden Filmstoffen mit. Sein hochgradig widersprüchliches Überwintern des Nationalsozialismus, schwankend zwischen Mitläufertum und innerer Emigration, verdankte er wesentlich seinen guten Kontakten zur Filmindustrie, die ihren Höhepunkt mit Kästners Drehbuch zum legendären »Münchhausen«-Film von 1943 fand. Verschwiegen sei nicht, dass besonders die nach 1945 entstandenen Filme zumeist üble Klamotten waren.

Seine Romane für Erwachsene schwanken zwischen dem engagierten, moralisierenden Sittengemälde des Berlins der späten Zwanzigerjahre, das er im »Fabian« entwirft, und den harmlosen Unterhaltungsschmonzetten vom Schlage »Drei Männer im Schnee« oder »Die verschwundene Miniatur«. Aber vermutlich ist es gerade der Mut zu Seichtheit, trivialem Ulk und Kolportage, der diesen Autor zu einer Art Volksschriftsteller gemacht hat. Am viel gelobten, vielleicht auch viel überschätzten »Fabian« oder an seiner politischen Publizistik, besonders der aus der unmittelbaren Nachkriegszeit, hat es bestimmt nicht gelegen.

Gerade diese Publizistik aber zeigt, dass Erich Kästner mehr war als nur der leicht oberlehrerhafte Literaturonkel, als der er sich, seines großen Erfolges zuliebe, leider selbst häufig präsentiert hat. Neben dem Tagebuch »Notabene 45« sind die unter dem Titel »Neues von Gestern« versammelten Texte aus den Nachkriegsjahren von besonderem Interesse, in denen Kästner es für notwendig hält, sich um »den täglichen Kram« zu kümmern statt sich, Seitenhieb auf Thomas Mann, um eine Gesamtausgabe zu sorgen. Kästner berichtet von den Nürnberger Prozessen, kritisiert die Adenauer'sche Restauration und wendet sich scharf gegen deutsche Wiederbewaffnung und atomare Aufrüstung. Sein Einsatz für Demokratie und Toleranz, seine Ablehnung totalitären Denkens kommt auch im Theaterstück »Die Schule der Diktatoren« zum Ausdruck, das 1957 uraufgeführt wird. Das Stück, in das Kästner viel Ehrgeiz investiert, hat wenig Erfolg. Man merkt die guten Absichten allzu deutlich. Wenn die Zwanzigerjahre Kästners Goldenes Zeitalter waren, sind die späten Vierziger und Fünfziger sein silbernes. In den Sechzigern verstummt er, hochgeehrt zwar, aber verbittert und ausgeschrieben.

Der Linken gilt er als zu melancholisch, der Rechten als zu frivol, der Germanistik als zu volkstümlich und demnach trivial – seinen zahlreichen Lesern ist all dies völlig egal. Auch heute noch. Und die krisensicherste Leserschaft des Erich Kästner waren, sind und bleiben die Kinder, die ihren Spaß an »Emil und die Detektive« oder »Das doppelte Lottchen« haben. Die Kinderbücher erweisen sich als zeitgeistresistent, weil Kästner, ähnlich wie Astrid Lindgren, Kinder wirklich versteht und sie in seinen Romanen nach ihren eigenen Gesetzen handeln lässt. Sein Verständnis für Kinder schließt auch ein klares Verständnis dafür ein, wie kompliziert und zugleich simpel das Verhältnis der Kinderwelt zur Welt der Erwachsenen ist.

Kästners Werk zeugt von den Erschütterungen und Verwerfungen unserer Nation im 20. Jahrhundert wie kaum ein zweites. Und es steht in der deutschen Tradition ziemlich einsam da, weil es hell und klar, witzig und satirisch, manchmal melancholisch, öfter aber schnoddrig, scharf und leichtzüngig daherkommt und gemäß seinem erklärten Stilideal »wie hingespuckt« wirkt.

Die Dummheit des Erzählens

Walter Kempowski als Diarist

1.

»Wer Tagebuch schreibt, muss ein Sonnensegel in seinem Universum entfalten, da finden sich immer Staubpartikel.« Nach »Sirius«, seinem 1990 erschienenen Tagebuch des Jahres 1983, begab sich Walter Kempowski zehn Jahre später mit »Alkor« erneut auf Partikelfang. Wenn »Sirius«, der Hundestern, sich recht unmittelbar auf die Entstehungsgeschichte des Romans »Hundstage« von 1988 bezog, bietet »Alkor,« ein Stern im Bild des großen Wagens, als Titel des zweiten Journals eine entschieden weiter gefasste Metaphorik auf: »Die Vergangenheit rast fort wie mit umgekehrtem Zoom, und alle Erinnerungen werden mehr und mehr unwirklich, wie von einem fernen Gestirn.«

Wie ein ferner Stern glänzt die Vergangenheit durch zunehmende Abwesenheit. Besichtigt wird das geschichtsträchtige Jahr 1989: »Vor fünfzig Jahren Kriegsanfang, 40 Jahre Bundesrepublik und DDR. Das 200-jährige Jubiläum der Französischen Revolution.« Es wird sich auch als das Jahr des Tian'anmen-Massakers und schließlich des Mauerfalls entpuppen.

Zugleich verweist der Titel auf Kempowskis Großcollagen »Das Echolot« von 1993 und »Das Echolot – Fuga

Furiosa« von 1999, die er 1989 in Angriff nimmt. Denn »Alkor« ist auch eine Bezeichnung für Klarsichtfolien aus Kunststoff, die in Kempowskis noch tastender Konzeption dieser monumentalen, kollektiven Tagebücher eine Rolle spielen: »Ich denke mir für das ›Echolot‹ Transparentseiten aus. Der eigentliche Text, die Überlieferung, wird auf ihnen gedruckt, darunter stehen Ängste und Träume. Die orangerote Sonne wirft ihr Licht auf den Strom der Menschen. – Zweiseitig, immer ein Transparentblatt aufliegend auf dem weißen Papier. Was ist das Eigentliche? Wo sind die Träume der Toten? Können wir nicht einfach die eigenen Wahrträume dagegen drauf- oder druntersetzen? Aber: die Folie als Träger des Unbewussten wird ja sowieso vom Lesenden geliefert. Das ist es eben, was er als Kommentar beisteuert.«

»Alkor« ist zunächst einmal Arbeitsjournal, in dem der Autor Grundsatzüberlegungen anstellt und Skizzen entwirft, den Leser aber auch mit buchhalterischer Kleinkariertheit über die Kosten von Büromaterial nervt – das Journal eines manischen Workaholics. Parallel zum Echolot arbeitet er am Roman »Mark und Bein« (1992), sammelt Beobachtungen für ein als »Dorfroman« anvisiertes Projekt, veranstaltet Seminare in seinem Haus, hat erste Ideen für den Roman »Heile Welt« (1998), lehrt an der Universität Oldenburg Pädagogik und Kreatives Schreiben, hält unermüdlich Vorträge und Lesungen und präpariert das Material für »Sirius«. Dabei werden die eigentlichen Tagebuchauszüge aus Briefen und Notizheften ergänzt, denn: »So wie sie sich bisher darbieten, interessieren sie keinen Menschen.«

Das gleiche Verfahren dürfte Kempowski für »Alkor« angewandt haben, sodass wir es bei den Einträgen mit einer

Konstruktion zu tun haben, die zwar aus Dokumenten spontaner Reaktionen zusammengesetzt ist, diese jedoch methodisch organisieren und bestimmten Absichten unterwerfen. Zur Konstruktion gehört es, dass jeder Tag mit den Schlagzeilen der »Bild-Zeitung« einerseits, des »Neuen Deutschland« andererseits eröffnet wird; an Sonntagen müssen »Welt am Sonntag« bzw. »Sonntag« die Null-Informationen aus West und Ost heraustrompeten. Zur Grobschlächtigkeit von Boulevard- und Parteijournalismus tritt Kempowskis penible Detailarbeit dann in den gewünschten Kontrast: »Meine Möglichkeiten liegen im Mikroskopischen und in der Skurrilität.« Mit beidem wartet das Tagebuch in so großer Fülle auf, dass das Mikroskopische gelegentlich zu banaler Redundanz verdampft und das Skurrile nur noch lachhaft wirkt. Den gutbürgerlichen Speisenfolgen auf den kempowskischen Mittags- und Kaffeetischen sind auch nach mehr als 600 Seiten keine tieferen Erkenntnisse abzugewinnen.

Gerade auch wegen seiner Stilisierung, in der das Spontane und scheinbar Absichtslose häufig als Inszenierung erscheint, ist »Alkor« jedoch – zweitens – Autobiografie und Selbstporträt; genauer gesagt: ein selbstironisches Posenalbum, in dem Kempowski bis zur Absurdität diverse Selbstdarstellungen durchspielt. »Ab und zu nehme ich mir vor, mich von Grund auf zu ändern. Das ist aber mehr ein Änderungswunsch in eine andere Rolle hinein. Mal eiskalt sein, obwohl man zur Leutseligkeit neigt. Nach den Rollen tasten, die in einem angelegt sind – das ist es.« Aus dem Klappenfoto blickt er uns in Gestus und Garderobe eines soigniert-jovialen Gutsbesitzers entgegen. Ein anderes Mal bekommt er von einer Verehrerin einen weißen Pfau angeboten: »Die Vorstellung, einer Interviewerin mit einem Pfau am goldenen Halsband entgegenzutreten ...? Das ist nicht ganz von der Hand zu weisen. Wondratschek ließ sich mal im Puff interviewen. Der boxte ja auch.«

Derlei pfauenhafte Stefan-George-Mimikry für die besserverdienende Halbbildung seines Publikums bliebe lediglich ein albernes Selbstverkennungsritual, würde Kempowski nicht gleich in der nächsten Groteske Versteck suchen, diesmal im Klischee der Gartenlaube: »Für einen Dichter ist die Laube wie geschaffen. Der Blick über die ungemähte Wiese mit den Schafen, ein paar Schmetterlinge, da drüben am Haus ... Müsste noch eine Blumenschale auf dem Tisch stehen mit Astern. Und Besucher müssten her, wie es sie auf der ganzen Welt nicht gibt. Nachdenkliche Greise, geistreiche Frauen, tief einatmend, dass der Busen sich hebt ...« Und als ob es nicht schon peinlich genug sei, ausgerechnet der Illustrierten »Quick« einen Beitrag zum Thema »40 Jahre Bundesrepublik« zu liefern, wirft er sich dazu gleich vaterländisch in Schale: »Auf dem dazugehörigen Foto bin ich mit *schwarzem* Hemd, *roter* Jacke und *goldenem* Strohhut zu sehen.« Gelegentlich werden solche Eulenspiegeleien aber selbst dem eitlen Poseur Kempowski unheimlich: »Als ob ich dem Klischee nacheifere, das sich in der öffentlichen Meinung über mich gebildet hat.«

In Wahrheit dienen diese teils realen, teils imaginierten Rollen dem Gegenteil: Sie dekonstruieren die Klischees, indem sie sie als etwas vorführen, was Kempowski einmal zu Rossini notiert: »Unerträglich, aber doch ganz hübsch.« Er ist, sagt Kempowski, durch diese Maskeraden immer schon ein anderer, aber wer er ist, weiß er selbst nicht. Seine unermüdliche Produktion ist der Versuch, die eigene Identität zu finden, indem sie ständig neu erfunden wird. »Vielleicht wird mein ›Sirius‹ in 100 Jahren auch Teil eines ›Echolots‹. *Lustige Person vor Hintergrund.*« Erst wenn der Autor vollständig zum Werk geworden, in seinem Werk verschwunden ist, kann er als Person erfasst werden.

Als lustige Person grimassiert Kempowski sich nicht zuletzt deshalb durch die Gegenwart, weil er sich dort, wo er es ernst meint, verkannt fühlt: »Wo andere Leute den ›Versuch eines Fragments‹ schreiben (und dafür Preise über Preise einheimsen), nimmt sich der Mann aus Nartum Kolossalbauten vor. In einem Zeitalter der Zweieinhalb-Minuten-Kultur ist so etwas verdächtig.« Bei geringeren Autoren ist das Werk die Pose – bei Kempowski bildet das Werk die Identität aus, und seine Maskeraden sind Selbstschutz: »Ich bin traurig und pfeife vor mich hin.« Von der metaphorischen Rede abgesehen, zeigt er sich unmaskiert nur bei dem, was einen Schriftsteller unter der Schminke von Talent und Pose wirklich ausmacht: beim Werk. »Ich sitze vor dem Computer wie früher vorm Radio, wenn ich insgeheim BBC hörte. Oder wie an einem Funkgerät, durch das ich Verbindung aufnehmen muss mit den Seelen, die mir erzählen wollen von ihren letzten Stunden.«

Drittens schafft sich der Autor mit »Alkor« ein Feld, auf dem er mäkeln und motzen kann – hemmungslos, weil durch die Tagebuchform geschützt, indem diese ja eigentlich keine öffentliche Meinungsäußerung prätendiert, sondern im Gestus des privatim Gedachten daherkommt. Innerhalb dieses mäandernd räsonierenden Selbstgesprächs sind zwei miteinander korrespondierende Themen krisenfest und kaum je von Kempowskis ansonsten notorischer Selbstironie angekränkelt: Zum einen ein bedingungsloser, beinharter Antikommunismus, zum anderen ein Selbstkultus des Verkannten und Ausgegrenzten: »Jahrelang wurde ich gemieden, weil ich die Wahrheit sagte, nun, weil ich sie gesagt habe.« Wo Günter Grass überall eine postmoderne neokonservative Kamarilla wittert, sieht sich Kempowski umgekehrt von einer höchst diffusen »Linken« umzingelt, zensiert, geschnitten: »Das System in den Funkhäusern. Verfolgungsjagd der Presse. Boykott.« Wurzel aller, zumindest aller westdeutschen, Übel innerhalb des Kulturbetriebs sind ihm »die 68er«, und sein ans Paranoide grenzender Wahn kommt eben dadurch zustande, dass Kempowski deren Einfluss grotesk überschätzt: »Zwei bärtige Männer verließen nach einer halben Stunde das Auditorium. Geben sie einen Bericht ab über mich?«

Zum Kult des Verkannten und Verfolgten gehören zwangsläufig larmoyante Ohnmachtsfantasien: »Nur Feinde habe ich, an Freunde kann ich mich nicht erinnern. Wenn ich irgendwo hinkomme, wenden sie sich ab.« Kempowski kann es sich in dieser Rolle des Großen Einzelgängers, die doch auch nur eine Pose unter vielen ist, besonders gemütlich einrichten, weil es ihm an Verehrern und Lesern nicht mangelt. Sie laufen dem »Volksschriftsteller« die Tür ein, gegen die Fanpost kommt er kaum an. Die Ohnmacht tariert sich aus durch soliden Größenwahn, in dem Kempowski dann auch wieder zur Besinnung, sprich: zur Selbstironie im Pluralis Majestatis zurückfindet, wenn er anlässlich eines euphorischen Leserbriefs notiert: »Bei 70 Millionen Deutschen wiegt ein solcher Brief nicht viel. Erst wenn die Straßen unserer Städte voll Menschen sind, die im Gehen Kempowski lesen, haben wir es geschafft.« Im Übrigen gilt für ihn wie jeden anderen Autor einer der zutreffendsten Sätze des gesamten Tagebuchs: »Jeder ist sich selbst der Größte.«

Walter Kempowski wurde 1948 von einem sowjetischen Militärtribunal wegen angeblicher Spionage zu fünfundzwanzig Jahren Zuchthaus verurteilt, von denen er acht Jahre in Bautzen absaß, bis er vorzeitig entlassen wurde und dann nach Westdeutschland übersiedelte. Sein rigider Antikommunismus wird auf diesem Hintergrund nur allzu verständlich, bleibt aber auch nach dem Zusammenbruch des Sozialismus bedenklich schief, weil er sich jeder Differenzierung verweigert und mit einem gleichfalls undifferenzierten, allerdings nicht chauvinistischen Nationalismus verquickt ist. Das Trauma von Bautzen bildet eine der zentralen »Urerlebnisse« Kempowskis, aus denen sich seine schriftstellerische Energie speist.

Ein weiteres Zentralmotiv ist die Auseinandersetzung mit dem Nationalsozialismus. Im Tagebuch notiert er, dass er erst 1957 detaillierte Tatsachen über die Judenvernichtung erfahren habe, und stellt sich die Frage: »Vielleicht ist alles, was ich geschrieben habe, eine Antwort darauf?« Das Zusammenspiel beider Grunderfahrungen ergibt Kempowskis Totalitarismuskritik. »Das allgemeine Kommunismus-Desaster gesellt sich zur Hitler-Hölle als unerhörtes Erlebnis.« Angesichts der DDR-Grenze bei Lübeck notiert er, die Perfektion, mit der der Grenzzaun gebaut sei, komme »aus der gleichen Werkstatt wie die Vergasungsfabriken der Nazis.« Eine simple »Rot = Braun«-Gleichung macht Kempowski dennoch nicht auf; dafür ist er ein zu genauer Beobachter, für den »jeder Völkermord sein eigenes Gesicht«

hat. »Nicht Aufrechnung ist mein Anliegen, sondern das Sichtbarmachen von Ursache und Wirkung.«

2.

Identitätssuche als selbstironische Rollenspielerei und nörgelndes, von Besserwisserei nicht freies Räsonnement brechen sich im Tagebuch so heftig Bahn, weil für sie in den Romanen, erst recht in den Collagen des »Echolots«, kaum Platz ist. Diese Werke sind von moralischen Wertungen, ideologischen Erklärungen oder Deutungen fast völlig frei, weshalb Kempowski hinsichtlich des Konstruktionsprinzips seines »Echolot«-Projekts eine sehr begründete Verwandtschaft zu Walter Benjamins »Passagen-Werk« entdeckt. Benjamins Absicht, das reine Material sprechen zu lassen und seine Bemerkung, er habe nichts zu sagen, aber alles zu zeigen, findet sich bei Kempowski in folgender Formulierung wieder: »Auf verbindende Texte muss unter allen Umständen verzichtet werden. Für Kursiv-Sätze bin ich nicht zu haben.« Als zu seinem 60. Geburtstag in der »Faz« ein Artikel über Kempowski erscheint, der ihm Naivität vorwirft und mit den Worten endet: »Doch verlangen wir nicht zu viel von einem Schriftsteller, wenn wir erwarten, dass er nicht nur erzählt, sondern auch erklärt?«, notiert Kempowski ins Tagebuch: »Was soll ich ihnen eigentlich erklären? Haben sie's denn noch immer nicht begriffen?«

Wohl sind Kempowskis Romane ein Drahtseilakt über den Sümpfen der Trivialität und eines wohlfeilen *common sense*. Die enorme historische Tiefenschärfe dieses Erzählens kommt jedoch dadurch zustande, dass Kempowski sich mit abenteuerlicher Exaktheit an den Oberflächen abarbeitet, die ja bekanntlich nur dem oberflächlich sind, der sie nicht zu lesen versteht, an den Nuancen und Details der Dinge, insbesondere aber auch der Sprechweisen. Insofern lässt sich hier von einer Literatur absoluter Konkretheit sprechen, die mit naturalistischer Faktenhuberei nichts zu tun hat. Kempowski nimmt die Menschen und Dinge beim Wort und lässt sie damit überhaupt erst zu Wort kommen. In den Romanen werden keine Welten beschworen, hier werden Denk- und Sprechweisen und Atmosphären bis in ihre subtilsten und banalsten Verästelungen hinein rekonstruiert.

Den Verzicht auf Teilnahme am politischen Diskurs der Gegenwart begründet Kempowski halb ironisch, halb zutreffend mit seiner Naivität und Jovialität: »Leider fehlt es mir an Wissen und an der nötigen Aggressivität. Sonst würde ich mich einmischen.« Im Werk selbst ist dieser Verzicht auf Erklärungen, auf die »Kursiv-Sätze«, ein ästhetisches Prinzip – die Kehrseite des Räsonnements, wie Theodor W. Adorno sie in seinem Essay »Über epische Naivetät« entfaltet hat. »Gegenüber dem aufgeklärten Bewusstseinsstand, dem allgemeinbegrifflichen Wesen«, erscheint nach Adorno die Gegenständlichkeit des Erzählens »stets als eines von Dummheit, ein Nichtverstehen, Nichtbescheidwissen, verstockt ans Besondere sich Halten«, um »treu und unverstellt, was einmal war, so festzuhalten, wie es war«, wodurch solche »Dummheit des Erzählens« in den Verdacht restaurativer Ideologie geraten ist. Doch lebt in der epischen Naivetät »die Kritik der bürgerlichen Vernunft. Sie hält jene Möglichkeit von Erfahrung fest, welche zerstört wird von der bürgerlichen Vernunft, die sie gerade zu begründen vorgibt.«

Solche Dummheit des Erzählens, die Traditionen nicht verklärt, sondern rettet, beherrscht fast alle Romane Kempowskis. Das »Echolot« beherrscht sie erst recht, insofern der »dumme« Erzähler hier verstummt und nur noch das Material sprechen lässt. Das Material aber sind Menschen. Im Tagebuch findet sich ein Eintrag, der die Methode präzise fasst: »Wer von Thesen ausgeht und dafür Beispiele sucht (im Roman), verstößt gegen das wichtigste Prinzip der Kunst. Vom Fassbaren ausgehen. Die Welt untersuchen, wie sie ist, nicht vom Bild der Welt ausgehen, wie man's sich gemacht hat, und dann überprüfen wollen, ob's stimmt.«

Wenn Kempowski sich von John Dos Passos beeinflusst sieht, liegt der Grund darin, dass Dos Passos mit der epischen Methode des »Kamera-Auges« versuchte, Welt und Gesellschaft »naiv«, das heißt vorurteilsfrei und ohne ideologische Brechung wahrzunehmen. Neben Dos Passos beruft sich Kempowski im gleichen Atemzug auf Gottfried Keller, eine Verwandtschaft, die aus Adornos Überlegungen erst plausibel wird. Denn »vermöge der epischen Naivetät übt das erzählende Wort, in dessen Habitus dem Vergangenen gegenüber immer ein Apologetisches, die Rechtfertigung der Begebenheit als einer bemerkenswerten, lebt, Korrektur an sich selber. Die Genauigkeit des beschreibenden Wortes sucht die Unwahrheit aller Rede zu kompensieren.« Dieser Impuls habe Erzähler wie Stifter, Flaubert und eben Keller dazu getrieben, zu zeichnen und zu malen, um die Intention ihrer Darstellung zum Äußersten zu treiben. Denn das Bild spricht aus sich selbst.

Aus dem gleichen Impuls speist sich im dokumentarischen Kontext des »Echolots« Kempowskis Faszination für Fotos – ein Versuch, »die Darstellung von der reflektierenden Vernunft zu emanzipieren«, sie von der »begrifflichen Manipulation der Gegenstände zu heilen«. Er notiert im Journal, bereits über zweihundert Fotoalben gesammelt zu haben: »Auch das sind Biografien. Der Tod löscht die Erinnerungen, die Bilder aller Menschen aus. Das ist wie das Abräumen eines Schachbrettes. Dagegen anzuschreiben nützt nichts. Aus den Fotos von damals spricht etwas zu uns. Sie sind Todeszeugnisse, sie nehmen den Tod vorweg.«

Nicht zu Unrecht fühlt Kempowski sich auch mit Arno Schmidt verwandt. Beide sind, wenn auch aus anderen Impulsen, Meister der Textmontage, beide sind Fanatiker des Details, und beide interessieren sich für das Bodenlose im Banalen. Während Schmidt seine kreative Energie aber immer stärker in sprachliche Feinstrukturen verschob, zielt Kempowskis Projekt auf eine Art Rettung der Dingwelt und eine bisweilen urkomische Archivierung der Umgangssprache, die bekanntlich raschen, modischen Wandlungen unterworfen ist. Daher ergibt sich in den Romanen dieser unangestrengte Plauderton, der Gestus eines scheinbar kunstlosen, literarisch konsequent heruntergespielten Stils – eine »Dummheit«, die sich dem Sprechen verdankt, dem Erzählen und dem sehr genauen Hinhören aufs Erzählte, die ihre Exaktheit wie ihre Lockerheit aus oraler Überlieferung bezieht. Wer die Welt nicht beobachtet, wer den Menschen nicht aufs Maul schaut, der hat auch nichts zu erzählen: »Noch nie habe ich die Einzigartigkeit von Menschenschicksalen so empfunden wie jetzt. Jeder ›Zeuge‹ sagt, und jeder erlebt was anderes.«

Als sich im Herbst 1989 in Berlin die Mauer öffnet und schließlich fällt, nimmt Kempowski das vor dem Fernseher mit begeisterter Genugtuung auf. Ätzende Kritik übt er an der Berichterstattung: »Lea Rosh, in Mauerbesichtigungs-Spezialkleidung mit hochgedonnertem Haar, lief in Mauernähe mit Mikrofon herum, sie will sagen können, sie sei dabei gewesen. Interessant, wie sie nur die Antworten bekam, die sie auch hören wollte.« Der Journalismus versteht die Welt nicht, weil er weder zu fragen noch zuzuhören versteht. Dafür bedarf es der Dummheit eines Erzählers vom Schlage Walter Kempowskis: Den Menschen »zuhören und sie ausreden lassen. Dafür bin ich da.«

Die Unschuld vom Lande

Helmut Salzinger und seine Zeitschrift »Falk«

»Falk – Loose Blätter für alles Mögliche« war eine inzwischen legendär gewordene Zeitschrift, die, herausgegeben,
redigiert und finanziert von dem Publizisten und Lyriker
Helmut Salzinger, zwischen 1984 und 1988 monatlich erschien und es auf 36 Ausgaben brachte. Abseits des etab-
lierten Kulturbetriebs, ohne jede Rücksicht auf die üblichen Marktmechanismen, bildeten Literatur und Kunst,
Ökologie und Ethnologie die wesentlichen Pole, zwischen
denen »Falk« kreuzte. In Heft 24 publizierte Salzinger unter dem Titel »Falk oder die Unschuld vom Lande« eine Art
Programm des Projekts: »Dichtung ist die Sprache der Erde,
soweit es der Mensch ist, durch dessen Mund sie L/laut
wird und Luft bekommt. Die Menschen (nicht sie allein,
aber auch sie) sind Kinder der Erde, und die Dichter, so
könnte man meinen, sind der Grund, aus und auf dem die
Erde Menschen gebiert: um Wort zu werden.«
   Salzingers Herausgeberschaft schuf eine gewisse Strin-
genz in den diversen Heften, doch ließ seine Neugier und
Offenheit allerlei Abseitiges, Verqueres, auch amateurhaft
Unausgegorenes zu, solange es in näherer oder weiterer
Berührung zum ökologischen Menschenbild und Literatur-
begriff Salzingers stand. »Falk« war ein an- und aufregen-

des Experimentierfeld, das gelegentlich zur Spielwiese von Dilettanten verkam. Salzinger gab ihnen wohlwollend Raum, weil er im Dilettanten im ursprünglichen Sinn den Liebhaber einer Sache sah, dessen Liebe nicht durch Verwertungszwänge oder -absichten verstellt ist. Redaktionelle Eingriffe in die Texte nahm er fast nie vor – die jeweiligen Macher der einzelnen Hefte sollten »ihr Ding« betreiben. Insofern war »Falk« keineswegs die Plattform eines Egomanen, sondern ein offenes Projekt mit sehr divergenten Beiträgen und Beiträgern, die vom professionellen Schriftsteller bis zum liebenswerten Möchtegernpoeten, vom promovierten Ethnologen bis zum bekifften Träumer reichten. Überflüssig zu sagen, dass keine Honorare gezahlt wurden und das ganze Unternehmen keinen Gewinn abwarf, sondern von Salzinger aus eigener Tasche finanziert wurde – ruhte seine materielle Existenz als Aussteiger und Außenseiter des Kulturbetriebs doch auf dem sehr soliden Fundament einer Erbschaft. Anders als honorarabhängige Autoren konnte sich Salzinger seine Distanz zum literarischen Markt also leisten, und »Falk« hatte für manchen Beiträger auch einen bescheiden mäzenatischen Charakter.

Neben einigen kleineren Beiträgen und Übersetzungen habe ich zwei »Falk«-Ausgaben erstellt: ein Heft mit Auszügen aus den Tagebüchern Walt Whitmans und ein Heft mit eigenen Aufzeichnungen, die unter dem Titel »Das graue Tagebuch« die Entstehung meines Romans »Das Grau der Karolinen« dokumentierten. Wenn ich »erstellt« sage, so heißt das, dass ich nicht etwa nur die entsprechenden Manuskripte einlieferte, sondern an der Produktion des ganzen Heftes beteiligt war. Das gehörte zu den Spiel-

regeln. Im geräumigen Wohnraum von Salzingers Bauern-
hof waren Tapeziertische aufgebaut, auf denen die Seiten,
die der heiß laufende Fotokopierer röchelnd ausspuckte,
sortiert, gestapelt, geheftet und für den Versand eingetütet
wurden. Die materielle Herstellung eines Heftes dauerte
etwa zwei Tage. Abends saß man dann in der Küche bei-
sammen. Salzingers Frau tischte gewaltige Portionen gutbürgerlich Hausgemachtes auf, man trank Rotwein, rauchte einen Joint, meistens auch beides, und diskutierte bis in
die frühen Morgenstunden.

In einer dieser Nächte kamen wir auf Paul Valérys subtile Bestimmung des Schönen zu sprechen, die in Walter
Benjamins Aufsatz »Über einige Motive bei Baudelaire«
zitiert wird als »servile Nachahmung dessen, was in den
Dingen undefinierbar ist«. Über die sich daraus ergebene
Funktion der Literatur haben wir damals freundschaftlich
und kontrovers zugleich diskutiert.

Kontrovers deshalb, weil Salzinger die Nachahmung des
Undefinierbaren als Beleg seines im »Falk«-Programm ma-
nifestierten Stilideals verstehen wollte, literarische Texte
so zu organisieren, dass sie sich der Diktion des gesproche-
nen Worts annähern, der Urform des Literarischen als erzählte, von Ohr und Mund zu Ohr und Mund tradierte
Erfahrung. »Gedichte«, darauf beharrte Salzinger, »sind
Sprache, *gesprochen*, gehören zum Sprecher, der sie von
sich gibt.« In diesem Prozess, der auf die Fixierung durch
Schrift verzichtet, ergeben sich zwangsläufig inhaltliche
und formale Änderungen des Tradierten, produktive Unschärfen, wodurch die Ermächtigungsfantasie fixierter, ver-
bindlicher Definitionen verhindert wird. Das Werk bleibt
immer offen.

Salzingers Plädoyer für Oralität konnte ich nicht folgen, jedenfalls nicht als Ableitung aus Valérys Satz, den ich nach wie vor lediglich so verstehe, dass Literatur sich gegenüber dem, was sie beschreibend erfasst, nicht abstrakt verhalten darf, nicht Überwindung der Erfahrungsfülle durch Definitionen, Termini und Begriffe liefern soll, sondern in mimetischen Anverwandlungen das Undefinierbare zu zeigen hat, ohne dabei »das Geheimnis« lüften zu wollen.

Die Kontroverse, wenn es denn überhaupt eine war und nicht nur ein Missverständnis, blieb natürlich an jenem Abend ungelöst, deutet jedoch auf jene Widersprüchlichkeit hin, die für Helmut Salzinger als *schreibenden* Autor konstitutiv war. Als promovierter Germanist verfügte er über profunde literarhistorische und theoretische Kenntnisse, und als Musik- und Literaturkritiker der »Zeit« und der Musikzeitschrift »Sounds« erzielte er in den Siebzigerjahren beträchtliche, öffentliche Resonanz. Er liebte die Literatur und das kritische Schrifttum, er produzierte Kritik, essayistische und literarische Texte – und hegte zugleich ein ständig wachsendes Unbehagen gegenüber diesem Treiben.

Sein Misstrauen bezog sich anfänglich nur auf die Kommerzialisierung des Kulturbetriebs, der abweichende Tendenzen entweder marktgerecht amalgamierte oder unterdrückte, und provozierte schließlich Salzingers »Ausstieg«. Doch steckte unter dieser Idiosynkrasie gegen die zur bloßen Ware abgewirtschaftete Literaturproduktion eben auch jenes tiefere und grundsätzlichere Misstrauen gegenüber der in Schriftform gefassten Erfahrung, der Literatur selbst, sah Salzinger in der schriftlichen Fixierung doch genau das, was es seiner Meinung nach zu verhindern galt: eine definitorische Verengung, Stillstellung der Schwingungsbreite von gesprochenem Wort und Klang.

Einer von Salzingers vielen Widersprüchen bestand also darin, dass er, umgeben von einer exquisit sortierten Bibliothek und unermüdlich schreibend, das Geschriebene überwinden wollte, weshalb er seinen eigenen Stil immer radikaler entschlackte, bis er in seinen späteren Gedichten zu einem fast nackten Benennen der Phänomene kam. »Schöne« oder gar »elegante« Formulierungen waren ihm zuwider, weil sie zwischen Objekt und wahrnehmendes Subjekt Filter schieben. Salzinger ging es nicht um die Zeichen an sich, sondern um die Wahrheit – und das heißt: die Undefinierbarkeit – der Dinge. Sprache und Schrift hatten deshalb für ihn Hinweischarakter, aber kaum Eigenwert. So hatte Salzinger, mit einer Formulierung des von ihm verehrten, schriftbesessenen Walter Benjamin, »nichts zu sagen, aber alles zu zeigen«.

Vom Boot aus gesehen

Übers Übersetzen

Poetry is what gets lost in translation.

Robert Frost

1.

Bekanntlich gibt es keine Muse der Übersetzung, und übersetzen ist auch keine Kunst. Es ist ein, im besten Sinn, geistiges Kunsthandwerk, wobei dieser Begriff natürlich ebenso eine Mystifikation darstellt wie der noch unsäglichere der sogenannten Nachdichtung. Vielleicht sollte man sich auf die nicht schöne, aber sehr richtige Tautologie verständigen: Eine Übersetzung ist eine Übersetzung; und da gibt es eben gelungene und weniger gelungene. Wird sie solide betrieben, gibt eine Übersetzung dem Original auf andere Weise zurück, was sie ihm aufgrund der Reibungsverluste zwischen den Sprachen notgedrungen nehmen muss.

»Worte zu dem zu finden, was man vor Augen hat – wie schwer kann das sein. Wenn sie dann aber kommen, stoßen sie mit kleinen Hämmern gegen das Wirkliche, bis sie das Bild aus ihm wie aus einer kupfernen Platte getrieben haben.« In dieser Metapher hat Walter Benjamin die Arbeit des Autors, des Urhebers, anschaulich gemacht. Die Arbeit des Übersetzers besteht aber darin, von diesem aus der Wirklichkeit getriebenen Bild einen möglichst treuen, zugleich möglichst schönen, und das heißt »lesbaren« Abdruck herzustellen.

Um die Unterscheidung zwischen Original und Übersetzung weniger metaphorisch zu fassen, schaue man sich irgendeinen Gegenstand im Raum an, einen Tisch, einen Stuhl, einen Bleistift. Jeder dieser einfachen Gegenstände ist sowohl seiner geschichtlichen Herkunft und seines Gebrauchs- sowie ästhetischen Werts her von außergewöhnlicher Komplexität, einer Komplexität, die schlechterdings gen unendlich geht, wenn man auch noch die wahrnehmungspsychologischen und erkenntnistheoretischen Dimensionen mitdenkt, mit denen der Gegenstand als wahrgenommenes Phänomen eingesponnen ist. Die Wirklichkeit zeigt in jeder ihrer Erscheinungen eine unendliche Erfahrungsfülle.

Das bloße und stumme Dasein der Dinge muss vom Autor benannt werden. Insofern ist Sprache nichts anderes als Überwindung der unendlichen Erfahrungsfülle durch Begriffe – und damit eine enorme Abstraktionsleistung. Denn die Sprache macht aus dem eigentlich unbeschreibbaren Ding »Tisch« jene fünf Buchstaben, die das Wort und den spezifischen Klang des Worts »Tisch« ergeben. Aufgabe eines literarischen Textes ist es nun, diese Abstraktion wieder ins Konkrete zu bringen, den Tisch, dem durch den Begriff »Tisch« seine Unendlichkeit ebenso wie seine Besonderheit genommen wird, wieder als diesen ganz besonderen Tisch darzustellen – den Tisch nicht zu benennen, sondern zu *erzählen*. Und es ist genau diese Übersetzung der Wirklichkeit ins Wort, die der Autor leistet. Es ist der ur-hebende Akt, von der ein Übersetzer, der nur von Sprache zu Sprache, von Zeichensystem zu Zeichensystem vermittelt, entbunden ist. Der Autor musste etwas zur Sprache bringen, was es sprachlich zuvor nicht gab. Die Übersetzung sagt lediglich mit anderen Worten, was bereits gedacht und gesagt wurde.

Leider begnügen sich viele Übersetzer nicht mit der schwierigen und gewiss oft undankbaren Aufgabe, vom Bild der Wirklichkeit, wie das Original es liefert, den Abdruck herzustellen, sondern ihr Ehrgeiz zielt auf das, was mit einem verräterischen Wort als Nachdichtung bezeichnet wird und im schlimmsten Fall darauf hinausläuft, den Originaltext verbessern zu wollen. Goethe hat in den Noten zum »West-östlichen Divan« solche Übersetzungen »parodistisch« genannt, weil sie sich einer fremden Sprache nur nähern, um dort Übereinstimmungen mit den eigenen Vorstellungen oder Anregungen für eigene Arbeiten zu finden.

Das Problem stellt sich aber vielleicht weniger den professionellen oder hauptberuflichen Übersetzern als vielmehr manchen Schriftstellern, die auch als Übersetzer arbeiten – sei es aus ökonomischer Notwendigkeit, sei es aus »parodistischen« Motiven. Ein schlagendes Beispiel wäre hier Arno Schmidt, der nicht nur ein penibler Kritiker anderer Übersetzungen war, sondern dessen eigene Übersetzungen so inspiriert und originell wie ungenau sind. Von ihm stammt die selbstironische Bemerkung, er stelle es sich komisch vor, einmal Adalbert Stifter ins Deutsche zu übertragen – was ja nichts anderes heißt, als aus der Sprache dieses Autors herauszuholen, was nach Schmidts Meinung dort verschüttet liegt. Und entsprechend lesen sich Schmidts Übersetzungen ausländischer Autoren; sie enthalten oft mehr O-Ton Schmidt denn Echo des Tons der betreffenden Schriftsteller; das reicht von der inspirierten, aber eben auch willkürlichen Beugung einzelner sprachlicher Wendungen bis zur Transposition von Motiven. Goethe hat im II. Buch von »Dichtung und Wahrheit« angemerkt, dass solche kritisch gemeinten Übersetzungen, »die mit dem Original wetteifern, eigentlich nur zur Unterhaltung der Gelehrten untereinander« dienen. Arno Schmidts Poe-Übersetzungen haben eben deshalb auch keine kanonische Wirkung im deutschen Sprachraum erzielen können.

Vladimir Nabokov hat in einem Interview erklärt, die Lektüre poetischer Übersetzungen, und »poetisch« meint hier das Gleiche wie Goethes »parodistisch«, einiger berühmter Zeitgenossen mache ihn krank, und er hat für sein Leiden ein hübsches Bild geliefert: Man sagt, dass ein bestimmter kleiner malaiischer Vogel nur dann singe, wenn er beim jährlichen Blumenfest von einem besonders dafür ausgebildeten Kind auf unsägliche Weise gequält wird. »Ein gefolterter Autor und ein betrogener Leser«, so Nabokov, »das ist das unvermeidliche Ergebnis dilettantischer Paraphrasierung. Die einzige Aufgabe und Rechtfertigung von Übersetzungen ist es, die möglichst genaue Information zu übertragen, was nur durch eine wörtliche Übersetzung mit Anmerkungen zu erreichen ist.«

Nabokovs Verdikt gegen das intuitiv nachschöpferische Erdichten, gegen Verbesserungsversuche zumal, die ja eher Verwässerungen gleichkommen, und seine Forderung nach einem Anmerkungsapparat, in dem die Bedeutungsstreuung der Übersetzung entfaltet werden kann, versteht die Arbeit des Übersetzers also als eine kommentierende Tätigkeit auf der Basis absoluter Werktreue. Der Übersetzer soll bei seinen Leisten bleiben und seine künstlerischen Affekte unter Kontrolle halten.

2.

Folgt man Paul Valérys subtiler Bemerkung, im gelungenen literarischen Kunstwerk werde die servile Nachahmung dessen sprachliches Ereignis, was in den Dingen undefinierbar ist, so leuchtet ein, dass sich der Übersetzer in der Tat vor eine grundsätzlich andere Aufgabe gestellt sieht als der Autor eines literarischen Originals. Der Autor hat die entscheidende Übersetzung bereits geleistet, indem er die Welt zur Sprache gebracht, ihr Bild aus der Kupferplatte getrieben hat – der Übersetzer aber bringt Sprache zur Sprache: Er hat es, allen Schwierigkeiten zum Trotz, alle Leistungen einer inspirierten Übersetzung eingerechnet, immer schon mit dem gleichen Medium, wenn auch im Gewand eines fremden Systems, zu tun. In einem Gespräch (mit Herbert Gamper) hat Peter Handke diesen Unterschied zwischen literarischer Erzeugung und Übersetzung in ein schönes Bild gebracht: »Dass man so mit dem Boot übers Meer fährt, und das Übersetzen: da sehn Sie, eine versunkene Stadt ist unterm Meer; beim Übersetzen sieht man ganz genau unter dem Wasser die Strukturen der versunkenen Stadt (...), und beim Schreiben müssen Sie erst hinuntertauchen. Beim Übersetzen sehen Sie's vom Boot aus.«

In seinem berühmten Traktat »Die Aufgabe des Übersetzers« hat Walter Benjamin deshalb die Übersetzung als Echo des Originals bezeichnet: »Hierin liegt ein vom Dichtwerk durchaus unterscheidender Zug der Übersetzung, weil dessen Intention niemals auf die Sprache als solche, ihre Totalität, geht, sondern allein unmittelbar auf bestimmte sprachliche Gehaltszusammenhänge. Die Übersetzung aber sieht sich nicht wie die Dichtung gleichsam im inneren Bergwald der Sprache selbst, sondern außerhalb desselben, ihm gegenüber und ohne ihn zu betreten ruft sie das Original hinein, an demjenigen einzigen Orte hinein, wo jeweils das Echo in der eigenen den Widerhall eines Werks der fremden Sprache zu geben vermag.« Insofern ist die Aufgabe des Dichters eine »naive, erste, anschauliche, die des Übersetzers abgeleitete, letzte ideenhafte Intention«.

Ohne weiter auf Benjamins sprachphilosophische Motive einzugehen, ist es bedeutsam, dass mit diesem Gedanken der Übersetzung zwar der Charakter der Dichtung abgesprochen, ihr zugleich aber eine kommentierende Funktion zugewiesen wird. Der Übersetzer ist insofern Kommentator, als er den Originaltext als Mitdenkender, Überdenkender, eine Zeit lang begleitet; das Ergebnis dieses Mitdenkens bildet die als Kommentar verstandene Übersetzung. Sie gibt das Paradigma eines vermittelten Werks, das dennoch eigen ist – aber eben kein eigenes Kunstwerk darstellt.

Übersetzungen entfalten vielmehr ein Werk, und zwar sowohl geschichtlich, wenn es sich um Texte aus früheren Epochen handelt – Übersetzungen können deshalb zu Aktualisierungen werden, können aber auch anders als die

Originale veralten –, als auch in ihrem gegenwärtigen Konnotationspotenzial. Jede Übersetzung eines Werks in eine andere Sprache (und übrigens auch jede parallele oder konkurrierende Übersetzung in die gleiche Sprache) erweitert die ästhetische Schwingungsbreite eines literarischen Werks, weil jede Übersetzung dem Werk etwas gibt, was es ohne die Übersetzung nicht kannte, zugleich aber auch etwas nimmt – das Unübersetzbare nämlich. Treffender als Robert Frost kann man es nicht sagen: »Poetry is what gets lost in translation.«

Zweifellos können bestimmte Bedeutungen des Originals überhaupt erst in seinen Übersetzungen entstehen, Bedeutungen, über die sich der Autor gar nicht klar sein konnte, über die der Übersetzer sich aber Klarheit verschaffen muss. Das ist allerdings keine künstlerische, sondern eine kommentierende und synthetisierende Leistung, die an die Bedeutungsstrukturen derjenigen Sprache gebunden ist, in die übersetzt wird, und die durch die kulturellen Traditionen vermittelt ist, denen diese Sprache entspringt. Übersetzungen sind in diesem Sinn interkulturelle Kombinationsleistungen, in denen der Übersetzer weniger am jeweils zufälligen Stand seiner Sprache festzuhalten, als vielmehr diese durch die Impulse der fremden Sprache in lebendige Bewegung zu versetzen hat.

Neu entsteht in jeder Übersetzung die »Art des Meinens« gegenüber dem identischen Gemeinten: *Schlüssel* und *key* meinen das Gleiche, die Art des Meinens ist in ihrem Sprach- und Schriftgestus lautlich wie bildhaft unüberbrückbar verschieden und kann im strengen Sinn nicht übersetzt, sondern nur ersetzt werden. Diese Ersetzung schafft jedoch dem Original eine weitere Dimension.

Besonders problematisch wird das spätestens dann, wenn Slang, Dialekte und Jargon zu übersetzen sind, die ja eine Art des Meinens darstellen, die sich bereits von ihrer eigenen Sprachkonvention separiert hat.

3.

Schöne Übersetzungen sind selten treu, die treuen nur selten schön. Die Arbeit eines guten Übersetzers bestünde dementsprechend darin, seine sprachliche Liaison mit dem Originaltext so zu gestalten, dass die Schönheit treu bleibt und die Treue schön wird. Genauigkeit und Treue schließen ja Inspiration nicht aus – im Gegenteil. Diese Kombination ist nicht zuletzt deshalb so schwierig, weil der Gegenstand, dem des Übersetzers Zuwendung gilt, um den er werben muss, damit er sich öffnet und in seiner Sprache aufgeht, sich nie vollständig aus der Erfahrung lösen lässt, in der er seine Unschuld verlor und aus dem schweigenden Dasein der Dinge zu Sprache und Text wurde.

Jeder Übersetzer macht die Erfahrung, dass sich während der Arbeit an der Übersetzung früher oder später, intensiver oder flüchtiger, das Gefühl einstellt, es handele sich um seinen *eigenen* Text. Das liegt daran, dass wir, vorausgesetzt, wir übersetzen gut und, noch wichtiger, wir mögen den Text, den wir übersetzen, diesen Text zu lieben beginnen. Und vielleicht hängt die Enttäuschung manches Übersetzers, wenn seine Arbeit in der Öffentlichkeit nicht recht gewürdigt wird, genau damit zusammen, dass er nach dem Autor der beste Kenner des Originals ist – vielleicht sogar ein besserer Kenner. So ergeht es wohl auch manchem Liebhaber, der seine Geliebte besser kennt als seine Vorgänger und den doch immer der Gedanke quält, dass eine entscheidende Erfahrung ohne ihn stattfand.

Der Pfennig unter der Zunge

Die Gruppe 47 und ihr Preis

1.

Der erste Preisträger der Gruppe 47 war im Jahre 1950 der Lyriker Günter Eich. Das erste der neun Gedichte, die er las, lautet:

Ende eines Sommers

Wer möchte leben ohne den Trost der Bäume!

Wie gut, dass sie am Sterben teilhaben!
Die Pfirsiche sind geerntet, die Pflaumen färben sich,
während unter dem Brückenbogen die Zeit rauscht.

Dem Vogelzug vertraue ich meine Verzweiflung an.
Er misst seinen Teil von Ewigkeit gelassen ab.
Seine Strecken werden sichtbar im Blattwerk
als dunkler Zwang,
die Bewegung der Flügel färbt die Früchte.

Es heißt Geduld haben.
Bald wird die Vogelschrift entsiegelt,
unter der Zunge ist der Pfennig zu schmecken.

Natürlich spielt die letzte Zeile dieses Gedichts darauf an, dass die Griechen ihren Toten eine Münze unter die Zunge legten – den Lohn für den Fährmann Charon, der die Toten über den Styx in die Unterwelt bringt. Liest man das Gedicht heute, kann man diese Zeile auch als einen mehr oder weniger bewussten Verweis darauf verstehen, dass durch das Preisgeld eine neue Dimension in die Treffen der Gruppe 47 Einzug gehalten hatte, eine Dimension, die den Zungenschlag veränderte, ging es ab nun doch nicht mehr nur um gute Worte, sondern auch um gutes Geld – und zwar um die für damalige Verhältnisse alles andere als unbedeutende Summe von eintausend Mark.

Begonnen hatte die Gruppe 47, deren Zusammensetzung sich mehr dem Zufall, mehr persönlichen Bekanntschaften innerhalb eines bestimmten Generationszusammenhangs verdankte als einem wie auch immer gearteten literarischen Programm, als informelle Austauschplattform zwischen zum Teil sehr unterschiedlich konditionierten Autoren. Und die Gruppe 47 endete als ein Machtkartell, als nepotistische Public-Relations-Agentur für Autoren, als eine Art Betriebsnudelmaschine.

Diese Entwicklung, die aus Freunden Konkurrenten und aus Literatur Aktien des literarischen Marktes machte, entsprang einem dreifachen Sündenfall: erstens der Auslobung und Vergabe des Preises, der, indem unter der Zunge nun stets der Pfennig zu schmecken war, unausweichlich Konkurrenzdenken entstehen ließ. Zweitens – und wahrscheinlich am verheerendsten – der Beteiligung professioneller Kritiker an den Treffen, wodurch sich die kollegiale Aussprache und die konstruktive Kritik unter Schriftstellern der Herrschaft des Sekundären unterwarf und einer ebenso geschmäcklerischen wie willkürlichen Hierarchisierung auslieferte, deren Nachwirkung bis heute den literarischen Diskurs beeinflusst. Der dritte Sündenfall bestand in der Zulassung von Medienöffentlichkeit, insofern nun die – alles andere als objektiven – Objektive der Fernsehkameras aus der berufsnotorischen Eitelkeit von Schriftstellern jene mediengerechte Rollenspielerei machten, die heute bedienen muss, wer auf dem Markt reüssieren will. Es gibt Fernsehaufnahmen vom Treffen in der »Pulvermühle« 1967, in denen das Auszählen der Stimmen bei der Ermittlung des Preisträgers zu sehen und zu hören ist, und je öfter der Name Jürgen Becker fällt, desto öfter fixiert die Kamera Jürgen Becker, und je öfter Jürgen Becker bemerkt, dass ihn die Kamera fixiert, desto stärker versucht er, seine schwitzende Aufgeregtheit hinter einer leicht blasierten Gleichgültigkeit zu verbergen, die, als Jürgen Becker zum Preisträger ausgerufen wird, einem nur mühsam unterdrückten Lächeln des Triumphes weicht.

Bekanntlich beruht das Funktionsprinzip des Erfolgs notwendigerweise auf dem Misserfolg der anderen – aber wer denkt schon noch in derart überholten Subtilitäten, in solchem längst vergangenen Gruppensentiment, wenn der Erfolg ihn selbst trifft, wenn die Kameras surren, die Kritiker mit dem Daumen nach oben zeigen, die Verleger Schlange stehen und die Feuilletons machtvoll rauschen?

»Sie brauchen nur«, schrieb Friedrich Sieburg, neben Hans Habe der erbittertste und lauteste Feind der Gruppe 47, »sie brauchen nur zu einem ›Dichtertreffen‹ zusammenzukommen, so sind schon die Lektoren, Reporter und

Funkwagen zur Stelle, um das erste Piepsen des ausschlüp-
fenden Kükens für die Nachwelt festzuhalten und für den
Betrieb zu erwerben.«

Es ist ein ironischer Treppenwitz der Betriebsgeschichte,
dass ausgerechnet Sieburgs Erbe Reich-Ranicki aus dem
Bodensatz dessen, was die Gruppe 47 längst nicht mehr
war und im Grunde auch nie werden wollte, die markt-
und medienkompatiblen Reste zusammenklaubte, um daraus den Klagenfurter Ingeborg-Bachmann-Preis zu inszenieren, den letzten Strich der Gruppe 47, auf dem die
Autoren konsequenterweise nur noch als Schnittblumen
am Fuß der Schwadroneurspulte einer Jury aus Kritikern
fungieren. Aber das steht auf einem anderen Blatt – beziehungsweise läuft auf einem anderen Kanal.

2.

Wie also kam der Pfennig unter die Zunge? Am 20. Oktober 1949 schrieb Franz Joseph Schneider, eins jener frühen Mitglieder der Gruppe, über das kaum ein Autoren-
lexikon und keine Literaturgeschichte noch etwas weiß, an
Hans Werner Richter: »Ein Bekannter von mir, ein reicher
Mann, der unsere Sprache sehr schätzt und die Gruppe
47 fördern möchte, ist bereit, für eine Reihe von Jahren je
tausend Mark für einen ›Preis der Gruppe 47‹ auszugeben.
Der Preis soll nach dem Ermessen der Gruppe an den
oder die jeweils Würdigsten gegeben oder verteilt werden.
Meine Aufgabe ist es, mit Dir die Angelegenheit zu venti-
lieren und Deine Ansichten und Vorschläge einzuholen;
worauf das Praktische dann rasch folgen wird. Ich freue

mich sehr über die Sache. Noch sind nicht alle Mäzene tot.«

Auch Hans Werner Richter freute sich sehr über die Sache, behauptete, sich sogleich mit einigen Gruppenmitgliedern über Modalitäten der Preisvergabe besprochen zu haben, und beantwortete Schneiders Brief folgendermaßen: Es »besteht die Ansicht, dass der Preis nach der literarischen Gesamtleistung (jedoch nach einer nochmaligen Vorlesung auf der Frühjahrstagung) vergeben werden sollte. Beispiel etwa Günter Eich, den wir zur Zeit als den Würdigsten ansehen würden.«

Wen, darf man sich hier fragen, meint Richter, wenn er von »man« und »wir« spricht? Möglicherweise in erster Linie sich selbst. Deutlich wird, dass und wie hier ein goldenes Ei bereits zugeteilt wird, bevor es noch gelegt ist. Aus dem Brief geht weiterhin hervor, dass ursprünglich eine feste Jury über die Preisvergabe entscheiden sollte, wovon man dann aber Abstand nahm. Richter fährt fort: »Um dem Preis eine gewisse Wertigkeit zu geben, soll zumindest in den ersten drei Jahren möglichst sorgsam mit der Verteilung umgegangen werden, also nur literarisch wirklich qualifizierte Leute damit ausgezeichnet werden, doch müssten sie auf jeden Fall der Mentalität der Gruppe 47 entsprechen. Um Dir deutlich zu machen, was ich meine, nenne ich ein paar Namen: Eich, Krämer-Badoni, Kolbenhoff, Franz Joseph Schneider.«

Einmal abgesehen davon, dass hier wie fast immer unklar bleibt, was man sich unter Mentalität der Gruppe 47 vorzustellen hat – bemerkenswert ist an dieser Passage, dass Richter implizit eine Situation antizipierte, die es möglich machen sollte, auch literarisch weniger qualifizierten Leuten den Preis zu geben, was dann auch zumindest einmal geschah, und zwar im Fall des Niederländers Adriaan Morrien.

Franz Joseph Schneider wird es gewiss gefallen haben, dass er zu den potenziellen Preisträgern gehören sollte. Als ob Richter ahnte, welchen Kuhhandel er da in Vorschlag brachte, konstatierte er: »Versteh mich recht, der Preis muss einen bestimmten fest umrissenen Wert bekommen. Man kann ihn also nicht plötzlich an Herrn Holthusen oder Kreuder vergeben. Die Ehre, diesen Preis zu bekommen, muss zu einer gewissen Publizität führen, und in kurzer Zeit bedeutend höher gewertet werden als die 1000,– DM. Ist das nun klar? Hier haben sich alle riesig über diese von Dir forcierte Entwicklung gefreut. Man sagt, sieh da, der Franz Joseph ...«

Jawohl, das ist uns nun allen klar, möchte man da sagen, und vielleicht auch noch gleich: Sieh da, der Hans Werner, ganz milder Machtmensch und Ersatzvater, ganz ökonomisch gedacht das Ganze, hübsch betriebsnudelig serviert und auch gar nicht so furchtbar literarisch.

Damit auch alles seine richterliche Ordnung hatte, legte er dann Anfang 1950 für die Preisvergabe ein Statutenwerk in dreizehn bürokratisch formulierten Paragrafen vor, in dem es unter anderem hieß: »Dieser Preis soll nach dem Ermessen der Gruppe für die beste literarische Leistung, die auf der jeweiligen Jahrestagung der Gruppe vorgelegt wird, vergeben werden.« An den Lesungen konnten sich demnach alle Teilnehmer der Tagung, auch die Gäste und – wer immer damit gemeint war, vielleicht jene Mäzene, die ja, wie Schneider gemeldet hatte, noch nicht alle tot waren – Förderer der Gruppe beteiligen.

Prämiert werden sollte dann die »beste Leistung«. Die Prämierung sollte in geheimer Wahl durch die Gruppe erfolgen, zu denen Richter folgende Namen zählte: Alfred Andersch, Wolfgang Bächler, Arnold Bauer, Hans Georg Brenner, Günter Eich, Gunther Groll, Walter Heist, Georg Hensel, Walter Hilsbecher, Heinz Friedrich, Jürgen von Hollander, Walter Kolbenhoff, Hans Jürgen Krüger, Rudolf Krämer-Badoni, Walter Mannzen, Friedrich Minssen, Bastian Müller, Hans Joseph Mundt, Hans Werner Richter, Franz Joseph Schneider, Ilse Schneider-Lengyel, Wolfdietrich Schnurre, Hans Jürgen Soehring, Ernst Schnabel, Willi Steinborn, Nicolaus Sombart, Heinz Ulrich.

Diese Namensliste ist dazu angetan, den Mythos infrage zu stellen, dass die Autoren der Gruppe 47 das literarische Leben der Bundesrepublik bis heute dominieren würden, ist doch von den meisten Mitgliedern dieser ersten Jahre, von wenigen Ausnahmen abgesehen, so gut wie keine Wirkung ausgegangen, jedenfalls keine, die bis in die Gegenwart angehalten hätte. Das sollte sich in den kommenden Jahren ändern; es ist durchaus nicht auszuschließen, dass so manche literarische Potenz, die bislang, aus welchen Gründen auch immer, Abstand zur Gruppe gehalten hatte, mit Aussicht auf einen Scheck über eintausend DM nun eher geneigt war, sich Hans Werner Richters Patronat zu unterwerfen.

Bereits im Dezember 1949 hatte ein gewisser Horst Mönnich im »Sonntagsblatt« einen Artikel publiziert, der sich über die Interna von Preisstiftung und beabsichtigter Vergabe so dezidiert informiert zeigte, dass die Vermutung naheliegt, Hans Werner Richter habe hier lanciert, was zu lancieren war, und zwar genau so, wie er es lanciert haben wollte – als Futter für die Literaturbetriebsmühle, das sich aber als genau das nicht zu erkennen geben sollte und wollte. Richter wusste wohl sehr genau, was er tat, als er in Form des Preises seinen Freunden den Pfennig unter die Zunge schob, aber »ich konnte«, bemerkte er vorbeugend, »auch nicht auf die tausend Mark für andere verzichten. Den Schriftstellern ging es zu dieser Zeit mehr als schlecht.«

Daran hat sich bis heute nicht allzu viel geändert, und deshalb wäre ich der Letzte, der gegen Literaturpreise im Allgemeinen polemisieren würde. Hören wir also Horst Mönnich – oder dem, dem er, wie man damals womöglich noch sagte, im »Sonntagsblatt« seine Feder lieh: »Die Zeit der Preise«, schreibt er etwas überraschend, »ist vorbei. Lorbeer auf Dichterstirn ist mit Recht ein Vorgang, der der Lächerlichkeit angehört. Wir sind nüchterner, realer geworden, und die Konvention ist hier, genau wie der Goldschnitt, nicht mehr zu ertragen und auch nicht mehr gerechtfertigt. Deshalb freuen wir uns über die Einrichtung eines Preises, der ›Ansporn‹ und ›Hoffnung, dass aus dir etwas wird‹ statt ›Würde‹ als Metapher auf einen Tausendmarkschein schreibt.« Der langen, wohl nicht ganz zufällig umständlich gewundenen Rede kurzer Sinn lautete: Literaturpreise sind unzeitgemäß. Tausendmarkscheine sind es nicht.

Mit solch geschäftstüchtiger Sachlichkeit in karger Zeit stand Horst Mönnich nicht allein. Nachdem er öffentlich mit dem Scheck hatte winken dürfen, kam offenbar gruppenintern eine preisverdächtige Betriebsamkeit auf, wie beispielsweise ein Brief Alfred Anderschs an Hans Werner Richter (vom 29. April 1950) beweist: »Die Preis-Bedingungen habe ich mit Interesse studiert. Nach wie vor bin ich der Auffassung, dass es ein Ding der Unmöglichkeit ist, aufgrund der vorgelesenen Arbeiten zu prämiieren. Und damit aus der Stimmung einer solchen Tagung heraus. Na, die Gruppe wird schon ihre Erfahrungen machen. Auf das Resultat bin ich gespannt. Ich selbst habe – zu meiner eigenen größten Überraschung – zunächst statt eines Romans ein Stück geschrieben. Es heißt ›Biologie und Tennis‹ und rollt die ganze Antisemitismus-Frage auf, zusammen mit dem Sozialismus-Problem und einigen anderen Dingen. Ich habe die Hörspielfassung eben fertiggestellt, aber die Abschriften werden erst wenige Tage vor der Tagung fertig sein, sodass ich es dafür nicht mehr einreichen kann. (Typisches Beispiel für die Schwäche des Vorlese-Prinzips bei der Preisverteilung; man kann nicht ein ganzes Stück vorlesen, aufgrund von ein paar Szenen kann sich aber niemand ein objektives Urteil bilden.) Ich schicke es Dir auf jeden Fall noch zu, aber eigentlich nur zu Deiner persönlichen Lektüre (...); vielleicht ist es etwas für den René-Schickele-Preis.«

Ob »Biologie und Tennis« etwas für den Schickele-Preis war, sei dahingestellt. Trotz Sozialismus-Problem und Antisemitismus-Frage und trotz seiner in diesem Brief zart angedeuteten Meinung, er gebühre eigentlich ihm, ging der Preis 1950 nicht an Alfred Andersch (und auch später nicht), sondern, wir wissen es bereits, an Günter Eich.

3.

Die Überraschung innerhalb der Gruppe dürfte sich in Grenzen gehalten haben. Wir erinnern uns gut an Hans Werner Richters Brief an Schneider, der sich jetzt als zielstrebige Beackerung des Vorfelds bewährte: »Beispiel etwa Günter Eich, den wir zur Zeit als den Würdigsten ansehen würden.«

Preiswürdig waren, daran besteht auch im Rückblick kein Zweifel, Eichs Gedichte allemal. Ihre schlanke, fast sachliche Diktion mag noch ein Reflex auf das sein, was man als Trümmer- oder Kahlschlagliteratur bezeichnet hat, während ihre Gehalte weit ausschwingen in Natur- und Liebeserfahrungen, ohne sich in einem vagen Allgemein-Menschlichen zu verflüchtigen. Eichs Gedichte lesen sich auch heute noch ohne jede Spur von Peinlichkeit, die immer dann entsteht, wenn dem ominösen Zeitgeist mit seinen Schlagworten zu viel Raum gegeben wird. Im Gedicht »Augenblick im Juni« heißt es:

Wer wird deine Brust küssen
und deine geflüsterten Worte kennen?
Wenn das Fenster geöffnet ist
und das Grauen der Erde hereinweht –

Das Kind mit zwei Köpfen,
während der eine schläft, schreit der andere –
es schreit über die Welt hin
und erfüllt die Ohren meiner Liebe mit Entsetzen.
(Man sagt, die Missgeburten
nähmen seit Hiroshima zu.)

Ich zitiere diese Stelle nicht etwa deshalb, weil hier mit dem Wort »Hiroshima« etwas aufscheint, was jenseits aller Lyrismen liegt; ich zitiere sie, weil sich in ihnen ebenso subtil wie entschieden eine Haltung ausdrückt, die in diversen Abschattierungen eine Grundtendenz innerhalb der Gruppe 47 ausmachte, nämlich eine Art zweiter, innerer Emigration nach den Schrecken von Krieg und Nachkrieg, eine Weigerung, zu *business as usual* überzugehen, und sich dem Prosperitätstaumel, in dem die junge Republik dieser Jahre schwelgte, zu entziehen. Bei Eich verdichtet sich diese Prosperitätsverweigerung bis zur Zeugungsangst.

Zweifellos darf man einen starken Impuls, der die inkohärente Gruppe verband, sehr wesentlich darin sehen, dass sie als kontrapunktisches Phänomen zur bundesdeutschen Restaurationszeit funktionierte, als eine literarische APO, die sich aber in ihren Anfängen kaum politisch begriff. Politisiert wurde sie nicht von innen, und schon gar nicht kraft irgendwelcher Konzeptionen oder Programme »engagierter« Literatur, sondern von außen. Der gesellschaftliche Druck drängte sie nach links, ein Druck, der zur Hetze wurde und schließlich offen aussprach, wes Geistes Kind er war, als er Mitglieder der Gruppe als »Ratten und Schmeißfliegen« diffamierte.

Prosperitätsverweigerung und Kritik an einer Restauration, die mit dem Boom des Wirtschaftswunders über ein hochwirksames, suchterzeugendes ökonomisches Narkotikum verfügte, sind auch Leitmotive im Werk Heinrich Bölls. Den Preis der Gruppe 47 erhielt er 1951 für seine satirische Kurzgeschichte »Die schwarzen Schafe«. Ästhetisch weniger radikal als Eich, dafür aber langfristig umso erfolgreicher und publikumswirksamer, erfand Böll in seinen Geschichten und Romanen eine ganze Palette von Taugenichtsen und Außenseitern, Lebenskünstlern und Verweigerern, die dadurch erfolgreich sind oder werden, dass sie dem Pathos des Ärmelaufkrempelns, Wiederaufbauens und Möglichst-schnell-Vergessens, nicht aufsitzen. Böll bietet keine moralisch oder politisch korrekten Modellathleten auf, sondern, wie auch im Fall der preisgekrönten Geschichte, besonders gern leicht zwielichtige oder windige Figuren.

»Die schwarzen Schafe« erzählt die Geschichte eines Pumpgenies, dessen beneidenswerte Fähigkeit, sich ohne bürgerlichen Beruf durchs Leben zu lavieren, auf den Erzähler, seinen Neffen, übergeht, und der Neffe erweist sich als gelehriger Schüler. »Es bleibt sein Geheimnis«, heißt es einmal über den Onkel, »wie es ihm gelang, fast sechzig Jahre alt zu werden, ohne das zu haben, was wir einen richtigen Beruf zu nennen gewohnt sind.«

Gemessen an dem, was wir heute zündende Komik und ätzende Satire zu nennen gewohnt sind, fallen Bölls Sachen allerdings merkwürdig flach und betulich aus. Satire ist besonders alterungsanfällig; sie ist es umso mehr, wenn in ihr, wie bei Böll häufig, überall Hinweisschilder »Achtung Satire« aufgestellt werden. Die Gruppe 47 wird sich bei Bölls Lesung aber gewiss bestens amüsiert haben. Und sie wird von einem Gefühl des Wiedererkennens ergriffen worden sein, stecken doch in Bölls windigen Verweigerern fast immer vexierte Hinweise auf die Existenz und Funktion des Schriftstellers als berufsnotorischem Nichtmitmacher. Das »Tröstliche und Brauchbare«, heißt es einmal, werde illegal geschaffen.

Böll war ein kluger Mann. Er konnte auch schlau sein.

Als Wettbewerbsbeitrag um den Preis der Gruppe 47 ist diese Geschichte jedenfalls schlau geschrieben oder ausgewählt: Indem er von Prosperitätsverweigerung spricht, die sich als quasi subversive Handlung dennoch auszahlt, spricht Böll als Schriftsteller zu Schriftstellern. Und was sagt er ihnen, die bald darüber zu entscheiden haben werden, wem die tausend DM zufallen sollen? Er sagt: »Ich glaube, das ist es, was uns unmöglich macht: dass wir unsere wirklichen Fähigkeiten nicht versilbern können – oder wie man jetzt sagt: gewerblich ausnutzen.«

Honi soit qui mal y pense, oder auch: *Der Pfennig unter der Zunge*.

4.

Gerhard Zwerenz hat in einem seiner lichten Momente ein paar bedenkenswerte Bemerkungen über die Gruppe 47 gemacht: »Es ist unverständlich«, sagt Zwerenz, »dass die Gruppe 47 nicht die großen literarischen Remigranten einbezog, sondern sie ebenso abstieß, wie es vordem die inneren Emigrationsliteraten getan hatten.« Das ist richtig und zugleich falsch. Immerhin war Walter Mehring auf einem Gruppentreffen erschienen, hatte gelesen, war dann aber auf vollkommene Ablehnung gestoßen. Anderen wäre es kaum anders ergangen. Allerdings – sie wären wohl gar nicht erst erschienen. Dass Thomas Mann, von dem es eine ignorant-abwertende Bemerkung über die Gruppe gibt, sich nicht von Hans Werner Richter auf den heißen Stuhl hätte winken lassen, bedarf keines weiteren Nachdenkens. Unvorstellbar auch, dass Großkaliber wie Alfred Döblin,

Carl Zuckmayer oder Lion Feuchtwanger einer Einladung Folge geleistet hätten. Gleiches gilt für Autoren wie Erich Kästner, Ernst Jünger oder gar Hermann Hesse. Das wäre so, als würde Günter Grass oder Martin Walser beim Klagenfurter Wettlesen antreten. Zwar keine ganz unkomische Vorstellung, aber eine ohne jeden Wahrscheinlichkeitswert.

In Zwerenz' Polemik heißt es weiterhin: »Um es ganz auf die Spitze des Begriffs zu bringen: Alfred Andersch stand Ernst Jünger näher als dem ›Zivilisationsliteraten‹ Robert Neumann. Die Potenzen der Gruppe 47 haben mit Tucholsky nie etwas anfangen können. Benn wucherte im Herzen Rühmkorfs, und Hans Werner Richter war von Alfred Kantorowicz so meilenweit entfernt wie von Fritz von Unruh oder Alfred Döblin. Entgegen allem äußeren Gehabe war die neue Literatur nicht grundsätzlich neu und weniger antifaschistisch als vielmehr deutschtümelnd bis unpolitisch-tiefsinnig.«

Dumpfe Deutschtümelei kann ich in den mir bekannten Texten der Gruppe 47 kaum entdecken, in den preisgekrönten Texten schon gar nicht. Fortgeschrieben wurde hier gleichwohl eine deutsche Tradition des Unpolitisch-Tiefsinnigen, dabei literarisch perfekt Gemachten, die Tradition einer ästhetizistischen Innerlichkeit also.

Ilse Aichingers Erzählung »Spiegelgeschichte«, die 1952 preisgekrönt wurde, fällt auf den ersten Blick unter diese Kategorie. Es handelt sich um die skizzenhaft angelegte Lebensgeschichte einer jung verstorbenen Frau, nur dass diese Geschichte, und das ist ihr Kunstgriff, rückwärts erzählt wird, spiegelverkehrt also. Sie beginnt mit der Beerdigung und endet mit dem Tag der Geburt. Das Ganze ist stark emotionalisiert, streift gelegentlich die Grenze zum Kunsthandwerklichen und ist zudem hochgradig allegorisch aufgeladen. Sie ist allerdings auch mit einigen deutlichen Signalstellen durchsetzt, die es möglich machten, die Geschichte als Gleichnis auf die Gegenwart zu lesen, genauer gesagt: auf die in die Gegenwart hineinreichenden Schatten deutscher Vergangenheit. »Es ist ja Frühsommer«, heißt es einmal. »Da reicht der Morgen noch lange in die Nacht hinein.« Und an anderer Stelle: »Still! Bewahret Ruhe! Erweckt die Toten nicht, bevor es Zeit ist, die Toten haben einen leisen Schlaf.« Und schließlich: »Keiner will Zeuge sein, denn dafür wird man heute noch verbrannt.«

Aichingers Geschichte konnte somit unter all ihren Behutsamkeiten und Kunstfertigkeiten als Parabel auf das verstanden werden, was bald unter dem Schlagwort »Vergangenheitsbewältigung« beziehungsweise »-verdrängung« zu einem Hauptmotiv der deutschen Nachkriegsliteratur wurde. Indem die Gruppe 47 diesen Text durch den Preis für repräsentativ erklärte, wies sie sich implizit auch eine Funktion als berufene Zeugen und Vergangenheitsbewältiger zu.

Mit Ingeborg Bachmann erhielt 1953 eine Lyrikerin den Preis, in deren Texten ein vergleichbarer Impuls auszumachen ist. Er kommt zwar noch verdeckter zum Ausdruck als bei Ilse Aichinger, aber der Ausruf »Seht zu, dass ihr wachbleibt!« im Gedicht »Holz und Späne« hieb, um in der Bildhaftigkeit des Gedichts zu bleiben, in die gleiche Kerbe. Dass die großen Sprachbilder der Bachmann, von denen mir einige beim Wiederlesen merkwürdig pompös und auf peinliche Weise triumphal poetisch vorkommen, auf sehr

konkreten Geschichts- und Gegenwartserfahrungen be-
ruhten und sich nicht einfach »von der Zeit lossagen«, wie
es einmal heißt, zeigen auch folgende Zeilen aus »Nacht-
flug«:

> (...) geträumt auf Schädelstätten und Scheiterhaufen,
> unter dem Dach der Welt, dessen Ziegel
> der Wind forttrug (...)

Mit Ingeborg Bachmanns Auftreten vollzog sich in der
Gruppe 47 der Einbruch des Existenzialismus, für den Namen wie Martin Heidegger (über den Bachmann promo-
viert hatte) oder Karl Jaspers stehen, aber auch die jetzt
machtvoll einsetzende Rezeption der Werke Sartres und
Camus'. Schlagworte vom »Geworfensein in die Welt« und
der »Absurdität der menschlichen Existenz« machten die
Runde, der schwarze Rollkragenpullover wurde zum Ge-
sinnungsausweis, und Männer mit akkurat ausrasierten
Vollbärten rauchten nun Pfeife oder Gauloise statt Eckstein
oder Overstolz. Und so sehe ich auch die Gruppe 47 vor mir,
wie sie der Bachmann zuhört, Sätzen wie diesen zum Beispiel:

> Nirgends gewährt man, wie hier,
> vor den ersten Küssen die letzten.
> Es gilt, mit dem Nachklang im Mund
> weiterzugehn und zu schweigen.

»Es gilt, mit dem Nachklang im Mund / weiterzugehn und
zu schweigen« – das erinnert an Günter Eichs »Pfennig unter der Zunge«. Mag sein, dass ich da einer fixen Idee auf-

gesessen bin, einen allzu fiskalischen Blick auf diese Texte werfe, aber wer kennt das nicht: Wenn man erst einmal hellhörig geworden ist, hört man allenthalben die Nachtigall trapsen, und das heißt hier: die Münze klingen beziehungsweise den Scheck rascheln.

Von Karl Kraus stammt der bezaubernde Satz: »Das Schlimmste, was ich Ihnen antun kann: Sie zu zitieren.« So grausam will ich dann auch nicht sein, wenn es um den preisgekrönten Text von 1954 geht, die Erzählung »Zu große Gastlichkeit verjagt die Gäste« von Adriaan Morrien. Morrien?, werden Sie jetzt vielleicht denken, Adriaan? Nie gehört ...

Morrien, geboren 1912, war als Niederländer einer jener Ausländer, die gelegentlich zu den Gruppentagungen eingeladen wurden, um eine gewisse Internationalität zu simulieren. Joachim Kaiser hat in seinen Erinnerungen an die Gruppe 47 eingeräumt, dass die Preisvergabe an Morrien außerliterarischen Motiven gehorchte: Er sei einfach ein so lustiger, gut gelaunter, netter Mann gewesen, mit drolligem Rudi-Carrell-Akzent vermutlich obendrein, dass man ihm eben mal etwas Gutes hätte antun wollen. Im Grunde ist mir eine derartige Entscheidung nicht unsympathisch, aber ich vermute, dass Kaiser aus der Retrospektive nicht ganz redlich argumentiert. Es würde mich jedenfalls nicht wundern, wenn Morriens Text, vor allem aber die Tatsache, dass er von einem Ausländer stammte, 1954 besonderen Eindruck gemacht hat. Denn Morrien erzählt die Geschichte eines ausländischen, vermutlich niederländischen Journalisten, der nach dem Krieg eine zerstörte deutsche Großstadt besucht, vermutlich Frankfurt am Main. Er quartiert sich in einer zur Pension umfunktionierten Privatwohnung ein und gerät dort in den Bann, man könnte auch sagen: unter den Pantoffel der äußerst vereinnahmenden Wirtin.

Daraus entsteht jedoch nicht, wie man meinen könnte, eine komische Geschichte, sondern eine mühsam ins kafkaesk-absurd Düstere gestemmte Parabel, gewürzt mit einer Prise existenzialistischem »Geworfensein«, mit furchtbar vielen und furchtbar schlechten Vergleichen, an den Haaren herbeigezogenen Motiven, geschrieben in einer peinlich ungelenken Sprache.

Dass diese Sache dennoch Eindruck auf die Gruppe 47 machte, hat wohl zwei Gründe. Erstens zeigt sie eine deutsche Stadt im Übergang von Trümmerlandschaft zu wirtschaftswunderlicher Betriebsamkeit, eine Volksseele zwischen Verdrängen und Restauration – das ist alles sehr, sehr gut gemeint, aber man muss sich nur an Wolfgang Koeppens »Tauben im Gras« erinnern, um zu wissen, dass solche Konstellationen literarisch kompetenter aufgearbeitet wurden.

Aber nicht nur damit traf Morrien einen entscheidenden Nerv der Gruppe. Zweitens sprach sich in der Zuerkennung des Preises an ihn auch die nachkriegsdeutsche Sehnsucht nach »Völkerverständigung« aus, die Sehnsucht nach Internationalität im deutschen Mief, der Europataumel der Fünfzigerjahre. Ich erinnere mich aus meiner Kindheit noch an jene Pressefotos und Wochenschaubilder von jungen Leuten, Studenten zumeist, die an den deutschen Grenzen die Schlagbäume zu den westlichen Nachbarn einzureißen versuchten. Diesen gut gemeinten Geist atmet Morriens schlechte Geschichte.

5.

1955 ging der Preis an den damals 28-jährigen Martin
Walser und seine Geschichte »Templones Ende« (die dann
in Walsers Debüt, dem Erzählungsband »Ein Flugzeug
über dem Haus«, erschien). »Templones Ende« könnte man,
wüsste man nicht um die Autorschaft, für eine der besseren
Kurzgeschichten Heinrich Bölls halten, eine Satire mit tra-
gikomischem Einschlag. Anders als bei Böll jedoch merkwürdig zeitentrückt und unter deutlichem Kafka-Einfluss
stark allegorisiert, wird hier der Niedergang des vormals
subtilen Bildungsbürgertums skizziert, das nicht zuletzt
daran zugrunde geht, dass es sich zur Abwehr geistferner
Neureicher jener Methoden bedient, durch die es bedroht
wird. Es ist eine Geschichte über die Geräusche, die entstehen, wenn man am eigenen Ast sägt, um den längst verfaul-
ten Baum zu retten. Auf mich wirkte die Geschichte beim
Wiederlesen umständlich und bemüht; aber die Mühe hat
sich für den Autor finanziell immerhin gelohnt.

»Zugegeben: ich bin Insasse einer Heil- und Pflege-
anstalt, mein Pfleger beobachtet mich, lässt mich kaum
aus dem Auge; denn in der Tür ist ein Guckloch, und meines Pflegers Auge ist von jenem Braun, welches mich, den
Blauäugigen, nicht durchschauen kann.« Berühmte erste
Worte sind das, Worte einer unstreitig großen Erzählung,
die wir alle und sei es mit dem Nachdruck unserer Deutsch-
lehrer, mehr oder minder zu schätzen gelernt haben – Günter Grass' »Die Blechtrommel«. Erwarten Sie keine Analy-
se dieses Werks von mir, auch keine Polemik dagegen. Es ist
vielleicht ein Goethe-Wort, das in dieser Sache der Weis-

heit letzten Schluss macht: »Alles, was eine große Wirkung getan, kann eigentlich gar nicht mehr beurteilt werden.«

1958 erhielt Grass für das Anfangskapitel des Romans jedenfalls den Preis der Gruppe 47. Ich weiß nicht, wie viele Stimmen er auf sich vereinigen konnte, aber vermutlich hat er nicht die Stimme Nicolaus Sombarts erhalten. Denn von Sombart, weniger als Erzähler denn als Soziologe bekannt gewordenes Gruppenmitglied und reaktionärer Ressentiments wahrlich unverdächtig, stammt folgende Bemerkung: »Die Weihrauchschwaden verzogen sich im ›geistigen Raum der Nation‹, und an ihre Stelle trat der Mief eines ostelbisch-kaschubischen Kleinbürgertums. Früher hieß es: Wo sich anfängt der Masur/dort sich aufhört die Kultur. Jetzt erfuhr man, dass sie dort anfing.«

Das ist witzig und auch ziemlich ungerecht, hatte man doch schon früher erfahren, dass die Kultur auch am Rhein anfing, in den sauerkohlgeschwängerten Wohnküchen, Kellern und Mansardenzimmern Heinrich Bölls. Mit der Allianz aus rheinischem Realismus und kaschubischem Neobarock der »Blechtrommel« erreichte das Selbstbewusstsein der Gruppe 47 ihren Höhepunkt. Was folgte, waren bereits Auflösungserscheinungen eines literarischen und sukzessive auch ideologischen Konsenses. Es folgten als Preisträger nämlich noch ein Außenseiter und zwei junge Wilde, die bereits gegen diesen behäbigen Konsens der Gruppe anschrieben.

Der gleichermaßen radikale wie wertkonservative Außenseiter war 1962 Johannes Bobrowski, der auf der Gruppentagung sieben Gedichte vortrug und sich damit gegen Autoren wie etwa Alexander Kluge oder Peter Weiss durchsetzte, deren Arbeiten der Geisteshaltung der Gruppe 47 und dem immer gesellschaftskritischer werdenden Zeitgeist zweifellos viel näher kamen. Der Preis machte den in der DDR lebenden Bobrowski in der Bundesrepublik schlagartig bekannt und veranlasste die Kritik, seinen Namen in einem Atemzug mit Paul Celan und Ingeborg Bachmann zu nennen.

Die Skepsis gegen die Gruppe 47 im Allgemeinen und die Verleihung des Preises im Besonderen, den er gleichwohl dankend in Westwährung entgegennahm, hat Bobrowski allerdings nie abgelegt. Als erster DDR-Autor, dessen Werk in beiden deutschen Staaten gleichzeitig erscheinen konnte, wurde er den Verdacht nicht los, dass die Zuerkennung des Preises weniger literarisch als politisch bedingt war: um die Front derer zu stärken, die in Bobrowski ein Beispiel »gesamtdeutscher« Literatur sehen wollten.

Darüber hinaus musste diese demonstrativ zeitenthobene, dunkle, hermetische, beinah magisch wirkende Lyrik in einer Situation besonders provozierend wirken, in der sich die Literatur zunehmend mit Gegenwart und jüngster Vergangenheit beschäftigte oder, wie Uwe Johnson, die Problematik zweier deutscher Staaten literarisch anzugehen begann. Einer wie Bobrowski, der Klopstock seinen »Zuchtmeister« nannte und mit Sarmatien ein mythisches Land beschwor, das längst nicht mehr existierte und vielleicht auch nie existiert hatte, war ein Fremder in Ost und West. Ob nun irgendein »gesamtdeutsches« Kalkül bei der Preisvergabe eine Rolle gespielt hatte oder nicht – mit Bobrowski wählte sich die Gruppe 47 einen Preisträger, dessen literarischer Rang unbestritten ist, vielleicht sogar heute, da die Ost-West-Problematik auch nicht mehr ist, was sie einmal war, unbestrittener als damals.

Mit dem Schweizer Peter Bichsel, der für seine »Skizzen aus einem Zusammenhang« 1965 den Preis erhielt, und Jürgen Becker, der mit dem Prosatext »Ränder« 1967 der letzte Preisträger wurde, erschien nicht bloß eine neue Generation auf Richters heißem Stuhl. Das, was Handke in seinem ziemlich wirren Monolog in Princeton, der nur durch die zufällige Anwesenheit einer Fernsehkamera zur Grabrede auf die Gruppe 47 hochstilisiert werden konnte, fordern sollte, nämlich die Abkehr von läppischer Beschreibungsliteratur, die Abkehr also von allzu selbstgewissen, realistischen Erzählkonzepten, hatten Bichsel und Becker bereits praktisch vorexerziert.

Die Titel ihrer Texte, »Skizzen aus einem Zusammenhang« und »Ränder«, sprechen für sich. Bei Becker wird das Verschwinden von Wirklichkeitserfahrung zum eigentlichen Thema, nicht mehr deren Benennung. Anstelle eines monologisch beziehungsweise auktorial erzählenden Ichs tritt die subjektiv-synoptische Weltschau eines, wie Becker selbst sagt: multiplen Ichs. Bei Bichsel kommt es, anders als bei Becker und letztlich wiederum doch eng verwandt, zu langen, scheinbar realistischen Assoziationsketten, in deren Verlauf sich aber Realität und Fiktion wechselseitig immer stärker relativieren. Die Wirklichkeit ist bestenfalls noch das Wahrscheinliche, keineswegs jedoch jener solide Grund, auf dem sich episch erzählende, ja nicht einmal mehr lyrische Ichs etablieren können.

Die Literatur der Gruppe 47 war gewiss vielstimmiger als die Summe ihrer Preisträger, aber indem sich die Gruppe diese und keine anderen Preisträger wählte, wollten und sollten die preisgekrönten Texte repräsentativ für das Selbstverständnis der Gruppe sein. Ein Fazit lässt sich nicht ziehen; es würde vielleicht einen Zusammenhang erzwingen, den es in Wirklichkeit nie gab. Bemerkenswert scheint im Hinblick auf die preisgekrönten Texte, dass man am Ende einen Punkt, genauer gesagt: einen Nichtpunkt erreichte, ein eher erkenntniskritisches als literarisches Problem, das dem großen ideologischen Schlagwort, das folgen sollte, ästhetisch den Boden bereitete: dem Tod der Literatur.

Steine und Bau

Überlegungen zum Roman der Postmoderne

1.

Im Definitionsgerangel um den Begriff »Postmoderne« wäre der folgende Satz kein ganz falsches Interpretationsangebot: Alle reden darüber, keiner weiß, was gemeint ist.

Wenn Peter Sloterdijk Postmoderne als ein frei tragendes Gerüst ihrer selbst bezeichnet hat, als eine Synthese zwischen »Selbsthypnose und Selbstreklame«, so trifft er damit den hohlen Kern der Sache – einen Hohlraum, der positiv zu füllen wäre. Selbsthypnose und Selbstreklame betreiben jedoch nicht die zeitgenössischen Schriftsteller und bildenden Künstler, die den ominösen Begriff für sich selbst kaum in Anspruch nehmen. Vielmehr wird das Etikett »Postmoderne« von Kunsttheoretikern und Literaturkritikern verliehen, hier als Schimpfwort, dort als Ehrentitel – je nachdem, wo sich der betreffende Theoretiker und Kritiker selbst einordnet.

Spätestens dann, wenn in einem Kunstwerk oder in einem Buch Zitate, Paraphrasen und besonders satirische Bezugnahmen auf Traditionen und Zeitgenössisches bemerkt werden, fällt die postmoderne Schublade zu: In der allgemeinen Begriffsverwirrung scheint die Inflation des Zitats zu einer Art kleinstem gemeinsamen Nenner postmoderner Produkte geworden zu sein, positiv bewertet als Intertextualität, negativ abgetan als Mimikry zerfallender Traditionen.

Nun wissen wir alle aus dem unveräußerlichen, aber immer wieder zitierfähigen Bestand deutschen Sprichwörterschatzes, dass noch kein Meister vom Himmel gefallen ist. Dass andererseits aber auch noch kein Meister ausschließlich auf seinem eigenen Mist gewachsen ist, wird gern von denen geleugnet, deren Kunstbegriff in einem gipsernen Klassikideal erstarrt ist – und Klassik meint hier besonders klassische Moderne und den von ihr reklamierten Alleinvertretungsanspruch des Begriffs der Aufklärung. Es handelt sich um ein Ideal, das Intuition, Genialität und Originalität angeblich konzentrischer Individuen noch immer zum Index künstlerischen Gelingens machen will.

Bertolt Brecht, postmoderner Konjunktursurferei weitgehend unverdächtig, war gewiss nicht der erste, vielleicht aber der konsequenteste Kritiker einer Haltung, die im Zitat Erbschleicherei oder Epigonentum wittert. Eins von Brechts Lieblingsbüchern, wenn er nicht gerade Kriminalromane las, war die Bibel. Warum? Weil sie etwas ganz anderes ist als übliche Autorentexte; weil niemand auf sie als geistiges Eigentum Anspruch erheben kann; und weil sie sich im Lauf der Jahrhunderte so gefiltert hat, dass sie eigentlich nur noch aus zitierbarem Material besteht. Brecht war es sogar unangenehm, wie sich Günther Anders erinnerte, wenn man ihn als »Schriftsteller« klassifizierte. Er behauptete einmal sogar, er bleibe selbst dann, wenn er den Satz eines anderen verwendete, originaler als der »Bestohlene« und als jene »Eigentumsfexen«, die wie Kinder stolz darauf wären, »alles allein gemacht« zu haben. Worauf es ankomme, sei einzig und allein, wo und wie und vor allem: zu welchem Zweck man »Diebesgut« verwende. Die neuartige Verwendung von Altem sei originaler als die Erfindung von angeblich Neuem.

Darüber hinaus sind Sujets und Themen lediglich die Gerüste ästhetischer Deutungen der Welt. Robert Musil drückte das folgendermaßen aus: »Das Erzählerische, Dramatische, die sogenannten dichterischen Einfälle der Dichtung sind eine begrenzte Auswahl und werden immer nur variiert. Wozu mit der Erfindung solcher Einfälle Zeit verlieren. Es kommt nur auf die Stellung dazu an.«

Käme es auf die Gegenstände an, könnte man Picasso des Plagiats bezichtigen, weil er, wie unzählige Künstler vor ihm, Stillleben malte, und Goethe wäre ein postmoderner Autor, weil er auf Stoffe der Antike oder des Mittelalters zurückgriff.

Abgesehen von der Kritik am Eigentumsbegriff zielte Brechts listige Strategie in dieser Sache darauf, dass große Werke keine Monumente im kulturhistorischen Museum sein oder werden dürfen, sondern lebendiges Baumaterial bleiben müssen; Literatur kann nicht an ewiger Starre interessiert sein, sondern daran, dass sie immer wieder neu der wechselnden Gegenwart als Erkenntnisinstrument dient.

2.

Lebendig bleibt nur das, was wieder benutzt wird, und das direkte Zitat, besonders auch das ironisch oder satirisch gebrochene, der Rückbezug auf Tradition, der Querverweis auf parallele Zeitgenossenschaft, ist in erster Linie ein kompliziertes Medium doppelten Wiedererkennens.

Jedes Kunstwerk ist zuerst einmal ein Wiedererkennen, ein Wiedererkennen der Wirklichkeit und deren Erfahrung, der Stellung, die der Künstler gegenüber der Wirklichkeit einnahm. Wenn nun beispielsweise Literatur andere Literatur (oder auch andere Medien, aus denen die Literatur Material bezieht) zitiert und diese Zitation im neuen Textgefüge in Funktion setzt, so ist das Wiedererkennen der Wirklichkeit verkompliziert und gebrochen. Es ist jedoch auch wesentlich erweitert, denn das Zitat vergrößert den Facettenreichtum möglicher Wahrnehmungsformen. Deshalb ist das Zitat oder die offene oder kryptische Paraphrase einem Mikroskop vergleichbar, oder einem Teleskop, mit dem der Autor von heute seinen Blickwinkel mit dem überblendet oder verschneidet, der früher einen ähnlichen Sachverhalt, ein ähnliches Sujet, ein ähnliches Problem bereits betrachtete oder beschrieb – wenn auch bemerkenswert anders.

Das Hauptwerk des bedeutenden amerikanischen Romanciers William Gaddis heißt »The Recognitions«, ein Wort, das kaum ins Deutsche übersetzbar ist, meint es doch den Plural vom Prozess des Wiedererkennens. Es handelt sich um den groß angelegten Versuch, das Spannungsfeld des Zitats zwischen Fälschung, Plagiat und produktiver Funktionalisierung auszuloten: inhaltlich, indem Gaddis die Lebensgeschichte eines genialen Kunstfälschers erzählt und dabei auf zahlreiche Motive der Kunstgeschichte zurückgreift, formal, indem der Autor nahezu alles an Stilmitteln aufbietet und miteinander verknüpft, was die Literaturgeschichte zu bieten hat.

In seinem Roman »Carpenter's Gothic« (deutsch: »Die Erlöser«) zitiert Gaddis einige Romane der englischen Romantik, aber nicht als integrale Textpassagen, sondern als verfilmte Stoffe, die mehrfach verfremdet aus dem Fernsehgerät auf die Personen der Gegenwart zurückdrängen und sich mit deren Fantasien zu geisterhaftem Leben verbinden.

Von Nietzsche stammt der schöne Satz: »Der Philosoph glaubt, der Wert seiner Philosophie liege im Ganzen, im Bau: die Nachwelt findet ihn im Stein, mit dem er baute und mit dem, von da an, noch oft und besser gebaut wird: also darin, dass jeder Bau zerstört werden kann und doch noch als Material Wert hat.«

Zerstört worden ist auch der Turm zu Babel, und der Mythos von der babylonischen Sprachverwirrung wird häufig bemüht, um die gegenwärtige Unübersichtlichkeit der kulturellen Situation zu beschreiben. Auf das biblische Urbild gibt es zwei unterschiedliche Blickwinkel: Der eine sieht oder hört in der Polyfonie der Gegenwart nur Chaos, Willkür, Verwirrung und Dekadenz; der andere genießt die Vielfalt, den Pluralismus, in dessen Uneinheitlichkeit eine Informationsfülle enthalten ist, die ein alles übergreifender und nivellierender kultureller Konsens nie bieten könnte.

Der ans Anarchische grenzende Pluralismus der Lage soll mit dem Begriff »Postmoderne« abgedeckt und gewissermaßen beruhigt werden. Offenbar fällt es Kritikern und Theoretikern schwer, eine lebendige Entwicklung zu beschreiben, ohne den begrifflichen Deckel auf den Topf zu stülpen, in dem eine ebenso bunte wie schmackhafte Suppe kocht. »Postmoderne« ist ein Begriff, in dem etwas mitschwingt, was Wolfgang Welsch sehr zutreffend als »die Magie des falschen Namens« bezeichnet hat. Solche Magie besteht darin, etwas dadurch in Misskredit zu bringen, dass man es mit dem falschen Namen belegt.

Eine Irreführung und ein Missverständnis ist es in der Tat, wenn die Gehalte dessen, was postmoderne Kulturphänomene ausmacht, dadurch definiert werden sollen, dass sie antimodern oder transmodern seien. Ebenso wenig antimodern wie ein bibelfester Brecht ist ein mittelalterkundiger Umberto Eco. Und ebenso irreführend ist es, wenn ein Aufsatz über meinen Roman »Das Grau der Karolinen« diesen mit Patrick Süskinds »Das Parfum« und Ecos Rosenroman verrührt und zu dem Ergebnis kommt, das Traditionsbewusstsein des zeitgenössischen Romans sei poppiger Problemkitsch. Dies Urteil gründet sich wesentlich darauf, dass diese Romane mit Traditionen spielerisch umgehen, sodass der Leser einen Moment lang glaubt, die angeschlagene Melodie wie etwas Altvertrautes mitpfeifen zu können. Das Urteil unterschlägt jedoch, dass der Leser systematisch aus der vertrauten Gemütlichkeit, aus der Behaglichkeit des Bekannten gerissen wird, sobald er die Tonlage erkannt hat.

Das Urteil gründet sich weiterhin darauf, dass diese Romane bestimmte Archetypen und Klischees benutzen und zugleich gegen den Strich bürsten. Eco hat am Beispiel des Films »Casablanca« aufgezeigt, wie gerade der bewusste Einsatz von Archetypen und Klischees in Form von Zitaten zu einer Leselust beziehungsweise Sehlust führen kann, die alles andere als trivial ist. Gerade weil »Casablanca« die Archetypen versammelt und tausend andere Filme und Vorstellungen zitiert und alle Schauspieler Rollen, die sie in anderen Filmen gespielt haben, spielend mit sich tragen, hört der Zuschauer unwillkürlich ein Echo unendlicher Intertextualität. Wie eine Duftwolke ziehe »Casablanca« andere Situationen und Erfahrungen hinter sich her, die der Zuschauer in den Film hineinsieht, indem er sie unbewusst aus anderen Filmen genommen hat. Wenn dergestalt alle Archetypen hereinbrechen, so Eco, erreicht man homerische Tiefen. »Zwei Klischees sind lächerlich und trivial, hundert Klischees sind ergreifend. Denn irgendwo geht einem plötzlich auf, dass die Klischees miteinander sprechen und ein Fest des Wiedersehens feiern.«

3.

Wolfgang Welsch hat auch darauf hingewiesen, dass eine positiv verstandene Postmoderne, wollte sie trotzig und radikal antimodern sein, gerade damit das alte Innovationsschema des Modernismus fortsetzte. Sie wäre dann wieder schlicht und simpel modern, wie jede Zeitgenossenschaft sich als ausnahms- und ausweglos modern empfindet und empfunden hat. Ginge es derart holzschnittartig um die Verwerfung und Überwindung abgewirtschafteter Modernismen, hätte sich an einer mit postmodern zu beschreibenden Haltung gar nichts verändert; sie wäre lediglich eine weitere Mode, nur hieße die Tradition, von der man sich lossagen will, inzwischen »Moderne« beziehungsweise »klassische Moderne«.

Eine konstruktive Postmoderne, wie auch ich sie verstehen würde, wenn ich den Begriff auf meine eigenen Werke bezöge, macht aber gerade dieses Anti-Pathos des Modernismus nicht mehr mit. Denn dieses Pathos rotiert in einer Art Wiederkehr des Gleichen. »Es hat keine Epoche gegeben, die sich nicht im exzentrischen Sinn ›modern‹ fühlte und unmittelbar vor einem Abgrund zu stehen glaubte. Das verzweifelt helle Bewusstsein, inmitten einer entscheidenden Krisis zu stehen, ist in der Menschheit chronisch. Jede Zeit erscheint sich ausweglos und neuzeitig. Das Moderne aber ist genau in dem Sinne verschieden wie die verschiedenen Aspekte ein und desselben Kaleidoskops.« (Walter Benjamin)

Gerade am zeitgenössischen Roman lässt sich beobachten, dass moderne Elemente nicht aus-, sondern eingeschlossen werden; dass Vergangenes nicht als museal und abgelebt betrachtet, sondern als lebendiges Material benutzt wird. Der Postmodernismus unseres gegenwärtigen Pluralismus ist zwar antidogmatisch, antiideologisch und antinormativ, er ist aber alles andere als antimodern. Er ist allerdings auch keine Fortsetzung der Moderne mit anderen, modischen Mitteln, sondern eine Kritik bestimmter Agonien der Moderne, eine konstruktive Kritik, die dennoch Wurzeln in der Moderne selbst hat.

Auch wenn die Beliebigkeit des *anything goes* im Medienzeitalter eine bislang unbekannte Vielfältigkeit erreicht, ist die postmoderne Reaktion auf Modernität eine historische Kategorie, nämlich eine Art wiederkehrender Paradigmenwechsel. So ist Umberto Eco zu verstehen, wenn er schreibt, dass »postmodern« keine zeitlich begrenzbare Strömung sei, sondern eine Vorgehensweise, ein Kunst-Wollen, eine Form der Weitsicht. Eco schlägt deshalb vor, jeder Epoche ihre eigene Postmoderne zuzuordnen, so wie man gesagt hat, jede Epoche habe ihren eigenen Manierismus und jeder dominierende Ismus werde früher oder später von einer ihm folgenden Dekadenz zersetzt.

Eco wirft die Frage auf, ob »postmodern« nicht überhaupt der zeitgemäße Name für Manierismus als einer metahistorischen Kategorie sei; man müsste also beispielsweise in der deutschen Romantik eine manieristische Rebellion gegen die erstarrten Formensprachen der Klassik sehen oder im Ästhetizismus der Jahrhundertwende eine postmoderne Zersetzung des Naturalismus. Diese Denkfigur hat nicht zuletzt deshalb vieles für sich, weil sie beweist, dass ein postmodernes Selbstverständnis, allen voreiligen Abqualifizierungen zum Trotz, nur als historisch bewusste Leistung zu begreifen wäre.

Innerhalb dieses Modells gäbe es schwächere und stärkere manieristische Phasen. Die Romantik war stark und einflussreich, weil sie sich gegen die dogmatisch-normative Position der Klassik durchsetzen musste; demgegenüber war der manieristische Eklektizismus des Wilhelminismus eher schwach – nicht zuletzt deshalb, weil ihm, im Gegensatz zur Romantik, jede Ironie fremd war. Er wertete beispielsweise die Formen und Bilder des Mittelalters nicht produktiv um, sondern beutete sie lediglich epigonal aus: Das ist der entscheidende Unterschied zwischen Mittelalterromanen, wie sie Viktor von Scheffel oder Felix Dahn schrieben, und der in der Moderne wurzelnden Postmoderne von Ecos Rosenroman.

Darüber hinaus gibt es zwischen den einzelnen manieristischen Epochenschüben starke Querverbindungen: Der Ästhetizismus eines Hofmannsthal oder Rilke ist ohne die Rebellion der Romantik nicht denkbar, und die gegenwärtigen Positionen der Postmoderne greifen auf die ironischverspielten, vielfach vexierten Formen der Romantik zurück und sind auch mit der Sprachskepsis und dem Empiriokritizismus um 1900 verwandt.

Dass der Postmodernismus unserer Jahrhundertwende stark ist, egal, ob der Begriff sich durchsetzen wird oder nicht, hat verschiedene Ursachen. Zum einen ist seine Kontrastfolie, die klassische Moderne, überaus einflussreich und dominant gewesen. Diese sogenannte historische Avantgarde wollte mit der Vergangenheit abrechnen und die Selbstgewissheit künstlerischer Produktion zerstören – und sie tat es auch. In der Literatur führte diese Abrechnung bis zur Zerstörung des Redeflusses, von Handlung, Plot und äußerer Spannung zu schweigen.

Diese zerstörerische Tendenz der Moderne führte zum Ende des Ausdrucks, zur leeren Seite, zum Schweigen Becketts oder Hildesheimers, von der Krise der Sprache zur sprachlosen Krise, aus der kein Chandos-Brief mehr hinauswies. Eine Überwindung dieser Sprachlosigkeit, an der die Postmoderne arbeitet, indem sie sich Nuancen und Details zuwendet, statt sich dem geilen Drang aufs große Ganze weltgeist-beatmeter Monumentalfantasien hinzugeben, erfordert ein sensibles Traditionsbewusstsein und ein vielfältiges Arsenal sprachlicher Ausdrucksmittel.

Andererseits ist der traditionsbewusste Pluralismus unserer Gegenwart überhaupt nur funktionsfähig, weil erst das Zeitalter technisch-telematischer Produzierbarkeit und Reproduzierbarkeit dem Künstler Gleichzeitigkeit mit praktisch allen Traditionen erlaubt. Die durchschnittliche Heimbibliothek eines durchschnittlichen Studienrats ist heute größer und besser sortiert als die eines Berufsschriftstellers vor hundert Jahren, wenn vielleicht auch nur noch

virtuell. Und die digitalen Bild- und Tonträger, Informa-
tions- und Kommunikationssysteme erlauben es, jederzeit
die Abbilder des Gewesenen in unsere Gegenwart zu pro-
jizieren.

4.

»Hätte Agatha Christie unter LSD-Einfluss einen Detektiv-
roman halluziniert, hätten Freud und die Marx-Brothers
ihn in Bühnenfassung mit Besetzung durch Pynchon samt
Bühnenbild von Dalí und Programmheft von Sartre fürs
Varieté inszeniert – das Ergebnis käme nahe an »Geralds
Party« heran.« Indem der amerikanische Literaturkritiker
Michael Malone den Roman Robert Coovers treffend als
solch schrille Kombinationsleistung charakterisierte, wies
er unter der Hand auch auf die Verwendung vorliegender
Formen als Signum der zeitgenössischen literarischen
Avantgarde hin. Die mutierende, auch persiflierende Re-
produktion verschiedener Genres und Ausdrucksmöglich-
keiten, als ironisches Zitat oder auch als Parodie, darf jedoch nicht mit epigonaler Ideenarmut und postmodernem
Plagiats-Raubrittertum verwechselt werden. Gerade die
Romane Robert Coovers, Thomas Pynchons oder William
Gaddis' sind beeindruckende Beispiele dafür, wie im
Schmelztiegel einer dialektischen Gleichzeitigkeit, einer
Verschränkung des Geschichtlichen mit dem Gegenwärtigen, aus Bruch- und Versatzstücken des traditionellen For-
menfundus nicht nur literarisch-technische Innovation
entstehen kann, sondern auch der Anschluss an bestimmte
philosophische und wissenschaftstheoretische Diskurse er-

möglicht wird. Diese Romane haben nichts gemein mit selbstgenügsamer Kombinationstüftelei, und die Elemente von Collage, die sie nutzen, sind kein bloßes Recycling des Vorgefundenen, sondern Bausteine für völlig neue Zusammenhänge.

Eine besondere Leistung dieser literarischen Werke besteht in ihrem hohen Unterhaltungswert, in Witz, Parodie und Spannung. Dass das Vergnügen solcher Literatur aber nicht das der Naivität ist, sondern eines der reflektiertesten Ironie, liegt auf der Hand. Die postmoderne Haltung, schreibt Eco, erscheine wie die eines Mannes, der eine kluge und sehr belesene Frau liebt und daher weiß, dass er ihr nicht sagen kann: Ich liebe dich inniglich – weil er weiß, dass sie weiß (und dass sie weiß, dass er weiß), dass genau diese Worte durch endlose Wiederholung entwertet sind. Die Lösung des Problems bestehe darin, der Frau zu sagen: Wie jetzt Courths-Mahler sagen würde: Ich liebe dich inniglich.

So ließe sich wieder reden, nicht nur von Liebe – vorausgesetzt, man ist gewillt, das intelligente Spiel mitzuspielen. Die Ironie greift das längst Bekannte auf, aber sie weist es als Bekanntes aus. Der praktische Einsatz des Bekannten, wie er besonders bei Coover und Gaddis auftaucht, verschärft das ironische Spiel, denn Parodie ist immer auch eine Kritik des Parodierten – aber mit seinen eigenen, ins Extrem getriebenen Mitteln. Wenn Gaddis beispielsweise so in seinem Roman »Die Erlöser« die englische Romantik zitiert, ermöglicht ihm das eine Stimmungsmalerei, die als solche ganz obsolet wäre; in ihrer Zitation und medialen Brechung aber kritisiert er zugleich die beschränkte Perspektive des sentimentalen Romans.

Ironie, Parodie, Satire, metasprachliches und intertextuelles Spiel: Natürlich ist es möglich, das Spiel eindimensional zu verstehen und die Sache ernst zu nehmen. Niemand würde leugnen wollen, dass in diesen Maskeraden der Sprache wiederum ein Krisenbewusstsein zum Ausdruck kommt – das Bewusstsein nämlich, sich der Welt gegenüber nicht mehr unmittelbar verhalten zu können, zumindest sprachlich nicht mehr. Aber noch auf eine zweite Weise lässt sich das Spiel missverstehen: als reiner Spaß, als augenzwinkerndes Ratespiel für Bewohner des Elfenbeinturms. Dies Missverständnis des Spiels ist eine Domäne derjenigen, die Postmodernität für den Untergang des Abendlands halten, derjenigen, deren Aufklärungsbegriff in der Moderne nahtlos aufgeht, derjenigen, die Bücher nur aufschlagen, um sich zu ärgern, derjenigen auch, die immer noch einen scharfen Unterschied zwischen Kunst und Spaß glauben machen zu müssen.

Dass in der Kunst geistige Wertschätzung und Popularität in umgekehrtem Verhältnis zueinander stehen, ist zwar kein exklusiv deutsches Problem, ein typisch deutsches ist es aber mit Sicherheit. Für die Bildungsaristokratie galt »unverständlich« als ein Adelsprädikat. Denn es war von jeher eine besonders deutsche Wahnidee, dass gute Literatur und Massenerfolg unvereinbare Widersprüche seien – Ausnahmen wie Goethes »Werther« bestätigten da nur die Regel. Große Popularität war hierzulande lange verdächtig. Sie galt und gilt vielen noch als Beweis der Banalität. Das liegt an der Eigenart jener Intellektualität, die sich in abstrakt spekulativer Richtung entwickeln musste: Der idealistische deutsche Geist erhob sich zu den Wolken, weil ihm der Weg auf Erden versperrt blieb.

Die Entfremdung der Geistigkeit von der Wirklichkeit, die Marx in der Philosophie feststellte, äußerte sich natürlich auch in der Literatur. Diese entwickelte ihre besten Werte zu einer Art Geheimsprache für die Gebildeten. Andererseits waren und sind alle wirklich großen Werke in einem tiefen, manchmal auch in einem oberflächlichen Sinn, der aber die eigentliche Tiefe sein kann, unterhaltsam. Was uns aber in dem berühmten Satz entgegenschillert, dass die Kunst heiter sei, hat es mit einem Nationalcharakter, dessen Sache Heiterkeit fast niemals war, stets schwer gehabt. Das Einwandern von Spannungsmomenten und Komik in unsere Gegenwartsliteratur geht deshalb nicht zufällig von angelsächsischen und romanischen Vorbildern aus, die mit der deutschen Romantik (die ja nicht zuletzt gegen die gravitätische Lustfeindlichkeit der kanonischen Klassik rebellierte) produktiver umgingen als wir selbst.

Die durchaus romantische Geste postmoderner Literatur ist vielleicht dazu in der Lage, Menschen zur Literatur zu führen, die sich sonst mit anderen Medien der Unterhaltungsindustrie begnügen. Wenn Bücher wie »Der Name der Rose«, »Die letzte Welt« oder »Das Parfum« dem Gelehrtengetto der unteren Auflagenzonen entlaufen und massenhaft gekauft werden, so spricht das nicht gegen diese Bücher und schon gar nicht gegen die Leser, sondern höchstens gegen eine Kritik, die noch vor einigen Jahren nach »Lesbarkeit« schrie, jetzt aber, wo diese Lesbarkeit hin und wieder auf hohem ästhetischen Niveau erzielt wird, mit dem pejorativ gemeinten Etikett postmoderner Unernsthaftigkeit Verbotsschilder errichtet.

Wir sollten uns zu der Lust bekennen, die Literatur schafft, sollten im vordergründig Komischen den Ernst entdecken, wie das zum Beispiel in den Büchern Eckhard Henscheids der Fall ist. Wir sollten aber umgekehrt auch die Schmökerqualität entdecken, die sogar in Büchern steckt, die als mehr oder weniger problematisch bis unlesbar verschrien sind. Brigitte Kronauer zum Beispiel wird von der Kritik sehr gelobt, aber man überliest allzu leicht – vielleicht, weil ihre Bücher als schwer gelten – die subtile Komik dieser Prosa. Selbst der »Ulysses« von James Joyce ist auch und vielleicht sogar besonders eine Art Abenteuerroman.

Wer von der Literatur verlangt, der Leser habe bei der Lektüre die geistigen Ärmel aufzukrempeln, müsse schwitzend und stöhnend am schwer bis gar nicht Verständlichen sich abarbeiten, um ins Reich der Elfenbeinturmbewohner aufzusteigen, der vertreibt zu viele Gäste aus dem großen Salon, der die Literatur ist.

Das gilt auch für jene Bücher, die sich an die ernstesten Themen unserer Gegenwart wagen. Ecos Romane sind natürlich auch Romane gegen die Verteufelung der Aufklärung und gegen die obskure Wiederkehr des Irrationalen in unserer technischen Welt. Süskinds »Parfum« ist, unter aller Süffigkeit des Erzählens, wesentlich eine Parabel über Massenverführbarkeit und Demagogie. Mein Roman »Das Grau der Karolinen« ist ein Buch über die kriegerische Selbstzerfleischung Europas im ausgehenden Jahrhundert. Arno Schmidts »Die Gelehrtenrepublik« ist auch ein hochkomisches und unterhaltsames Werk – und handelt doch von einem zerstrahlten Europa und einem zur Hälfte atomar verseuchten Amerika.

5.

Ein Buch, das nicht unterhält, lehrt auch nichts und niemanden. Unterhaltung aber kommt nicht zustande, wenn man sich auf die Wahrnehmung dessen beschränkt, was unsere Wirklichkeit an Sichtbarem bietet. Die Realität ist schwanger mit Fantastischem, und sie ist disponiert durchs Vergangene, das erst noch begriffen werden will.

Der amerikanische Autor Raymond Federman hat in diesem Sinn den von ihm geprägten Begriff »surfiction« ausdrücklich als eine postmoderne Position bezeichnet und folgendermaßen umrissen: »Mir bedeutet heute nur die Literatur etwas, die versucht, die Möglichkeiten der Literatur jenseits ihrer Grenzen auszuloten; jene Art von Literatur, die Traditionen infrage stellt, von denen sie beherrscht wird; jene Art von Literatur, die ständig den Glauben an die Vorstellungskraft des Menschen wach hält, statt den Glauben an die verzerrte Sicht des Menschen auf die Realität; jene Art von Literatur, die die spielerische Irrationalität des Menschen offenbart statt seine selbstgewisse Rationalität.

Diese Literatur nenne ich Surfiction. Allerdings nicht, weil sie Realität nachahmt, sondern weil sie die Fiktionalität der Wirklichkeit offenlegt. Schreiben heißt also, Bedeutung zu produzieren, und nicht, eine präexistente Meinung zu *reproduzieren*. In diesem Sinn kann Literatur nicht länger Imitation der Realität sein; sie kann nur *eine Realität* sein – eine autonome Realität, deren einzige Beziehung zur wirklichen Welt darin besteht, diese Welt zu verbessern. Zu schreiben meint also eine Möglichkeit, die Vorstellung abzuschaffen, dass Realität Wahrheit sei.«

Gerade die Unsinnlichkeit der atomaren Bedrohung, der zynischerweise »friedlich« genannten Nutzung einer unkontrollierbaren Energie, könnte der Literatur einen Funktionszuwachs bescheren, einer Literatur allerdings, die der sogenannten Realität und dem funktionalisierten Tatsachendenken gründlich misstraut und stattdessen in oberflächlichen Verschlüsselungen Hinweise auf verborgene Wahrheit sucht – und damit auch Anschluss an bestimmte philosophische und wissenschaftstheoretische Fragestellungen findet.

Bei Coover erinnert der Versuch, aus zersplitterten Zeichen der Oberfläche Hinweise auf eine verborgene Sinnhaftigkeit abzulesen, offenbar sehr bewusst und anspielungsreich an Umberto Ecos semiologische Wahrheitssuche im Kloster des Rosenromans. Aber während Eco seinen Detektiv die Wahrheit finden lässt und so eine gewisse Harmonisierung im Romangefüge hergestellt wird, bleibt bei Coover jede Wahrheit unauffindbar unter Lüge und Selbstbetrug – eine ähnliche Erzählfigur, wie sie auch William Gaddis' »The Recognitions« zugrunde liegt, nämlich der Suche nach Wahrheit und wahrer Erfahrung in einem globalen Chaos aus Täuschung und Fälschung.

Hinter diesem Pessimismus steht ein Kontext amerikanischer Gegenwartsphilosophie, der sich aus der analytischen Philosophie der klassischen Moderne entwickelte (Carnap, Russell, Wittgenstein), inzwischen aber deren Grenzen erkennt und sich auf eine Position zurückzieht, die der amerikanische Philosoph Hilary Putnam folgendermaßen skizziert hat: »Die Philosophen behaupten schon seit Platon, dass sie alles aufklären, aber ich glaube nicht, dass es das ist, wofür man sich mit Philosophie befasst. Inzwischen weiß man, dass die philosophischen Dinge nicht wirklich klar werden. Was man zu lernen hat, ist: zu sehen, welches die Geheimnisse sind.«

Diese Sätze können auch als eine Bestimmung postmoderner Ästhetik gelesen werden. In Robert Coovers »Geralds Party« heißt es entsprechend: »Nichts ist je so unkompliziert, wie es auf den ersten Blick wirkt. Wir haben Fakten, einen Ort und eine Zeit und all die dazugehörigen Beweise, die wir so mühsam gesammelt haben – aber Fakten sind letztlich kaum mehr als oberflächliche Verschlüsselungen einer verborgenen Wahrheit, deren nebelhaftes Gefüge uns selbst noch im Moment entgeht, wo sie uns vorwärtszieht, sich beharrlich hervorhebt, unsere Aufmerksamkeit absorbiert und Offenbarung erzwingt.«

Der seriöse Gegenwartsroman zeigt keine heilen Welten; sein Gesellschaftsbild ist von Negation und Verzweiflung geprägt. Aber diese Verzweiflung ist die Diagnose, die die Literatur stellt. Ihre Überwindung wird modellhaft durch die Konstruktion der Romane selbst vorgeführt – und alle Mittel sind dabei willkommen, außer sentimentaler Gemütlichkeit. Unterhaltend ist jenes Lachen, von dem Henri Bergson schrieb, es habe keinen größeren Feind als das Sentiment. Trivialität und Kitsch als Überdosis klischierter Gefühligkeit können nicht unterhalten, weil Gefühlsseligkeit keine Komik kennt – außer der unfreiwilligen.

Alle Romane, von denen hier die Rede ist, errichten in ihren in sich ruhenden Einmaligkeiten eine Bastion gegen genau das, was sie diagnostizieren: Gewalt, Isolierung, Verlust des Individuums. Im Chaos des entstellten Weltzusammenhangs wird der Roman zum Statthalter und Vorschein eines harmonischeren Zustands. Unterhaltsamkeit und

Spannungsdramaturgie dieses Romantyps sind nicht bloß produktive Reflexe auf die Medienkonkurrenz der Zerstreuungsindustrie. In unterhaltsamer Spannung ist auch die Rückkehr des aus der Moderne verabschiedeten Erzählers gelungen. Das Erzählen in Handlung ist das Kompositionsprinzip dieses Romantyps, denn erzählte Handlung und Kombinatorik nimmt den Leser an die Hand bei seinen Reisen durch wiedererkannte Bruchstücke des Gewesenen – das Erzählen ist der Klebstoff für Zitat, Parodie und Collage; es ist aber auch das Medium, in dem die bekannten, vorgefundenen Teile um- und eingeschmolzen werden zu neuen Einheiten.

Als Instrument dialektischer Gleichzeitigkeit, aber eben auch als definitorisch nicht eingrenzbares Antisystem, hat der Roman als Form alle Fesselungsversuche durch normative Ästhetiken abgeschüttelt und steht heute freier, verfügbarer und lebendiger da denn je zuvor. Nicht zufällig ist gerade der Roman zum eigentlichen Medium dessen geworden, was unter dem Begriff »Postmoderne« subsumierbar wäre; er bündelt das Zersplitterte, zitiert das, was zu verschwinden droht, und bewahrt es so. Er verzichtet auf letzte Wahrheiten, aber er lehrt uns zu sehen, »welches die Geheimnisse sind«.

Bonanza unter Trümmerlandschaft

1.

Gewaltherrschaft und Diktatur, Vernichtungskrieg und Völkermord, Pogrome und Holocaust sind in der Menschheitsgeschichte chronisch und prägen auch unsere internationale Zeitgenossenschaft. Jeder Blick in die Tagesnachrichten zeigt das. Brecht hat deshalb den Faschismus als »Frucht aller Jahrhunderte« bezeichnet. Im Exzess des Nationalsozialismus sind allerdings geschichtsnotorischer Terror und Barbarei mit deutscher Gründlichkeit zu jener ungeheuerlichen Monstrosität perfektioniert worden, die in der Geschichte beispiellos ist und nicht relativiert werden kann. Zwischen 1933 und 1945 ist kein Steinchen in einen stillen Tümpel gefallen, sondern ein Gebirge ins Meer der Geschichte, dessen Wellen immer noch Treibgut ans Ufer unserer Gegenwart schwemmen.

Die Nachkriegsgeschichte Deutschlands, bis zu einem gewissen Grad ganz Europas, ist bis heute geprägt von den Folgen dieses historischen Erdrutsches. Das reicht von der deutschen Teilung bis zum Beitritt der DDR in die Bundesrepublik, das reicht von den Globkes, Kiesingers und Filbingers über die NPD bis zu Neofaschismus und Ausländerhass, das reicht vom heiklen Verhältnis zu Israel über den absurden Streit ums Holocaust-Mahnmal bis hin zu den Schadenersatz- und Reparationsforderungen aus Osteuropa oder Griechenland. Die ununterbrochene Auseinandersetzung mit Krieg und Faschismus, diese unendliche Geschichte, hat also sehr handfeste politische Gründe und Hintergründe und kann nicht als Zwangsneurose notorischer Betroffenheitsfanatiker und gut meinender Vergangenheitsbewältiger abgetan werden.

Warum die geistig-intellektuelle, künstlerische und psychologische Auseinandersetzung mit dem Komplex gleichwohl auch zwanghafte Züge aufweist, hat Botho Strauß bereits 1981 in seinem Buch »Paare Passanten« zu erklären versucht: Wir seien von einem kreuzdeutschen, faustischen Forschungsdrang erfüllt zu erfahren, »was die Deutschen einmal im Innersten zusammenhielt. Doch wir werden es nie klar genug herausbringen und folglich immer wieder anders fragen. Die mit der eigenen Lebenserfahrung sich wandelnde Beurteilung und Wahrnehmung dessen, was wir nicht einfach die Hölle nennen können; dessen, was sich uns in den Grenzen einer bald intimen Verwandtschaft, bald dämonischen Unnahbarkeit immer wieder entzieht. (...) Unser Älterwerden kreist in immer erweiterten Gedächtnis-Ringen um unsere einzigartige Geburtsstätte, den deutschen Nationalsozialismus. Der Abstand vergrößert sich, doch können wir aus der konzentrischen Bestimmung niemals ausbrechen. Für diejenigen, die aus dem Exzess des Jahrhunderts hervorgingen, wird es keine Lebensphase geben, in der sie nicht erneut zu diesem Ursprung sich innerlich verhielten, sodass er eigentlich das geheime Zentrum, ja Gefängnis all ihrer geistigen (und seelischen) Anstrengungen bildet. Gegen die Verbindung wird zuweilen krampfhaft aufbegehrt, zuweilen scheint sie selbst zu reifen, souveräner, lockerer zu werden. Was ist allein im künstlerischen Bereich nicht alles versucht worden, um unseren geschichtlichen Stimmungen den jeweils wahrheitsgemäßen Ausdruck zu liefern; das reicht vom expressionistischen Schwulst bis zur psychoanalytischen Metamorphotik, vom Dokumenten-Drama bis zur obszönen Revue der Embleme. Eine wahre Lösung, ein Sich-lösen-Können wurde nicht erreicht«.

Botho Strauß' Befund, vor mehr als einem Vierteljahrhundert gestellt und auf seine eigene, während des Nationalsozialismus zur Welt gekommene Generation fokussiert, gilt auch für spätere Generationen und ist von ungebrochener, wenn nicht gar gesteigerter Virulenz in einer gesellschaftlichen Atmosphäre, da im politischen, historischen und ästhetischen Diskurs das Wort von der »Holocaust-Industrie« umgeht und Martin Walser sich in seiner Friedenspreisrede von 1998 ebenso spektakulär wie subtil gegen die »Dauerpräsentation unserer Schande« verwahrte.

Auch in anderen Ländern hat man sich mit nationalen Traumata der Vergangenheit beschäftigt, von den Weltkriegsromanen der Engländer und Franzosen bis Hemingway, von dessen literarischen Einlassungen zum Spanischen Bürgerkrieg über Sartres Dramen bis zum amerikanischen Vietnamtrauma, das in Literatur und Film bis hinein in die Rockmusik tiefe Spuren hinterlassen hat. Und Nationalsozialismus und Holocaust sind auch in ausländischen Literaturen bedeutende Themen, von Primo Levi bis Imre Kertész. Aber die deutsche Auseinandersetzung mit der eigenen faschistischen Vergangenheit übersteigt alles, was je an annähernd vergleichbaren Abarbeitungen nationaler Schuld und kollektiven Traumata zutage gefördert wurde, jedenfalls in quantitativer Hinsicht, und ein Sich-lösen-Können ist immer noch nicht in Sicht.

Von Verschweigen und Verdrängen kann längst nicht mehr die Rede sein. Historische, psychologische, literarische und filmische Publikationen zum Thema boomen in allen Medien und Kanälen – auf sehr unterschiedlichen intellektuellen und ästhetischen Niveaus. Da spannt sich ein gelegentlich bedenkenswertes, häufiger höchst bedenkliches Spektrum, an dessen unterem Ende der Hype um die gefälschten Hitlertagebücher des »Stern« angesiedelt ist, das aber andererseits auch die Ausstellung über die Verbrechen der Wehrmacht umfasst. Man denke beispielsweise auch an die seriellen, keine Abgeschmacktheit scheuenden, pseudohistorischen TV-Produktionen eines Guido Knopp, die filmisches Propagandamaterial des Nazismus als authentische Quelle verkaufen. Man denke an die Verfilmung der Tagebücher Victor Klemperers, von Uwe Johnsons »Jahrestage« oder an Jo Baiers flachen »Stauffenberg«-Film, mit dem die ARD die höchste Einschaltquote seit Jahrzehnten erzielte. Zwischen Musikantenstadl und Tagesthemen findet sich überall noch ein Plätzchen, an dem »Hitlers Paladine« paradieren oder ergraute Stalingradveteranen in die Schlacht um Einschaltquoten geworfen werden.

Martin Walsers Idiosynkrasie gegenüber dieser Inflation mag man teilen oder unverantwortlich finden – fest steht, dass die Aufarbeitung der deutschen Schande zu einem kulturindustriellen Faktor ersten Ranges geworden ist. Botho Strauß hatte noch spekuliert, »die Erledigung der Erinnerung durch die totale Gegenwart der Massenmedien, in der alles bloß Erscheinung, bloß ästhetisches Vorüberziehen ist«, würde auch solche Formen oberflächlicher Vergangenheitsbewältigung verschwinden lassen. Das Gegenteil ist der Fall.

2.

Die Erfolgsträchtigkeit von Stoffen aus Faschismus und Krieg hängt auch mit dem schwindenden Langzeitgedächtnis von Journalismus und Literaturkritik zusammen, die als Agenten des Kulturbetriebs vieles mit den verkaufsfördernden Labels »neu« und »endlich« versehen, was bei genauerem Hinsehen aus der Mottenkiste stammt. Allerdings sind auch Schriftsteller nicht davor gefeit, den Nordpol zum zweiten Mal zu entdecken. So ist etwa die von W.G. Sebald aufgestellte Behauptung, der Luftkrieg gegen Deutschland sei in der deutschen Literatur kaum verarbeitet worden, inzwischen materialreich widerlegt. Bei Erscheinen von Günter Grass' »Im Krebsgang« rauschte es unisono aus den Feuilletons, endlich habe einer den Mut aufgebracht, den Skandal von Flucht und Vertreibung, das den Deutschen angetane Unrecht, beim Namen zu nennen. Dass sich Walter Kempowski seit Jahrzehnten in seinen Romanen, aber auch im »Echolot«, am Thema abgearbeitet hatte, schien der Rede nicht wert. Vollends unter den Tisch fiel die Tatsache, dass Flucht, Vertreibung und Nostalgie des verlorenen Ostens längst schon eine Art eigenes Genre in der deutschen Literatur ausgebildet hatten, an dem unter anderem Johannes Bobrowski, Arno Surminski, Leonie Ossowski und Siegfried Lenz, aber auch Gräfin Dönhoff oder Graf Krockow mitgeschrieben hatten. Bezeichnenderweise wurde die Einlassung von Günter Grass fast ausschließlich als politisches und, zum Glück für seinen Text, kaum als ästhetisches Phänomen diskutiert: Es ging in der Debatte nicht darum, dass und mit welchen erzählerischen Strategien hier irgendeiner endlich das ominöse Thema anpackte, sondern dass es der Nobelpreisträger Grass war, der das Thema wieder und noch einmal auspackte – und zwar in einer Situation, in der das vereinigte Deutschland außenpolitisch nach einer selbstbewussteren Rolle suchte. Das Label meinte also eigentlich weder »neu« noch »endlich«, sondern es meinte die durchdringendste, zugleich politisch korrekteste Stimme im passenden, historischen Moment. Grass gab den Deutschen die Lizenz, nicht auf ewig als Täter stigmatisiert, sondern endlich auch als Opfer bedauert werden zu können.

Im Übrigen steht Günter Grass exemplarisch dafür, dass die gesamte deutsche Literaturgeschichte seit 1945 wesentlich geprägt ist durch die Auseinandersetzung mit Faschismus, Nationalsozialismus, Zweitem Weltkrieg und seinen Folgen. Wohlgemerkt: die Literatur der letzten siebzig Jahre, nicht: die sogenannte Nachkriegsliteratur, weil Faschismus und Nationalsozialismus bereits seit den Zwanzigerjahren literarisch aufgegriffen wurden, was so manchen Autor in die Emigration gezwungen hatte. Man denke beispielsweise an Lion Feuchtwangers Roman »Erfolg«, in dessen Zentrum der Aufstieg der NSDAP und Hitlers Münchner Putschversuch von 1923 stehen. Überhaupt ist die Exilliteratur eine nahezu ununterbrochene Ausein-andersetzung mit diesem Themenkomplex, von Brechts »Furcht und Elend« und Klaus Manns »Mephisto« über Feuchtwangers »Geschwister Oppermann« und Zuckmayers »Des Teufels General« bis zu Thomas Manns »Dr. Faustus.«

Ein besonders problematisches Kapitel schrieben (beziehungsweise schrieben eben nicht) die während des Dritten Reichs in Deutschland verbliebenen Autoren; nicht die erklärten Parteigänger und rasenden Mitläufer des Nazismus, die ausnahmslos moralisch und ästhetisch irrelevant sind, sondern widersprüchliche Figuren wie Gottfried Benn und die Gebrüder Jünger einerseits, andererseits aber auch Autoren wie Erich Kästner oder Wolfgang Koeppen, von denen man nach dem Krieg Einsichten aus erster Hand ins Innenleben und Funktionieren des Dritten Reichs hätte erwarten können. Koeppen, ein exemplarischer Fall, hat sich dem verweigert. Er verdrängte sein, wie auch immer marginales, Anpassertum, indem er in seinen Werken die Verdrängungsenergie der Nachkriegszeit thematisierte.

3.

Ab 1945 entfalten sich die Karrieren zahlreicher Schriftsteller, die in der westdeutschen Literatur kanonisch geworden sind: Wolfgang Borchert, Günther Eich, Heinrich Böll, Günter Grass, Siegfried Lenz, Arno Schmidt, Alfred Andersch, Peter Weiss, Martin Walser, um nur einige Namen zu nennen. So vielfältig ihre Ton- und Stillagen, so unterschiedlich ihre Perspektiven und Temperamente sein mögen – allen gemeinsam ist, dass ihre Werke sich zumindest phasenweise aus der Erfahrung von Faschismus und Krieg speisen und gegen Restauration und Verdrängung anschreiben. Es gibt keine in diesen Jahren einsetzende Schriftstellerkarriere von Bedeutung, die nicht auf die eine oder andere Weise an diesem Stoffkreis partizipiert. Unter den

Trümmerlandschaften der deutschen Städte liegen literarische Goldadern. Die unheilvolle Vergangenheit erweist sich als Glücksfall für Motive und Stoffe. Böll und Grass werden es, nicht zuletzt dank dieses Erfahrungsfundus, schließlich zu Nobelpreisträgern bringen.

Im Schatten solcher Gipfelleistungen entsteht allerlei Unterhaltungsware, die gleichfalls in der Bonanza dieses Themenkomplexes schürft, Hans Helmut Kirst (»08/15«) und Johannes Mario Simmel etwa; erinnert sei auch an einen der ersten Straßenfeger der deutschen Fernsehgeschichte, das melodramatische Sibirien-Fluchtepos »So weit die Füße tragen«, das nicht zufällig vor Kurzem als Remake wieder im deutschen Fernsehen gelaufen ist; zu schweigen vom affirmativen bis faschistoiden Trivialschrifttum der »Landser«-Hefte für alte und neue Kameraden; zu schweigen von den Kriegskitschiers à la Konsalik.

1968 machen die Töchter und Söhne der Kriegsteilnehmer, jene Generation Botho Strauß', gegen ihre Mütter und Väter mobil – und gegen einen Staat, der als tendenziell faschistoid gesehen wird, repräsentiert von Altnazis wie Lübke, Filbinger oder Kiesinger. Aber besserwisserische Ideologiekritik und moralisierendes Abrechnertum, gepaart mit kunstfeindlicher Theoriegläubigkeit, sind nicht dazu angetan, literarisch differenzierte Entwürfe zu entwickeln, den politisierten, sich aus dem Widerspruch gegen den Faschismus der Elternhäuser speisenden Generationenkonflikt ästhetisch relevant und subtil zu verarbeiten. Im Gegenteil kommt es hier zu einer fatalen Verhinderung der Zeugenschaft, weil die verstrickten Väter, mit falschen Fragen und kurzschlüssigen Vorverurteilungen konfrontiert, ihre Erfahrungen gar nicht äußern können, ohne gleich zu

Kriegsverbrechern oder Mitläufern gestempelt zu werden. Der Rest ist Schweigen.

Politisch und akademisch gelangt diese Generation zu einigem Einfluss, literarisch bleibt sie erstaunlich unfruchtbar. Ausnahmen wie Uwe Timm, der sich aber erst 35 Jahre später mit seinem Buch »Am Beispiel meines Bruders« dem Thema stellen wird, bestätigen nur nachdrücklich die Regel. Solitär bleibt auch Bernward Vesper, Sohn des Nazidichters Will Vesper, dem mit seinem Roman »Die Reise« eine tief greifende Auseinandersetzung mit dem Faschismus der Vätergeneration gelingt; tief greifend deswegen, weil nicht nur auf das Verhalten der Parteigänger während des Dritten Reichs abgehoben wird, sondern weil Vesper zeigt, wie faschistisches Verhalten auch nach 1945 durchschlägt, bürgerliche Familienstrukturen prägt und damit auch kommende Generationen traumatisiert.

4.

1992 erscheint Hanns-Josef Ortheils Roman »Abschied von den Kriegsteilnehmern«, ein programmtischer Titel, weil das Buch eine doppelte Ablösung und Neuorientierung beschreibt: Einerseits die innerliche Trennung eines Sohns vom eben gestorbenen Vater, den Krieg und Faschismus noch geprägt haben; andererseits am Beispiel der Besetzung der Prager Botschaft durch DDR-Flüchtlinge, die historischen Umwälzungen in Europa, die 1989 ihren Höhepunkt erreichen und schließlich auch zur deutschen Wiedervereinigung führen. Spätestens an diesem historischen Punkt lässt sich literarhistorisch das Ende dessen definieren, was als Nachkriegsliteratur bezeichnet worden ist.

»Abschied von den Kriegsteilnehmern« ist somit ein Schlüsseltext, zumindest ein schlagwortartiger Schlüsseltitel für jene nach 1945 geborene westdeutsche Generation, der auch ich angehöre; die Generation also, die während der Achtzigerjahre die literarische Szene betritt und die man mit dem nicht unzutreffenden Etikett der Postmoderne versehen hat. War der Erfahrungsfokus der 68er wesentlich politisch und ihre Ästhetik gesellschafts- und ideologiekritisch geprägt, entwickelt die Postmoderne sehr viel unbefangenere, spielerische, zugleich aber auch subtilere Ansätze. Zu jung für die APO und zu alt für den Punk, hineingeboren ins Wirtschaftswunder und aufgewachsen in einer gewissen Übereinstimmungshaltung gegenüber der westdeutschen Gesellschaft, deren restaurative Kontinuität zum Faschismus durch die Kanzlerschaft Willy Brandts endgültig gebrochen scheint, steht für diese Generation die Aufarbeitung von Drittem Reich und Zweitem Weltkrieg nicht mehr zwanghaft im Vordergrund. Die literarischen Werke, die sich dem Themenkomplex dennoch widmen, sind umso aufschlussreicher, weil sie, relativ frei von moralischem Gutmenschentum und wohlfeilem Gutgemeintsein, frei auch von ideologischer Vorverurteilung, Expeditionen ins Innenleben des Nationalsozialismus wagen.

Erkennbar ist der Einfluss von Klaus Theweleit, dem mit seinen »Männerphantasien« eine Art kopernikanische Wende in der Faschismusdiskussion gelang. Um den Faschismus zu verstehen, um auch die Lust zu verstehen, die der Faschismus bereitet haben muss, weil er als Massenbewegung sonst gar nicht funktioniert hätte, muss man, so

Theweleits zentrale Einsicht, nicht diejenigen fragen, die glauben, den Faschismus erklären zu können, sondern diejenigen, die ihn betrieben und getragen haben. Und man muss sie authentisch zum Sprechen bringen und vorurteilslos zu lesen verstehen, was sie schrieben. Diese Perspektive ist nicht nur in Hanns-Josef Ortheils frühen Romanen erkennbar, sondern auch bei Jens Sparschuh, der in seinem Roman »Der Schneemensch« die nationalsozialistische Rassenlehre als Farce und Satire durchspielt. Zu nennen sind auch Stefan Wackwitz (»Ein unsichtbares Land«), Ulla Hahn (»Unscharfe Bilder«) oder Dagmar Leupold (»Nach den Kriegen«); zu erwähnen sind auch Judith Kuckart (»Die schöne Frau und Lenas Liebe«) und Marcel Beyer (»Flughunde und Spione«), die übrigens bereits einer späteren Autorengeneration angehören und deren Blick zurück nicht mehr die Perspektive der Töchter und Söhne, sondern der Enkel ist.

5.

Schriftsteller sind keine Historiker, die dazu verpflichtet wären, unaufgearbeitete bzw. unbewältigte Phänomene und Ereignisse der Vergangenheit systematisch zu klären. Gemäß Flauberts Wort sucht sich der Autor keinen Stoff, sondern der Stoff sucht sich seinen Autor. Das heißt, dass Stoff oder Thema, die ein Autor seinem Werk zugrunde legt, eine Beziehung zur psychischen Disposition des Autors haben muss, zu seiner Interessen- oder auch Problemlage, zu dem, was er liebt oder hasst, was ihn um- und antreibt, zu seiner Lebenserfahrung. Ohne solche affektivemotional aufgeladenen Bezugspunkte kann keine relevante Literatur entstehen. Es leuchtet ein, dass eben deshalb für die Nachkriegsliteratur bis hin zur Literatur der 68er-Generation, die wesentlich aus Kriegskindern bestand, Faschismus und Krieg so unabweisbar dringliche Themen waren: Dieser Stoff lag ihnen auf der Seele und am Herzen und lag ihnen auf der Hand, sie hatten ihn am Hals, er brannte unter ihren Nägeln, kurz: Er durchdrang ihre Existenz und Lebenserfahrung wie kein anderer.

Für uns nachgeborene Kinder des Wirtschaftswunders und Autoren der Postmoderne ist der Stoff als erlebte Erfahrungsmasse nicht mehr verfügbar und nur sehr viel mittelbarer anzugehen. Aber auch wir haben Eltern und Großeltern, die in diese Vergangenheit verstrickt oder von ihr betroffen waren, manchmal auch unentwirrbar beides zugleich. Und da sich fast jede Autorin, fast jeder Autor früher oder später mit seiner Familiengeschichte befasst, wird diese Geschichte für uns wieder zu erzählbaren Geschichten. Wir erzählen, wenn wir wieder vom »Tausendjährigen Reich« und seinen unendlichen Folgen erzählen, häufig mehr oder minder stark fiktionalisierte Familiengeschichten. Für mich selbst gilt das für den Roman »Der Flügel« (1994), in dem ich das kurze Leben meines Onkels verarbeitet habe, der zwischen Weltkrieg, Nachkriegszeit des Schwarzmarkts und Indochinakrieg psychisch und physisch zerrieben wird, der im Jahr meiner Geburt als Fremdenlegionär in Vietnam verreckt und dessen Schicksal noch weit in meine Lebenszeit als Leiche in unserem Familienkeller lag.

Die affektiven Bezugspunkte, die Glutkerne einer literarischen Konzeption können natürlich auch durch andere

Erfahrungen entstehen. Mein Roman »Der kretische Gast« (2003), der während der deutschen Besatzungsherrschaft 1941 bis 1945 auf Kreta spielt, fand seinen Glutkern bereits während der Siebzigerjahre, als ich oft und lange als Rucksacktourist auf der Insel unterwegs war und, wie man so sagt, meine Liebe zu Land und Leuten entdeckte. Aus dieser Liebe ist das Buch entstanden. Nicht etwa, wie ein doppelt desinformierter Rezensent meinte, weil ich den angeblich aktuellen Trend bedienen wollte, die braune Vergangenheit literarisch aufzuarbeiten. Doppelt desinformiert war dieser Rezensent, weil sein literarhistorisches Gedächtnis nur von zwölf bis mittags reichte; sonst hätte er gewusst, dass dieser angeblich allerneuste Trend eine der wesentlichen Konstanten der deutschen Literatur seit 1945 ist. Und er hätte gewusst, was Glutkerne literarischer Konzeption sind, und dass aus sogenannten Trends nie und nimmer Literatur entsteht, höchstens umgekehrt. Die Vergangenheit vergeht nicht. Nur schwächelt bei manchen Menschen das Gedächtnis.

Unsere Streifzüge durch die braunen Schatten der Vergangenheit sind durch unsere Gegenwart motiviert, durch unsere jeweils sehr unterschiedlich gelagerten Familienstrukturen, Problemlagen und Fragestellungen, unsere Vorlieben und Abneigungen, aber sie reflektieren immer unsere individuelle Lebens- und Gegenwartserfahrung. Es sind keine historischen Romane im engeren Sinn, aber auch keine Bewältigungsversuche, weil Bewältigung Besänftigung bedeutet, Erledigung des Themas, Ablage im Archiv. Es sind Versuche der Vergegenwärtigung dessen, was unerzählt unfassbar bliebe, Versuche, die Traditionen und Wurzeln zu beschreiben, aus denen wir getrieben sind.

Die unvergangene Vergangenheit reizt uns aber nicht nur, weil wir unser Herkommen verstehen wollen oder auch die Distanz, die wir zum Nationalen haben. Wir sind, wie unsere Vorgänger auch, durchaus Profiteure dieser Vergangenheit, literarische Kriegsgewinnler. Vor dem Hintergrund eines relativ erfahrungsarmen, im fünfzigjährigen Frieden des Kalten Kriegs zu Langeweile und Saturiertheit verführten Lebenszusammenhangs reizt diese Vergangenheit als ein ungeheurer Geschichtenfundus, eine Bonanza des Erzählens.

Regenlektüre

Im Oktober war ich in Rom angekommen, als sich das flirrende Weiß des Lichts zu Ocker und Gelb sättigte. In der ausgeglühten Trockenheit des Parks fielen die Baumschatten von Mittag zu Mittag schwerer und schwärzer. Tagsüber herrschte eine nur zögernd schwindende Hitze, als hätte sich das Schwelen vieler vergangener Sommer in diesen Herbst gerettet. Der tosende Straßenlärm rollte nur noch als Gemurmel über die Mauer, und manchmal ging durch die Stille des Parks eine lautlose Bewegung, als nähme einer, der hier lange gewohnt hatte, Abschied.

Übergangslos, an einem Novembermorgen, brach aus dem durchsichtigen Himmel Regen, ein in senkrechten silbernen Mustern stürzender Schleier, der sich dampfend auf Bäume und Pflanzen legte. Der südliche Winter war kurz, doch in den Falten meiner Traurigkeit, die sich umso feiner verästelten, je mehr ich über ihre Ursachen nachdachte, dehnte er sich zu einem grauen Gebilde, das sich nicht verscheuchen ließ – ein vielarmiges Fabeltier, aufgestiegen aus den Katakomben unter dem Park, oder ein düsterer Korridor mit zahllosen Türen wie die Flure der Universität, durch die ich früher geirrt war, überzeugt, dass hinter jeder Tür das Wissen sitzen musste. Nur traute ich mich nirgends anzuklopfen, und als ich es wie geistesabwesend doch einmal tat, öffnete niemand und das Pochen verhallte in Leere und Zwielicht des Korridors.

Meine Traurigkeit ähnelte der Enttäuschung, die mich manchmal bei der Lektüre von Büchern überkam, wenn deren Schönheit wich, je näher ich ihrem Sinn zu kommen glaubte, als ob mein Verstehen, dies vielfach vermittelte, längst Gedachtes mitdenkende Begreifen, wie Scheinwerfer in eine Nebelbank griff, dort aber nichts erleuchtete, sondern den Dunst nur sinnlos kräuselte.

An einem grauen Morgen fiel aus Gewitterwolken nasser Schnee, der schwer auf den Park sank und den Pinien, Zypressen und Mimosen weiße Masken anlegte. Über das ungewöhnliche Schauspiel konnte ich mich nicht freuen, sondern empfand es als ein weiteres Missgeschick, das mein Unglück, zur falschen Zeit am falschen Ort zu sein, nur noch tiefer machte. Selbst der fröhliche Versuch der Kinder, auf der Dachterrasse einen Schneemann zu bauen, kam mir widersinnig vor, weil ihnen die Formen, die sie bauten, buchstäblich durch die Finger rannen. Am Mittag war alles zu Wasser geworden.

Die veraltete Kanalisation der Stadt bewältigte die Wassermassen nicht. Das Überqueren einer Straße kam dem Durchwaten eines Flusses gleich, durch den Autos wie Dampfer pflügten und schmutzige Fontänen aufwarfen. Der Verkehrslärm klang gedämpfter hinter den Wasserschleiern, und der aus Teer und Fäulnis gemischte Geruch der Straßen wurde fortgeschwemmt. Manche Regentage waren windstill. Die Wolkendecken hingen bleiern und reglos, bis sie sich geleert hatten, sich auflösten und einer Helligkeit wichen, die auch meinen Trübsinn verscheuchte.

Anteil an dieser Gesundung hatte ein Buch, was für einen passionierten Leser nichts Außergewöhnliches wäre, für einen oft in kalter Routine Lesenden wie mich aber doch bemerkenswert war. Ohne Zugang zu ihm zu gewinnen, hatte ich das Buch schon einmal angelesen und achselzuckend wieder beiseitegelegt. Meine Lektüre war im prüfenden, vergleichenden Blick versandet. Zwar empfand ich einen gewissen Respekt vor der Leistung des Verfassers, gelangte aber nicht an den fruchtbaren Punkt, an dem das Gelesene sich in Beziehung zu meiner Gegenwart hätte setzen können. Bei der Suche nach einem anderen Buch fiel es mir plötzlich und unerwartet wieder in die Hände, weil es verstellt im Regal stand. So verloren am falschen Ort empfand ich plötzlich eine Verwandtschaft zu diesem Buch.

Der Zufall, der mir das Buch zuspielte, hatte etwas mit dem Sinn für die Aura von Büchern zu tun, eine Empfänglichkeit, die dem kritischen, kommentierenden, nach Information suchenden Lesen fremd ist. Bald lag ich mit diesem Roman, der, von fast aller Handlung befreit, die letzten vierundzwanzig Stunden im Leben eines römischen Dichters beschreibt, auf dem Sofa mit dem grünen fadenscheinigen Bezug, auf dem schon viele andere Gäste vor mir gelegen und gelesen haben mussten, ließ die Zeilen an meinen Augen vorbeilaufen wie die Linien, die der Regen an die Scheiben schrieb. Der wellenförmige Rhythmus des Geschriebenen verband sich mit der Melodie des Regens zu einer Woge ruhiger Gelassenheit, zum Gefühl, Zeit zu haben, über Zeit verfügen zu können, statt ihr ausgeliefert zu sein. Ich ließ mich in den uferlosen Sätzen treiben, die das Fallen eines Punktes fürchteten, bevor nicht die Verwurzelung des Gedankens im Gefühl freigelegt war.

Es störte mich auch nicht mehr, dass ich deutsche Zeitungen hier erst mit ein- bis zweitägiger Verspätung zu Gesicht bekam. Nachrichten verloren die Fratze der Dringlichkeit, die Erregtheit des immergleich Neuen. Die Nervosität journalistischer Sprache wurde zur Farce, während das Buch, das ich las – oder das begonnen hatte, mich zu lesen –, zu einem Medium sanfter Gleichgültigkeit wurde. Etwas war geschehen. Es ging vorüber. Alles ging vorüber. Wie die Tage, Nächte. Wie dies Buch. Wie der Regen. Wie ich selbst.

Die Stadt war nur noch ein großer grauer Schwamm, als ich den Schluss erreichte: »... und er, von dem Worte überbraust und von dem Brausen eingeschlossen, er schwebte mit dem Worte, indes, je mehr es ihn einhüllte, je mehr er in den flutenden Klang eindrang und von ihm durchdrungen wurde, desto unerreichbarer und größer, desto gewichtiger und entschwebender wurde das Wort, ein schwebendes Meer, ein schwebendes Feuer, meeresschwer und meeresleicht, trotzdem immer noch Wort: er konnte es nicht festhalten, und er durfte es nicht festhalten; unfasslich, unaussprechbar war es für ihn, denn es war jenseits der Sprache.«

So endete das Buch in jener Unauflöslichkeit, die nach Paul Valéry das Wesen des »Schönen« ausmacht, fordert es doch »die servile Nachahmung dessen, was in den Dingen undefinierbar ist«. Nun bringt es aber niemanden weiter, pathetisch aufs Undefinierbare zu pochen. Große Dichtungen mögen rätselhaft sein, sind jedoch keine Rätsel, mit deren Auflösung ihre Schönheit verblasst. Es ist das Elend mancher Kritik und Philologie, ständig hinter die Rätsel kommen zu wollen und damit das Lesen zum zweckgerichteten Dechiffrieren herabzuwürdigen, statt sich damit zu bescheiden, die Schattenrisse zu begreifen, die diese Rätsel in die Köpfe Lesender geworfen haben und werfen.

Später, im Frühling, in einer Abenddämmerung, verschlug es mich in eine der alten, vom Tourismus verschonten Kirchen, deren Unscheinbarkeit noch Geheimnisse birgt, die man, um sie zu finden, nicht suchen darf. Licht fiel durch den Seitenflügel und spiegelte mit den Scheiben der Fenster etwas ins Kirchenschiff, das mich an die Lektüre im Regen erinnerte. Das Schöne, dachte ich da, entspricht gegenüber dem sprichwörtlichen Gold des Schweigens nicht dem minderen Silber, sondern dem Schein, den das Gold wirft.

Land der Dämmerung

Obwohl die Sonne schwach war, verströmte ihr Licht etwas Tröstliches, weil es wie ein Kind, das nach langer Krankheit zum ersten Mal aufgestanden war, durch den Park ging und sich dort, fast schon wieder leichtfertig, zwischen den Bäumen herumtrieb. Nur auf der Straße drückte es sich ängstlich an Mauern und Hauswänden entlang, zögerte an Treppen, verharrte in Torbögen. In den Zimmern stand der Schimmer ratlos zwischen den Möbeln, strich mit mageren Fingern über den Tisch, über das Grün der abgewetzten Sesselbezüge, kauerte auf der Couch. So glich das Licht einer, die noch oder wieder zu müde ist, sich unter den Lebenden zurechtzufinden. Wenn es sich dann, von der Zeit vertrieben, hob und weiterging, schien auf den rostbraunen Fußbodenfliesen ein matt-milchiger Glanz zurückzubleiben, als ob die Strahlen Blut verloren hätten oder eine vage Angst sie ausgewaschen hätte. Die Sonne schien auch keine Schatten zu werfen, färbte die Stoffe, die Steine, das Papier der Bücher nur dunkler, matter, lockte aus den Dingen keinen Glanz.

In den Zimmern hing zäh eine unnatürliche Ruhe und verstärkte wie der Resonanzkörper eines für immer verstimmten Musikinstruments das schwere Atmen aus dem Krankenzimmer. Ängstlich erwartet und furchtbar vertraut drang das würgende Husten aus der geöffneten Tür und tobte wie Hohngelächter im Flur. Das zwischen Behauptung und Selbstaufgabe zerrissene Kind begegnete Visionen an der Grenze seines kleinen Lebens, während ich die schwindende Distanz zwischen seinem Dasein und dem drohenden Verlöschen Tag und Nacht mit dem Thermometer prüfte. Wenn ich das Röhrchen ins Licht des Fensters oder den Schein der Lampe hob, kam es mir vor, als sei das Leben des Kinds in dem schmalen Glas eingeschlossen.

In den Nächten gelangte ich nie in die gnädige Schwärze des Schlafs und die bunten Labyrinthe der Träume, sondern Dämmer überspülte mich wie eine Strömung, die zwischen Flut und Ebbe unentschlossen über trübem Grund dümpelt. Meine von beginnender Resignation wie durchlöcherten Ohren sogen im Zwielicht alle Regungen und Laute ein, die das Kind ausfieberte, als ob ich die Krankheit zu einem Handel hätte bewegen können, der darin bestand, den kleinen Körper freizugeben und stattdessen in meinem weiterzuwüten.

Tagsüber wechselten wir uns damit ab, dem Kind Mut und Zuversicht zuzusprechen, obwohl unser Mut längst ganz mürbe geworden war und unsere Zuversicht fadenscheinig. Ich saß auf dem Bettrand, hielt die schmale Hand, die manchmal heiß war und sich im nächsten Moment eisig anfühlte, strich ihr über Kopf und Stirn, eigentlich gar nicht tröstend, weil ich nicht mehr wusste, wie ich sie hätte trösten können, sondern nur noch beistehend, um ihr so zu versichern, dass die Zeit, die ich sonst nicht für sie aufgebracht hatte, nun grenzenlos zur Verfügung stand. Denn jenseits des gebetsartigen Wunsches, das Mädchen möge wieder gesund werden, gab es nichts mehr, was mit Worten wie »wichtig« oder »dringend« hätte bezeichnet werden können.

Manchmal, wenn unsere Blicke ineinanderschwammen, ihr glanzloser, aber noch nicht verlorener in meinen besorgten, ergab sich ein Gefühl gemeinsam bewusster Teilhabe an der Situation des anderen. Es war ein Verständnis, wie ich es zwischen Erwachsenem und Kind für unmöglich gehalten hätte – zwischen Erwachsenen war es ohnehin völlig undenkbar: Augenblicke wie Inseln in trostloser Weite, Inseln gegenseitiger Geborgenheit, auf denen wir Rast machten. Dort fiel die Niedergeschlagenheit von ihr ab, verwandelte sich in Hoffnung, und meine Sorge verzauberte sie zu einem lustigen Spiel.

Wenn ich ihr anbot, Geschichten vorzulesen, lehnte sie das manchmal ab, als wollte sie von den fremden Bildern und Gedanken nicht gestört werden. Oder sie fand Geschichten, die unter ihren fiebrigen Blicken aus den bizarren Formen der Kalkrisse in den Wänden rieselten, hörte Geschichten im Flügelschlag der Schwalben, die ums Haus jagten, sah Geschichten in den sanften Hebungen und Senkungen des Moskitonetzes über ihrem Bett, durch dessen feines Raster immer etwas hin- und zurückflutete, ein Weben aus Luft, ein Verstreuen der Sonne.

Sie lag so, dass sie aus dem Fenster sehen konnte, in dessen linkem Flügel das blaue Laken des Himmels ausgespannt war. Im rechten Flügel standen, von den hölzernen Rahmen eingefasst, die Kronen sehr alter Pinien, die beim geringsten Lufthauch in Bewegung gerieten und selbst bei Windstille nicht erstarrten.

Das, sagte sie einmal, seien ihre Märchenbäume. Sähe sie nur lange genug ins Gewirr der Äste und Zweige, dann erschienen dort Figuren und Gestalten, Tiere vor allem, und zwar solche, die sie schon einmal gesehen hätte, aber auch solche, von denen sie sich vorher gar nicht habe vorstellen können, dass es sie gebe.

Wie sie das sagte und dabei mit dem Finger auf die Baumkronen deutete, sah ich es plötzlich selbst. Aus den Linien und Bögen des Astwerks entstanden jene Wesen, die im eigentlichen Sinn *fabelhaft* sind, lebten flüchtig auf unter unseren Blicken und verschwanden mit der nächsten Bewegung des Baums wieder in einem grünen unerschöpflichen Abgrund.

Wenn sie dem Vorschlag zustimmte, eine Geschichte aus Büchern vorzulesen, war es manchmal so, als wollte sie mir damit einen Gefallen tun, als käme sie mir auf einem Weg entgegen, den sie noch kaum kannte, von dem sie aber wusste, dass er mir wichtig war. Wenn sie selbst darum bat oder mein Vorschlag ihr das Wort von der Zunge nahm, wurden die Bücher zu Brücken zwischen den Inseln des Moments, und mein Lesen und ihr Lauschen verschmolzen mit den Geschichten. Vor allem die schlichten Erzählungen und Märchen Astrid Lindgrens ermöglichten es dem Kind und mir, uns im Medium der Worte an die Hand zu nehmen – dem Kind, weil diese Erzählerin ein tiefes Gefühl von Kindlichkeit zu entfalten versteht; mir, weil die bekannten Märchenmuster in der Ausweglosigkeit der Situation in neue Konstellationen traten und eine Verflüchtigung der Bedeutungen erzeugten; uns beiden, weil die Geschichten Regionen öffneten, Landschaften, in denen alles möglich war – zuletzt sogar das Gesundwerden.

Eine dieser Erzählungen hieß »Das Land der Dämmerung« und handelte von einem kranken Kind, das von einem lustigen Mann mit Zauberkräften aus den Beklemmungen des Krankenzimmers ins Freie seiner gesunden Wünsche und Fantasien geführt wird. Das war keine Geschichte mehr, je weiter wir in sie hineingerieten, sondern die Wirklichkeit meines Kindes. Und indem ich die Worte aussprach, die ich auf dem Papier fand, wurde sie auch zu meiner eigenen. So wanderten wir durch das Buch, lebten zwischen den Zeilen und spürten, wie sich die Endlichkeit unseres Daseins in den Unterbrechungen und Absätzen der Sprache spiegelte. Jedes Satzende erinnerte an den Tod, aber jedes Ende einer Geschichte versprach eine neue.

Und als wir endlich *unser* Land der Dämmerung verlassen hatten, die Sonne wieder wärmte und der Gedanke an die überstandene Krankheit nur noch ein flüchtiger Schatten unter den Augen des Kindes war, blieb mir die Erinnerung an gemeinsame Lektüre, die wie ein Medikament gewirkt hatte, das nicht verschrieben wurde. Kaum ein Arzt weiß noch um seine Kraft, keine Apotheke hält es vor. Vielleicht können das Erzählen und Vorlesen von Geschichten ein Klima für so manche Heilung bilden. Vielleicht ist jede Krankheit heilbar, wenn sie nur weit genug auf dem Strom des Erzählens verflößt wird.

Das Buch von Astrid Lindgren steht immer noch auf dem Bücherregal im längst verlassenen Kinderzimmer, abgegriffen, zerlesen und mit brüchiger Bindung. Es sieht aus, als habe es eine schwere Krankheit in sich aufgenommen. Und vielleicht ist es wirklich so.

Für Marlene

Dum derra dum dum
diddy diddy dah dah

All die Sha-la-la-las, all die Yeah-yeah-yeah-yeahs, all die Shoo-bee-doo-bahs, all die Shing-a-ling-a-lings aus Rock- und Popsongs – was wollen sie uns eigentlich sagen? A-wop-bop-a-loo-lop a-lop-bam-boo? Gaga-Gelalle eines postinfantilen Verseschmieds oder geniales Neodada? Do-wah-diddy-diddy-dum-diddy-do? Gut gelaunter Schwachsinn oder neologistischer Geistesblitz?

Bei einem Spaziergang am Strand von Venice beschäftigte, um nicht zu sagen: belästigte, mich diese Frage ungefähr so, wie man musikalisch vom sogenannten Ohrwurm beschäftigt wird. Der Ohrwurm ist, nebenbei bemerkt, unter schönen deutschen Wörtern besonders schön, weil er in seiner bildhaften Präzision unübersetzbar ist.

Angefangen hat es ganz harmlos, wenn natürlich auch gleich mit besagtem Ohrwurm. Nachdem ich den Wagen am Ocean View Park abgestellt hatte und der Promenade des legendären Ocean Front Walk entgegenschlenderte, kam mir ein Song von Van Morrison in den Sinn – »Venice, CA«, eine schmissige, mit munterem Reggae-Shuffle-Rhythmus unterlegte Nummer. Van Morrison knödelt da vergnügt vor sich hin, dass er sich in einem Restaurant in Venice mit seinem »Baby« unterhalte, Freudentränen vergieße und spazieren gehe. So weit, so uninteressant. Aber dann kommt der Refrainhammer. Er lautet nämlich: Dum derra dum dum diddy diddy dah dah. Und dies Dum derra dum dum diddy diddy dah dah kommt auch gleich dutzendfach daher. In der zweiten Strophe informiert Van the Man uns darüber, dass die Straßen von Venice regennass seien, dass er zum Hafen schlendere und Schiffe einlaufen sehe und wieder Freudentränen weine. Dum derra dum dum diddy diddy dah dah. So zirka zwanzigmal. Dum derra dum dum diddy diddy dah dah. Dum derra dum, etcetera pp. In der dritten Strophe wird weiter spaziert, und schließlich fordert Van den geneigten Hörer zum Mitsingen eines Liedchens auf. Das gehe, Überraschung!, folgendermaßen: Dum derra dum dum diddy diddy dah dah, dum derra dum dum diddy diddy dah dah – und das geht und dreht sich dann ohrwurmartig gen unendlich.

Und wollte mir einfach nicht mehr aus dem Kopf, obwohl auf dem Front Walk Musik aus jedem Laden und handgemacht und mundgeblasen bei zirka jeder zehnten Palme schollert. Zwei ältere Herren mit Cowboyhüten, einer breit wie zwei Flugzeugsitze, einer spargeldünn, klampfen fingerfertig, atemberaubend flink Country & Western und Bluegrass Standards, diddy diddy dah dah; eine Band jazzrockt ausufernd improvisiert, dum derra dum dum; aus der Jungbrunnenspritze »Botox on the Beach«, deren Kundschaft vielleicht schon aus den beiden Altersheimen am Ende des Front Walks kommt, wummert, der Zielgruppengeneration clever angepasst, »L. A. Woman« von den Doors, die vor mehr als vierzig Jahren hier in Venice ihr Feuer entfachten; drei ausgemergelte Dreadlocks trommeln Reggaerhythmen, dum derra dum, die das Schlendern beschwingter machen; und das Sprachstakkato der Rapper klingt auch irgendwie nach dum derra dum dum diddy diddy dah dah. Im Coffee Shop, aus dem ich mir einen Cappuccino »to go« mitnehme, juxen die Good Old Beatles »Obladi, oblada«, was ja auch nur ein anderes Wort für Dowah-diddy-diddy sein dürfte. Und draußen auf dem sonnigen Front Walk hip-hopt und breakdanct es vielfarbig und jugendlich, dumm derra dum dum, spielt beim Venice Recreation Center Basketball, diddy diddy, und Paddle-Tennis, dah dah.

Hier bei der Halle, deren Dach, in grauen Beton gegossen, die Form einer Hantel hat, schlägt, dum dum, das starke Herz von Venice – hier ist Muscle Beach, das Mekka der Muskelmänner. Hier hat Arnold Schwarzenegger das Eisen gepumpt, bis aus dem österreichischen Mister Universum Conan der Barbar und schließlich Kaliforniens Gouverneur wurde, der Governator. Dass Kalifornien pleite ist, liegt nicht zuletzt an den Wahlgeschenken des starken Mannes, etwa der Halbierung der KFZ-Steuer. Diddy diddy dah dah. Und KFZs gibt's viele, sehr, sehr viele, in Kalifornien, und in Los Angeles noch viel mehr. Von Stiernacken und Waschbrettbäuchen rinnen Schweißströme dem Strand entgegen, dem fast fünfhundet Meter breiten Bilderbuchstrand, an dem durchtrainierte Life Guards über tollkühne Surfer wachen und von knallharten Lichtschutzfaktoren beschützte Bikinibeauties, diddy diddy dah dah, wohlwollend im Auge behalten.

Immer mal wieder gern vom Santa-Monica-Pier herbeispazierend, dum derra dum dum, hatte sich hier vor sechzig Jahren auch schon Herr Thomas Mann an den Leibesübungen der Jünglinge ergötzt. Was hätte dieser von Krankheit so faszinierte Mann wohl von Dr. Kush's Medi-THC gehalten, gleich gegenüber der Muckiarena? Wer Krebs, Aids oder chronische Schmerzen hat, unter Arthritis oder Migräne leidet, der kann sich bei Dr. Kush und Kollegen Marihuana verschreiben lassen. Die Patienten, die bei Dr. Kush ein und aus gehen, sehen allerdings gar nicht leidend aus. Migräne reicht ja auch schon. Dope ganz legal auf Rezept, diddy dah dah. Kalifornien mag bankrott sein, liberaler als andere US-Staaten war es schon immer. Und hier auf dem Front Walk, am äußersten Rand der westlichen Welt, ist große Freiheit Programm, dum dum. Nicky the Healer heilt durch Handauflegen, chinesische Masseure kneten, dum derra dum, Verspannungen weg, im Feng-Shui-Salon wird die Fließrichtung der Körperenergien zwecks Karmakorrektur reguliert, diddy dah, Handleserinnen und Kartenleger blicken in die Zukunft, der man, in »Tony's Tattoo Studio« tätowiert und gepierct, auf Inlineskates entgegenrollt oder, I-Pod im Ohr, joggt.

Strandpenner sitzen in Gruppen unter Palmen, ihre Rucksäcke und Matten zu Haufen getürmt, rauchen Zigaretten, was am Strand verboten, auf dem Walk und sogar noch auf den Terrassen von Straßencafés und Restaurants erlaubt ist. Manche durchwühlen die Mülleimer nach Pfandflaschen und Dosen, ein paar Junkies betteln. Ganz in schwarz, Schlagstock, Pistole und Handschellen am Gürtel, gehen Polizisten Patrouille, dum derra dum dum, aber die große Freakshow des Walks brodelt friedlich vor sich hin, und für den Fall der Fälle gibt es eine Anwaltskanzlei, gleich dah-dah zwischen Sonnenbrillensupermarkt und Hotdog-Bude.

Den etwas düsteren, schmalen Eingang zum Buchladen könnte man glatt übersehen, und drinnen kommt man aus dem Staunen nicht heraus – ausgerechnet hier zwischen Körperskulpturen und Jongleuren, Taschenspielern und abgewrackten Gurus, hier auf der all-american Meile aus Rummelplatz und Laufsteg, Sportplatz, Strandpromenade und Eitelkeitskirmes: keiner dieser standardisierten Buchsupermärkte, vollgestapelt mit quietschbunten Bestsellern, dum dum, und mindestens fünfzig Kaffeevariationen im Ausschank, sondern ein liebevoll und sachkundig sortierter, unabhängiger Laden. Allein fünf Regale voll Lyrik! Dum derra dum! Auf dem Tresen stehen die Empfehlungen der Mitarbeiter, und diese Empfehlungen, subjektive Kurzkritiken, sind in schönster Kalligrafie säuberlich auf Kärtchen geschrieben. Dass es so was überhaupt noch gibt! Ausgerechnet hier beziehungsweise diddy diddy dah dah!

Bei Sonnenuntergang kühlt es ab, die Brise frischt auf, Palmenschatten fallen lang und länger über die Häuserfront. Die Passantenströme verebben, Familien mit Kindern und Picknickkühlern, Surfer und Bikinibeauties schlendern hüftschwingend zu den Parkplätzen. Bei Nacht, sagt man, sei der Front Walk zu meiden. Im Seewind schaukelt leiser werdendes Getrommel, dum derra dum dum, und Geruch von Fast Food, Salz und Sonnenöl. Als ich ins Auto steige, kenne ich plötzlich die tiefere Bedeutung aller Sha-la-la-las, Obladi-obladas und Do-wah-diddy-diddys dieser Welt und weiß auch genau, was dum derra dum dum diddy diddy dah dah heißt – aber schöner als Van Morrison, zum Freudentränenheulen schön, kann man es wirklich nicht sagen.

Von letzten und ersten Worten

Über berühmte (»Mehr Licht« – Goethe) und weniger berühmte (»Rechts ist frei« – Der unbekannte Beifahrer) letzte Worte sind ganze Bibliotheken vollgeschrieben worden. Die Maske fällt – angeblich; das Wort, mit dem wir sterben, soll endlich sagen, wer wir waren – was uns auch nichts mehr nützt, sondern höchstens noch den überlebenden Ohrenzeugen, die aus den letzten Röchlern dann Legenden stricken und Geniekulte basteln.

B. Traven war der Ansicht, das letzte Wort eines Sterbenden sei noch weniger wichtig als das eines Mannes, der sinnlos betrunken ist. Und Mark Twain empfahl, man solle die Worte, die man als letzte von sich zu geben gedenke, beizeiten auf einen Zettel schreiben und die Meinung seiner Freunde dazu einholen. Denn ob uns schlagfertiger Galgenhumor auch noch beim letzten Schnaufer treu bleibe, sei immerhin zweifelhaft. Wahrscheinlich fällt einem das brillante Bonmot, das man der Nachwelt durchreichen wollte, gar nicht mehr ein. Und außerdem ist man von schluchzenden Familienmitgliedern umringt, die bereits die Erbschaft hochrechnen. Wie soll einem unter solchen Umständen das geistesblitzend gewitzte Wort gelingen? Twain schlug deshalb vor, die vorvorletzten Worte der Geistesgrößen zu sammeln: Aus denen könne man dann posthum vielleicht noch etwas Zufriedenstellendes zusammenstoppeln.

Über die geistige Physiognomie eines Menschen sagen vermutlich die ersten Worte, die seinem Mund entkommen, viel mehr aus als die ominösen letzten. Leider ist man im entsprechend zarten Alter noch nicht fähig, sich seine Eröffnungsweisheit zu notieren. Das wäre Sache der Eltern, die aber zumeist mit anderen Dingen beschäftigt sind – Windeln waschen oder wechseln, sich schlaflos im Geschrei des Zahnenden wälzen und dergleichen Elternfreuden mehr. So gehen die ersten Worte häufig verloren und werden unverdientermaßen nicht berühmt.

Da! da! da! Erste wortähnliche Gebilde, mit denen meine älteste Tochter aus den wogigen Regionen unartikulierter Laute zur Sprache kam. O! o! o!, lautete später die Version ihrer jüngeren Schwester. Da, da, da – das heißt: Da ist etwas, das ich erkenne; vielleicht ist es sogar ein Wiedererkennen von etwas dunkel Geahntem, das plötzlich im Licht der Welt wirklich wird, Form findet und Gestalt annimmt. O, o, o, das ist das Staunen, dass es etwas gibt und dass es ist, wie es ist, ein stammelndes Staunen, für das man eigentlich einen grammatischen Begriff wie den des expressiven Demonstrativpartikels einführen müsste.

Jeder spricht irgendwann seine ersten Worte – niemand weiß, dass er sie spricht, niemand könnte sich an sie erinnern, gäbe es nicht die Menschen, die diese Worte hören und registrieren und sie uns dann später, wenn wir so selbstverständlich sprechen können, als hätten wir's nie gelernt, erzählend zurückgeben. Wir sind also mehr als wir selbst. Unsere Identität kristallisiert sich nicht nur aus unseren eigenen Erinnerungen und Erfahrungen, sondern auch aus Zuflüssen, deren Quelle jene Erinnerungen und Erfahrungen sind, die uns berichtet, erzählt, vorgelesen – mithin überliefert werden.

Der Strom unserer Existenz gleicht von Anfang an keinem eng begrenzten Kanal, sondern einem Delta mit Seitenarmen und Altwassern. Wenn wir mit den Booten unserer Erinnerung, unseres Wissens, unseres Bewusstseins, später versuchen, diesen Strom zu erforschen und die Geografie des Deltas zu vermessen, geraten wir früher oder später an jene Verzweigungen, die wir nur wiedererkennen, weil andere sie vor und für uns erkannt und kartiert haben. Und dennoch sind sie Teile von uns; sie gehören uns an, weil niemand nur sich selbst angehört. Je genauer man auf sich zurückblickt, desto vielgestaltiger wird man. Figuren huschen vorbei, die alle Fragmente ein und derselben Person sind. Wir entspringen dem Mischungsverhältnis unserer Eltern und Ahnen, genetisch, biologisch, soziologisch und kulturell; wir leben unser Leben in Mischungsverhältnissen, und wenn wir Leben fortpflanzen, schaffen wir neue Mischungsverhältnisse, in denen auch wir präsent bleiben.

Eugène Ionesco notierte, die Jahre der Kindheit seien vorbei, sobald man wisse, dass man sterben werde. Von diesem Augenblick an gebe es keine Gegenwart mehr, sondern nur noch Vergangenheit, die dem Abgrund der Zukunft entgegenstürze, dem Tod. Die Auszehrung reiner Gegenwart durch Vorstellungen von Anfang, Ende und dazwischen gespannter Zeit setzt jedoch mit Bewusstseinsentwicklung und Erinnerungsvermögen viel früher ein und hängt unmittelbar damit zusammen, dass Sprache in die Geistesgegenwart des Kindes einwandert und diese zu strukturieren beginnt. Da, da, da und o, o, o, das sind die Zungenstöße, mit denen erstmals Dasein und Bedeutungen auseinandergetrieben werden. Indem Sprache dem Kind Welt erklärt und deutet, verzehrt sie zugleich das reine In-der-Welt-Sein.

Ein kindliches Wissen um die eigene Sterblichkeit gibt es bereits im Spiel, aber es verschränkt sich dort mit einem Gefühl von Unsterblichkeit. Es ist eine Art Theatersterblichkeit. Als Cowboy oder Indianer, Ritter oder Soldat bin ich in meiner Kindheit zahllose Tode gestorben. Den Ort dieser sterbenden Unsterblichkeit bildete eine verwilderte, ausgedehnte Gartenanlage in der Nähe meines Elternhauses, durchsetzt von Grundmauern und eingestürzten Kellergewölben der ehemaligen Großherzoglichen Stallungen. Dies Gelände hieß unter uns Kindern »der Park«. Niemand wusste, woher die Bezeichnung stammte, jeder benutzte sie. Es schien, als hätte der Park sich selbst seinen Namen gegeben. Unsere Fantasie verwandelt ihn in einen Märchenwald voller Burgen und Schlösser, in Dschungel und Sümpfe, Savannen und Rocky Mountains. Wir sind Raubritter mit Cowboyhüten, Riesen mit Zwergenschuhen, Indianer in kurzen Hosen. Der Park verwandelt auch uns, und aus seinen Mauerresten strahlen Erinnerungen an Vorzeiten, in denen alles kein Spiel, sondern leibhaftige Wirklichkeit war. Die Eisenbahnlinie, die das Gelände nach Norden begrenzt, könnte, statt nach Ostfriesland und Groningen, genauso gut, besser, in den Wilden Westen oder in den Orient unserer Träume führen. Und wer hier sein Ohr auf die moosbewachsenen Stufen der mürben Gemäuer legt, der hört noch die Pferde des Großherzogs schnauben und trappeln, wenn er mit seinem Gefolge zur Jagd aufbricht. Das Gefolge sind wir und galoppieren durch Forste, über Felder, verfolgen und werden verfolgt, schmachten in finsteren Kerkern, befreien und werden befreit, sterben in grausamen Kämpfen und stehen unsterblich wieder auf.

Mit solchem kindlichen Wissen von Sterblichkeit lässt sich das Kindheitsende nicht bezeichnen; eher vielleicht mit einsetzender Zeugungs- und Gebärfähigkeit, dem Zeitpunkt, von dem an Leben weitergegeben werden kann. Oder endet die Kindheit erst in der Erfahrung eigener Elternschaft, in der Dimensionen der eigenen Vergangenheit spiegelbildlich erfahrbar werden, Dimensionen, die uns bislang nur in Erzählungen anderer erreichten?

Vielleicht endet Kindheit nie, weil ihre Prägungen uns bis zum Tod begleiten. Sie verdünnt sich nur und wird fadenscheinig wie die Strümpfe, die ich, bereits mehrfach gestopft, von meinem Bruder übernahm und aufzutragen hatte, bis sie eines Tages so durchlöchert waren, dass meine Mutter, um sie zu retten, mehr Garn in sie hätte wirken müssen, als an ihnen noch war. Und so wirkt auch das Erzählgarn unserer Erinnerungen beständig daran, dass unsere Kindheit erhalten bleibt und sich zugleich stetig verändert, weil wir ihr den Stoff unserer Gegenwart zusetzen.

Gegenüber der von Mund zu Ohr reichenden Leibhaftigkeit mündlicher Erzählungen ist das stumme Lesen von Texten eine kühle und einsame Angelegenheit von Auge und Hirn. Die mündliche Überlieferung vollzieht sich von Mensch zu Mensch, vom sichtbaren Körper und seinen Gesten, vom Körper, der atmet und mit Atem, Kehlkopf, Gaumen und Zunge Worte hervorbringt, zum Körper des Zuhörenden, der, wenn er »ganz Ohr ist«, doch auch sieht und riecht, schmeckt und spürt. Es sind solche mit sinnlicher Unmittelbarkeit in uns versenkte Mitteilungen fremder Erfahrungen und Wahrnehmungen, die wir uns, und sei es nur in Bruchstücken und abgestuften Mischungen, zu eigen machen.

Wenn sich dem aus erzähltem Wahrgenommenen insofern ein, wenn auch sprachverdünnter, Erfahrungswert zusprechen lässt, liegt hier nicht nur die Schnittstelle zwischen dem, was uns wirklich zugestoßen ist, und dem, was uns »lediglich« zugetragen wurde. Vielmehr erweitert sich unser Erfahrungsraum um vier, in Ausnahmefällen fünf Generationen, die uns vorangingen, reichen doch die Erinnerungen unserer Großeltern bis auf deren eigene Großeltern zurück – Erinnerungen wohlgemerkt, die aus Augen- und Ohrenzeugenschaft stammen, nicht nur aus verschriftlichten Dokumenten, nicht nur aus den steifwürdevollen Fotografien und Daguerreotypien von einst, wie sie etwa als braunstichige Ahnengalerie neben dem Schreibtisch meiner Großmutter hingen.

Dieser Schreibtisch ist aus dem Holz eines Kirschbaums gefertigt worden, der im Garten des Elternhauses meiner Großmutter stand. Sie vererbte den Schreibtisch meinem Vater, und nach dessen Tod nahm meine Mutter ihn in Gebrauch. Schön wäre es, hätte sich zwischen den Fotos und Porträtzeichnungen auch ein Bild jenes Kirschbaums gefunden. Aber es gibt keins. Und so mache ich es mir in meinen Vorstellungen: ein weißer Blütentraum, vom Wind geschüttelt, ein Augenaufschlag und vorbei.

Quellen

Lesefieber

Kurzfassungen erschienen in:

- Von Büchern & Menschen. Schöffling & Co. Frankfurt /
  M. 1996.
- Volltext. 3/2007.
- Thomas Keul (Hg.): Unwürdige Lektüren. SchirmerGraf.
  München 2008.

Dichter wollte ich nicht werden

Unterschiedliche Varianten erschienen in:

- Mitteilungsblatt der Oldenburgischen Landschaft. Nr. 93.
  I/1996.
- Von Büchern & Menschen. Schöffling & Co. Frankfurt/M.
  1997.
- Heinz Ludwig Arnold (Hg.): Da schwimmen manchmal ein
  paar gute Sätze vorbei. S. Fischer. Frankfurt/M. 2001.
- Neue Zürcher Zeitung. 19./20.11.2005.
- Titel-Magazin. Abdruck in drei Teilen: 17.7.2006, 24.7.2006,
  3.8.2006.
- Deutsches Jahrbuch für Autoren und Autorinnen 2007/2008.
  Autorenhaus Verlag. Berlin 2007.
- Olaf Kutzmutz (Hg.): Geld, Ruhm und andere Kleinigkeiten.

Autor und Markt. Wolfenbütteler Akademie-Texte Band 31.
Wolfenbüttel 2007.
– Hübener/Paulus/Stauf (Hg.): Umstrittene Postmoderne.
Universitätsverlag Winter. Heidelberg 2010.

Das graue Tagebuch

Erschien gekürzt als Heft 27 der von Helmut Salzinger heraus-
gegebenen Zeitschrift FALK. Loose Blätter für alles Mögliche,
Odisheim 1986.

Ein Bild und tausend Worte

Erstveröffentlichung.

Kreisquadraturen im Wasserglas

Gekürzt erschienen in:

– Rheinischer Merkur. 11/1987.
– Neue Rundschau. 3/1993.
– Von Büchern & Menschen. Schöffling & Co. Frankfurt/M.
 1995.

Mehr Licht

Überarbeitete Fassung eines Beitrags für den Deutschlandfunk,
gesendet am 27.6.2004.

Postmoderne Chimären

Überarbeitete Fassung eines Beitrags für den Deutschlandfunk, gesendet am 18.1.2009.
Erstdruck: Merkur. Deutsche Zeitschrift für europäisches Denken. 726. Stuttgart 11/2009.

Der romantische Realist

Eine kürzere Fassung erschien als Nachwort zu: Robert Louis Stevenson, *Die Ebbe*. Aus dem Englischen von Klaus Modick. Manesse Verlag. Zürich 2012.

Der Gentleman als Handwerker

Überarbeitete Fassung eines Beitrags für den Deutschlandfunk, gesendet am 13.2.2005.

Das Leben leben, um es zu lieben

Nachwort zu: Thomas Wolfe, *Schau heimwärts, Engel*. Aus dem Englischen von Irma Wehrli. Manesse Verlag. Zürich 2009.

Der Hobbit als Erzähler

Überarbeitete Fassung eines Beitrags für den Deutschlandfunk, gesendet am 9.8.2009.

Jene Dimension zuviel

Überarbeitete Fassung eines Beitrags für den Deutschlandfunk, gesendet am 15.11.2010.

Wie hingespuckt

Überarbeitete Fassung eines Beitrags für den Deutschlandfunk, gesendet am 23.9.1999.

Die Dummheit des Erzählens

Überarbeitete Fassung eines Beitrags für den Deutschlandfunk, gesendet am 30.9.2001.

Die Unschuld vom Lande

Erstdruck in: Caroline Hartge/Ralf Zühlke (Hg.): querFALK. Verlag Peter Engstler. Ostheim 2007.

Vom Boot aus gesehen

Gekürzt erschienen in:

– Frankfurter Rundschau. 21.11.1998.
– Schweizer Monat, 997. Juni 2012.

Der Pfennig unter der Zunge

Der Text basiert auf einem Vortrag beim 38. *Münstereifeler Literaturgespräch*, 27.9.1997.
Erstdruck in: Volltext. Zeitung für Literatur. Wien 2005.

Steine und Bau

Der Text basiert auf einem Vortrag beim *Münstereifeler Literaturgespräch* »Stichwort Postmoderne«, 2.–4.9.1988, und wurde abgedruckt in:

- Mörchen, Helmut (Hg.): Stichwort Literatur. Beiträge zu den Münstereifeler Literaturgesprächen. Bad Münstereifel 1993.
- Uwe Wittstock (Hg.): Roman oder Leben. Postmoderne in der deutschen Literatur. Reclam. Leipzig 1994.
- Steinecke/Wahrenburg (Hg.): Romantheorie. Reclam. Stuttgart 1999.

Bonanza unter Trümmerlandschaft

Erstdruck in: Volltext. Zeitung für Literatur. Wien 2005.

Regenlektüre

Erstveröffentlichung.

Land der Dämmerung

Erstveröffentlichung.

Dum derra dum dum diddy diddy dah dah

Erstdruck in: die tageszeitung. 19.12.2009.

Von letzten und ersten Worten

Gekürzter Erstdruck in: Frankfurter Rundschau. 4.9.1999.

Klaus Modick. Konzert ohne Dichter. Roman. Taschenbuch.
Verfügbar auch als E-Book

Eine Chronique scandaleuse Worpswedes: Die legendäre Künstlerkolonie um 1900, erotische Verwicklungen und ein epochales Gemälde. Dieser Roman erzählt von der dramatischen Entstehung des berühmtesten Worpsweder Bildes, von der fragilen Freundschaft zwischen dem Maler Heinrich Vogeler und dem Dichter Rainer Maria Rilke, von den Frauen, der Liebe und der Kunst.

»Dieser Roman öffnet dem Leser die Augen und Ohren für die Wahrheiten von Kunst und Leben.« *Denis Scheck, Druckfrisch*

Klaus Modick. Bestseller. Roman. Taschenbuch.
Verfügbar auch E-Book

Klaus Modick erzählt die Geschichte des Schriftstellers Lukas Domcik, der aus einem Manuskriptfund Kapital schlagen
will. Tante Theas Erinnerungen an ihre Jugend in den Dreißi-
ger- und Vierzigerjahren verpackt er als Roman und gibt die
junge Rachel, eine junge, fernsehtaugliche und von ihm be-
gehrte Maskenbildnerin, als Autorin aus.

So spekuliert er auf einen Weltbestseller, doch im Rausch seiner Amour fou verliert Domcik schon bald die Übersicht – und
die Fäden seiner attraktiven Marionette aus den Händen ...

Klaus Modick. Das Grau der Karolinen. Roman. Taschenbuch.
Verfügbar auch als E-Book

Klaus Modick erzählt von der rätselhaften Geschichte und
unheimlichen Macht eines Gemäldes.
Zwei rote Doppeldeckerflugzeuge auf grauem Grund werfen den Hamburger Werbegrafiker Michael Jessen völlig
aus der Bahn und treiben ihn auf eine abenteuerliche
Odyssee bis in die Südsee.

»Eine Geschichte, die spannend ist und noch spannender
wird. Ein großer und schöner Roman.« *NDR*

Klaus Modick. Klack. Roman. Taschenbuch.
Verfügbar auch als E-Book

Die Agfa Clack hat alles festgehalten: Bilder aus dem Jahr, in dem für den Bürgersohn Markus in der norddeutschen Provinz alles anders wurde, weil Clarissa aus Apulien in sein Leben trat. Klaus Modick erzählt unterhaltsam, detailscharf und farbecht, wie es sich angefühlt hat, im Wirtschaftswunder zwischen Mauerbau und Kubakrise aufzuwachsen – und zum ersten Mal verliebt zu sein.

»Ein genussvoller Spaß, weil Modick nicht nur präzise erzählt, sondern sich auch traut, zuweilen sehr, sehr komisch zu sein.« *Stern*